스크린 속에 비춰진
인간의 심리

성한기 지음

학 지 사
www.hakjisa.co.kr

|들어가면서|

심심할 때면 누구나 "영화나 한편 볼까"라는 생각이 제일 먼저 떠오를 것이다. 비디오를 빌려 집에서 보느냐 아니면 영화관에 가느냐의 차이만 있을 뿐 시간을 보내야 할 때 영화보기는 많은 사람들에게 최선의 선택이 되고 있다. 영화는 남녀노소가 가장 쉽게 즐길 수 있는 오락거리이며, 젊은이들에게 있어서는 이미 생활의 일부로 자리잡고 있다.

영화는 이와 같이 우리의 무료함을 달래주고 즐겁게 해주는 오락적 기능을 지니고 있을 뿐만 아니라 새로운 정보와 아이디어를 제공하고 인생의 교훈을 깨닫게 하는 교육적 기능도 함께 지닌다. 또한 영화는 모방으로 인한 폐해가 없진 않지만 좋은 친구나 스승이 그런 것처럼 우리가 힘들 때 위안을 주고 때로는 해결책도 제시해주는 치료적 기능을 담당하기도 한다.

최근 영화의 교육적 측면에 관한 관심이 높아지면서 영화를 통해 여러 전문분야(문학, 철학, 역사, 법, 경제, 물리 등)를 안내하는 서적들이 잇달아 출판되고 있다. 심리학 관련분야에서도 정신분석이나 미술치료와 같은 특정 영역과 영화를 연결한 서적은 찾아볼 수 있다. 그러나 어떤 학문분야보다도 심리학이 영화와 더 밀접한 관련이 있음에도 불구하고 영화를 통해서 심리학의 다양한 분야와 여러 이론적 관점을 포괄적으로 다루고자 한 시도는 지금까지 없었다.

영화와 심리학은 다 같이 인간의 삶을 다룬다는 공통점을 지닌다. 영화가 뭇사람들의 다양한 삶을 극화한다면 심리학은 그들의 삶에 대한 분석과 통찰을 토대로 인간성의 보편적 원리와 이론들을 찾아낸다. 영화는 우정, 사랑, 이별, 갈등, 편견, 폭력, 섹스, 정신장애 등 수많은 심리학적 현상들을 묘사하고 있다. 그리고 하나의 스토리를 갖추고 있기 때문에 여러 영화를 통해 다양한 맥락에서 나타나는 인간의 사고, 감정 및 행동을 고찰할 수 있게 해준다. 이런 점에서 영화는 심리학의 멋진 텍스트가 된다.

이 책에서는 우리가 쉽게 접할 수 있는 국내외 상업영화를 심리학의 관점에서 분석하거나 심리학적 시사점을 도출하여 심리학 현상, 원리 또는 이론을 소개하고자 하였다. 따라서 이 책은 영화비평서라기보다는 영화를 통해서 심리학 지식을 전달하고 심리학적 관점에서 세상을 이해하는 안목을 갖추도록 도와주는데 더 큰 비중을 두고 있다.

그리고 경우에 따라서 이해하기가 쉽지 않은 심리학 원리나 이론들을 최대한 이해하기 쉽게 기술하고자 하였기 때문에 이 책은 심리학 전공자뿐만 아니라 영화학 전공자나 영화계 종사자 그리고 영화나 심리학에 관심을 가지고 있는 일반인들도 읽기에 큰 어려움이 없을 것이다.

나도 여느 사람들과 마찬가지로 한때는 무작정 영화를 보던 사람 중의 하나였다. 스스로 계획적인 사람이라고 생각하지만 영화는 닥치는 대로 보아왔는데, 대부분의 영화가 내겐 다 재미있기도 했지만 영화광은 그렇게 영화를 봐야한다는 무식한 생각에서 비롯된 것 같다. 심리학을 공부하고 가르치면서 나의 영화보기는 조금씩 세련되어져서 심리학적 관점에서 영화를 생각해보기 시작하였고, 영화잡지와 서적을 뒤적거리면서 영화평론가들의 분석과 나의 생각을 비교해보는데 재미를 들이기도 하였다. 요즘은 영화를 볼 시간이 부족해서 볼만한 영화만을 엄선(?)해서 볼 수 밖에 없는데 영화관을 나서며 시간 아깝다는 생각이 드는 경우가 별로 없는 걸 보면 영화를 고르는 눈도 더 좋아지고 있는 것 같다.

내가 영화와 심리학을 연결하는 책의 필요성을 절감하고 용기를 내어 직접 써보자고 덤비게 된 이유가 몇 가지 있다. 우선, 일반인들이 부담 없이 소화할 수 있는 심리학 관련 읽을거리가 많지 않다는 점이었다. 심리학에 대한 호기심은 크지만 사람들은 막연히, 심지어 심리학 개론 정도의 강의를 들어본 사람들조차도 심리학은 난해하다는 인상을 많이들 지니고 있다. 사실 심리학은 다른 학문에 비해서 특별히 더 난해하지도 않거니와 인간에 대한 이해를 추구하는 학문이기 때문에 오히려 더 흥미로울 수 있고 개인의 생활에도 유익하다. 근래 심리학 대중화를 위한 여러 심리학자들의 노력으로 인간심리를 쉽고 재미있게 해설해주는 서적들이 더러 나와 있다. 영화 역시 심리학을 일반인들에게 알기 쉽게 소개하는데 훌륭한 도구라는 점에서 이 책은 심리학을 알고자 하는 일반독자들의 선택의 폭을 그만큼 넓혀줄 수 있을 것이다.

두 번째 이유는 영화평론가나 영화담당기자들의 비평을 읽으면서 심리학적 분석이 부족하고 그나마 찾아볼 수 있는 약간의 심리적 비평들에서는 정신분석학이 심리학의 자리를 차지하고 있는데 큰 아쉬움을 느꼈기 때문이다. 영화인들을 포함한 일반인들은 심리학하면 대체로 정신분석을 떠올리고 심리학자로는 프로이트(Freud), 융(Jung) 또는 라캉(Lacan)과 같은 정신분석학자들을 연상한다. 정신분석학이 심리학 발전에 큰 영향을 미쳤고 인간을 이해하는데 도움이 되긴 하지만 심리학 그 자체는 아니며, 내가 전공하고 있는 사회심리학에서는 오늘날 정신분석의 흔적조차 찾아볼 수 없다. 심리학은 정신분석학보다 훨씬 더 다채로운 관점과 더 넓은 영역을 포괄하며 정신분석학과는 달리 인간이해에 있어서 과학적 방법을 견지하는 학문이라는 사실을 이 책을 통해 꼭 알리고 싶었다.

이 책을 쓰게 된 세 번째 이유는 영화가 심리학 강의에 유용하게 활용될 수 있으며 그럴 경우 학생들의 호응 역시 대단하다는 확신이 들었기 때문이다. 영화는 시각적 효과로 인해 소설이나 역사 또는 신문에 난 사회적 사건보다 훨씬 더 생생한데다 영상세대인 대학생들에게 가장 친숙한 매체이기 때문에 심리학 강의에서 가장 좋은 예시거리가 될 뿐만 아니라 학생들과 대화의 장을 열어주는 도구가 되기도 한다.

강의시간에 영화장면이나 줄거리를 예로 들어 심리학 원리나 이론을 설명하면 학생들은 훨씬 쉽게 이해하며 강의에 더 잘 주목한다(내 경우에는 학생들의 강의평가에도 긍정적인 영향을 미치는 것으로 보인다). '가문의 영광' 봤어요?하고 물으면 "예"하는 함성이 강의실에

메아리치고 졸던 학생도 벌떡 일어난다. "이 영화에서는 서울법대를 수석 졸업한 엘리트가 조폭의 딸과 결혼하는데 이처럼 결혼에 있어서 외적 조건의 유사성이 얼마나 중요한지에 대해서 얘기해봅시다" 하면 잠잠하던 강의실에 아연 활기가 돌면서 너도나도 한마디씩 거든다. 그리고 "역사, 문학 또는 영화 속의 연인들의 예를 들어 대인매력의 결정요인을 논하시오"라는 시험문제를 내면 절대 다수의 학생들이 '타이타닉'이나 '노팅힐' 또는 '엽기적인 그녀'와 같은 영화의 예를 가지고 답을 적는다. 이와 같이 영화는 학생들 바로 곁에 있으며, 영화를 통해 심리학은 더 잘 이해될 수 있다.

이 책에서는 1990년 이후에 제작된 국내외 영화 중에서 심리학적으로 짚어 볼만한 내용을 포함하고 있으며 대중들에게 비교적 잘 알려진 25편의 영화를 선정하여 심리학적 관점에서 의미나 시사점을 논의하였다. 따라서 선정된 영화 중에는 영화전문가들의 관점에서 볼 때 수준이 다소 처지는 작품도 있을 수 있을 것이다.

사실 이 책을 써야겠다고 마음먹은 지는 6-7년이 되었고 글을 쓰기 시작한지는 4년 전의 일인 것 같다. 그러나 부지런하지 못한데다 다른 일에 우선순위가 자꾸 밀리다보니 진척이 더뎌 이제야 출간하게 되었다. 애초에 싣고자 계획했던 몇 개의 좋은 영화(자살에 관해서 심층적인 얘기를 할 수 있을 것 같은 '글루미 선데'이나 기억상실증을 다룬 '메멘토' 등)를 부득이하게 빠뜨리게 되었고, 나의 전공이 사회심리학이라서 그런지 심리학 전 분야를 고루 다루지 못하고 사회심리학과 관련된 분석이 가장 많이 포함 되었다는 점은 아쉬움으로 남는다.

그러나 영화가 등장인물들의 인간관계나 사회적 삶을 주로 다루다 보니 사회심리학적 현상들이 많이 드러나게 된 것은 자연스런 일이라고 한편으로 위안하면서, 좋은 영화는 계속 나올 것이기 때문에 앞으로 그런 영화들과 심리학의 인연을 다시 맺어줄 수 있는 기회가 다시 올 것을 기대해 본다.

끝으로, 나의 어설픈 영화 얘기를 열심히 들어주던 대구가톨릭대학교 학생들에게 깊은 감사를 드린다. 그리고 가장 든든한 지원자이신 부모님, 사랑하는 아내, 그리고 아들 민재에게 이 책을 바친다.

2003년 2월

저자

|차 례|

제3부 세상은 요지경

제4부 남과 여

제1부

심리학, 그것이 알고싶다

천재에서 인간으로 〈굿 윌 헌팅〉

독수공방을 보상하라 〈생과부 위자료 청구소송〉

실험실 속의 세상 〈엑스페리먼트〉

굿 윌 헌팅(Good Will Hunting)

천재에서 인간으로

1997년 미국 작품
감독: 구스 반 산트(Gus Van Sant)
주연: 로빈 윌리엄스(Robin Williams) 맷 데이먼(Matt Damon)
　　　벤 애플랙(Ben Affleck)
심리학 키워드: 심리학의 본질, 인간에 대한 심리학의 시선

줄거리

　　보스턴 남부 빈민가 출신의 고아이자 MIT 대학의 청소부인 윌 헌팅은 폭력 전과가 있는 망나니지만 수학에 천재적인 재능을 가지고 있다. 그는 수학과 램보 교수가 한 학기 과제로 복도 칠판에 적어 놓은 수학 문제를 청소 도중 단숨에 풀어버리고, 램보 교수와 학생들은 문제를 푼 사람이

누군지 크게 궁금해한다. 윌은 어릴 때 자신을 괴롭히던 사내를 심하게 폭행한 죄로 징역형을 선고받는다. 수학문제를 푼 천재가 윌임을 알아낸 램보 교수는 수학공부와 심리치료를 받는 조건으로 판사로부터 집행유예를 받아내고 윌은 풀려난다.

하버드 대학가의 술집에서 윌의 친구 처키는 하버드 여대생 스카일라와 얘기 도중 한 거만한 남학생으로부터 모욕을 당한다. 윌은 비범한 두뇌를 이용하여 그 남학생의 코를 납작하게 만들고 스카일라의 환심을 사서 그녀와 데이트하게 된다. 윌은 램보 교수와 함께 하는 수학공부는 그런 대로 해내지만 심리치료에는 전혀 협조하지 않는다. 그는 치료자를 기만하고 자유자재로 갖고 놀며, 다섯 명의 치료자를 갈아치운다. 한편 스카일라와의 관계는 조심스럽게 진전되어 둘은 사랑에 빠진다.

램보 교수는 옛 친구이자 심리학 교수인 숀 맥과이어를 찾아가 윌을 맡아줄 것을 부탁하고 동의를 얻는다. 그러나 윌은 숀 교수에게도 무례하게

굴고 둘은 충돌한다. 그러나 양아버지로부터의 학대와 수차례 파양의 상처로 마음의 문을 닫고 살던 윌은 숀 교수가 부인과 사별한 상처를 안고 있다는 사실과 그의 이해심 있고 진지한 자세에 이끌려 차츰 누그러진다.

윌이 수학재능을 살리는 방향으로 직업을 갖도록 조언을 해주길 바라는 램보와 윌이 진정한 자아를 찾아서 자신이 하고 싶은 일을 하도

록 도와주려는 숀은 격렬한 논쟁을 벌인다. 아직 인생에 자신이 없는 윌은 스카일라의 사랑을 받아들이지 못하고, 낙심한 스카일라는 캘리포니아로 떠나버린다. 처키는 윌에게 재능을 살릴 수 있는 일을 하라고 우정어린 충고를 한다. 숀 교수는 네 잘못이 아니라며 윌을 안아주고 윌은 그의 품에서 깨달음의 울음을 터뜨린다. 그는 회사에 취직하려던 생각을 보류하고 숀에게 편지를 남긴 후 스카일라를 찾으러 대륙의 반대편 캘리포니아로 떠난다.

인간을 이해하는 학문, 심리학

심리학하면 어떤 생각들이 떠오르나? 아마 일반인들이 연상하는 생각들 중에 대표적인 것이 '심리분석', '정신분석', '심리피악' 등일 것이다. 많은 사람들이 심리학을 '인간을 분석하는 학문' 정도로 알고 있다. 그래서 심지어 심리학자는 사람의 속마음을 훤히 읽을 수 있는 줄 오해하고 경계하는 사람도 있다. 나 역시 아내와 연애할 때 아내가 자신의 속마음을 간파 당할까봐서 마음의 창을 꼭 닫아걸고 열지 않는 통에 초반부터 고전했던 기억이 있다.

심리학이 인간을 분석한다는 점을 완전히 부인할 수는 없겠지만 이보다 더 정확하게 말하자면 '심리학은 인간을 이해하는 학문'이다. 자신을 이해하고 남을 이해하도록 도와주는 학문이라는 뜻이다. 인간을 올바로 이해하기 위해서는 인간의 성격은 어떠하며, 인간의 사고 과정은 어떻게 이루어지고, 인간은 어떤 욕구를 지니고 있는지 그리고 인간의 행동은 무엇에 의해 결정되는지 등에 관해서 분석적인 고찰이 필요한 것이다.

남이 내 마음을 몰라주면 속이 상하고, 반대로 누군가가 날 이해해준다면 그렇게 위안이 될 수가 없으며 그 사람이 좋아지게 된다. 그리고 내가 누군가를 이해한다면 이해 받는 그 사람의 기분도 좋아질 뿐더러 이해하는 내 기분도 역시 좋아진다. 모든 사람이 서로를 이해할 수 있을 때 그곳은 늘 평화로운 천국과 다름없을 것이다.

남을 이해하는 일 못지 않게 자신을 이해하는 일 또한 중요하다. 수많은 사람들이 자신의 내면 깊숙한 곳의 욕구를 알지 못하며, 자신의 잠재능력을 인식하지 못해서 자신과 맞지 않는 일을 하느라 생을 허비하고 있다. 이런 사람들의 인생은 행복할 수가 없다. 심리학은 내면의 욕구에 귀를 기울이게 하고 자신을 객관적으로 이해할 수 있는 여러 가지 방법과 기술을 제공하고 있다. 이런 점에서 심리학은 인간에 대한 따스한 시선을 가지고, 인간이해의 길을 안내하고 있다.

어떤 학자는 "20세기가 물리학의 시대였다면 21세기는 심리학의 시대다"라고 단언한다. 지난 백년 간 물질문명이 끊임없이 발전을 거듭하는 동안 인간의 정신문화는 여유를 잃고 황폐 일로를 걸어왔음을 인정한다면 이 말에 이의를 제기할 사람은 그리 많지 않을 것이다. 세상이 급변하고 복잡해질수록 적응하기는 어려워지고 낙오자도 속출한다. 이런 환경에서 우리 인간의 삶의 질을 향상시키는 문제는 인류의 최우선 과제가 될 것이고, 그 과제를 수행하는 최전선에 심리학이 위치하게 됨은 자명하다.

영화에서도 심리학의 대중화 분위기는 쉽게 감지된다. 〈요람을 흔드는 손 The Hand That Rocks the Cradle〉이나 〈양들의 침묵 Silence of the Lambs〉과 같은 사이코 스릴러(Psycho-thriller 정신적으로 비정상적인 인물의 범죄를 경찰이나 시민이 제압하는 추리형식의 영화)는 20년 전만 해도 용어조차 없었으나 오늘날 가장 인기 있는 장르 중 하나로 자리잡고 있다. 또한 〈레인맨 Rainman〉, 〈이보다 더 좋을 수 없다 As Good As It Gets〉, 〈뷰티풀 마인드 Beautiful Mind〉, 〈메멘토 Memento〉 등 정신장애나 정신장애인을 소재로 한 영화들도 점점 많이 제작되고 있고 또 큰 인기를 누리고 있다.

이런 현상은 독특하고 비정상적인 캐릭터가 영화팬의 이목을 더 잘 끌 수 있다는 이유도 있지만 세상에 그런 사람들이 많으며 대책을 세우고 보호할 필요성이 사회적으로 대두되고 있다는 점과 무관하지 않을 것이다.

'배드 윌 헌팅'과 '굿 윌 헌팅'의 차이

〈굿 윌 헌팅〉은 윌 헌팅을 연기한 맷 데이먼을 레오나르도 디카프리오에 필적하는 청춘 스타로 발돋움시켰고, 숀 교수로 분한 로빈 윌리엄스의 차분하고 때론 격정적인 연기를 보는 즐거움도 쏠쏠하다. 시나리오를 공동 집필한 맷 데이먼과 벤 애플랙은 아카데미 각본상을 받았고, 로빈 윌리엄스는 남우조연상을 수상했다. 그리고 작품상 후보에 올랐으나 애석하게도 수상하지는 못했다.

이 영화는 상담전문가인 숀 맥과이어 교수를 통해서 인간을 보는 심리학의 시선을 잘 드러내 보여주고 있다. 머리로만 인생을 살았지 따뜻한 가슴을 가지지 못한 윌은 처음 본 여자와 술을 마시느라 월드 시리즈 관람티켓을 친구에게 넘겼다는 숀 교수를 이해하지 못한다. 그러나 윌은 "네가 아는 지식은 어느 누구보다도 많지... 하지만 넌 여인의 옆에서 눈감고 느끼는 행복이 뭔지 모를 걸..." 이라는 숀의 말에 아무 대답도 못한다. 그 후 윌은 스카일라를 향해 이는 가슴속의 물결을 조금씩 느낀다.

어린 시절 여러 번의 파양 경험으로 인해서 윌은 버림받을까봐 좋아하는 사람에게 속마음을 드러내지 못하고 자기가 먼저 돌아서 버림으로서 자위하곤 한다. 숀은 이렇게 자신을 끝없이 방어하던 윌을 오만에 가득 찬 겁쟁이로 몰아 부치면서 그리고 그것은 네 잘못이 아니라면서 자신을 똑바로 직면하도록 한다.

자신이 드러나는 게 죽기보다 싫었던 윌은 숀의 도움으로 두려움 없이 자신을 보게 되고 자신을 점차 사랑하게 된다. 윌은 달라졌고 그러자 그의 앞에 보이는 세상도 달라진다. 스카일라가 떠난 후 윌은 애써 태연한 척 예전처럼 생활하려 했지만 모든 게 달라졌기에 그럴 수 없다. 그는 자기 내면의 욕구를 따라서 스카일라를 찾아 떠나고 처키와 숀은 안도의 미소를 짓는다.

숀과의 상담을 통해 야생마 윌 헌팅은 지성과 감성이 조화된 굿(Good) 윌 헌팅으로 거듭난다. 숀의 애정 어린 관심과 이해 그리고 포기하지 않는 믿음이 월을 막가는 인생으로부터 건져낸 것이다. 영화에서 '영혼의 짝(Soul Mate)'이라는 말이 여러 번 나오는데, 아마 숀 교수가 월의 영혼의 짝이 아닐까?

사실 월은 복이 많은 사람이다. 누구도 따라오지 못할 비범한 두뇌를 가진데다 인복도 많아서 램보는 그 재능을 인정해 주었으며, 숀으로부터는 진정한 자아를 찾도록 도움을 받는다. 그리고 스카일라를 통해 월의 자아는 더욱 분명해지며, 의리 있는 친구 처키는 자아의 요구대로 살아갈 수 있는 용기를 준다.

어떤 사람도 이해되어야 하고, 이해하지 못할 사람은 없다. 이것이 1879년 독립된 학문으로서의 기치를 내건 이래 지금까지 심리학이 줄기차게 강조해 온 모토이자 세상을 이롭게 하는 심리학의 힘이다.

니는 '현대인의 정신건깅'이라는 교양 수업시간에 〈굿 윌 헌팅〉을 비롯하여 정신건강과 관련된 몇 편의 영화를 소개하고 감상문을 써오게 한다. 요즘 대학생들은 영상세대답게 이런 레포트는 즐겁게 받아들이고 열심히 한다. 그러나 일부 학생들은 정보의 바다에서 건진 전문가들의 영화평을 그대로 베껴내기도 하여 투박하지만 자신의 의견이나 주장을 진솔하게 써 온 학생들을 손해보게 만들기도 한다.

학생이 뛴다면 교수는 날아야 한다. 그래서 인터넷이나 기타 소스를 통해 도저히 구할 수 없고 순전히 학생 자신의 머리로 해결할 수밖에 없는 과제를 한가지 개발(?)해냈다. 그것은 다름 아니라 영화의 등장인물들이 서로에게 보내는 가상의 편지를 써오게 하는 것이다.

다음은 나의 강의를 열심히 들었던 대구가톨릭대학교 역사교육학과 2학년 최정임 양이 쓴 캘리포니아로 떠난 윌이 숀 교수에게 보내는 편지이다.

숀 선생님께 윌이 보냅니다

숀, 전 지금 캘리포니아의 해질 녘 비경을 감상하고 있습니다. 부딪칠 듯 꼬리를 물고 질주하는 자동차의 행렬사이로 당신의 모습이 스칩니다. 당신은 지금쯤 어느 낯선 땅을 여행하고 계시겠지요. 떠나는 날 저는 당신을 차마 바라볼 수 없었습니다. 저의 알몸을 당신께 드러낸 것 같은 기분 때문이었죠. 이해해 주시겠지요?

당신과 처음 만난 그 날이 기억나는군요. 심리치료, 전 그 일이 시간낭비일 뿐이라고 생각했습니다. 적어도 당신을 만나기 전까지는요. 처음엔 당신도 내가 이전에 만났던 그저 그런 상담자 중의 한 사람인 줄 알았습니다. 그러나 당신의 눈을 보면서 내 생각이 틀릴 수도 있겠다는 생각이 들었습니다. 혼란스러웠습니다.

두 번째 만나는 날 당신은 나를 공원으로 데리고 갔었지요. 그때 당신이 말했죠. 내게는 따뜻한 마음이 없다고. 세상은 책 속에 있는 몇 마디의 말로는 도저히 설명할 수 없다고. 우리가 그것에 대해 느낄 수 있을 때 세상은 존재하는 거라고. 나 같은 사람은 도저히 느낄 수 없는 무언가가 있다고. 선생님 말씀대로 전 정말 아무것도 느낄 수가 없었어요. 선생님이 저에게 베푼 애정도, 스카일라의 사랑의 말도 전 마음으로 느낄 수가 없었습니다.

그래요. 전 사랑이 어떤 것인지 알기도 전에 상처, 미움 그리고 고통 뭐 이런 것들을 먼저 알았습니다. 양부의 거듭되는 폭행, 그 상처가 너무나 깊어 제 가슴은 다른 어떤 것도 받아들일 준비가 되지 않았던 것이죠. 전 다시 상처받을까 두려워 사람들을 피하기만 했고, 언제나 제가 먼저 등을 돌리고 떠나곤 했죠. 그것이 나를 지킬 수 있는 유일한 방법이라고 생각했거든요.

그런 저를 당신은 이해의 눈빛으로 바라보시고, 저의 차가운 가슴에 사랑의 불꽃을 지필 수 있게 해주셨습니다. 사람들은 저를 수학의 천재라고 추켜세우지만 전 바보에 지나지 않았습니다. 머리보다 실력보다 더 중요한 무언가를 잊고 산 바보였습니다. 그러나 이제는 아닙니다.

숀. 당신은 실패와 상처가 두려워 자꾸만 뒷걸음치는 어린 새가 세상을 향해 날개를 펼칠 수 있는 방법과 용기를 주셨습니다. 아직까지 사랑이 무언지 확실히는 모르지만 어렴풋이 느낌이 옵니다. 제 마음의 창 앞에서 기다리던 당신과 스카일라가 보여준 진실한 사랑이 이제 제 가슴속으로 스며들고 있음을 느끼기 때문입니다. 그래서 전 사랑을 찾아 보스턴의 반대편 이 곳 캘리포니아까지 왔습니다. 물론 두렵습니다. 사랑 때문에 또다시 상처를 받을지 모르지요. 하지만 이제 물러서지 않으렵니다. 진 21년 긴이니 세상을 피하며 살아왔습니다. 그것으로 충분하다고 생각합니다.

당신으로 인해 그동안 잊고 지내온 아니 있는지도 몰랐던 소중한 것들을 찾았습니다. 제 가슴속에 남아 있던 아픈 기억들은 모두 보스턴에 남겨두고 왔습니다. 전 이제 여기서 새로운 희망을 설계하고 있습니다. 열어 젖힌 창으로 눈부신 햇빛이 쏟아집니다. 새가 알을 깨고 세상에 나온 기분이 이런 것이겠지요? 숀, 당신은 나의 어미새입니다. 당신이 내게 준 그 사랑을 두 날개에 가득 담고 날아 오르겠습니다. 당신을 잊지 않겠습니다. 그리고 저도 당신을 사랑합니다.

독수공방을 보상하라

1998년 한국 작품
감독: 강우석
주연: 안성기 심혜진 문성근 황신혜
심리학 키워드: 심리학의 분석수준

줄거리

    변호사 부부인 명성기와 이기자의 사무실에 이경자가 찾아온다. 그녀
는 이기자를 변호인으로 하여 대기업 일산의 과장인 남편 추형도가 과도

한 업무로 몇 년째 부부관계를 못한데 대하여 일산그룹을 상대로 위자료 청구소송을 제기한다. 사장과 이사로부터 호된 질책을 받고 추형도는 아내에게 소송을 취하하도록 설득하지만 그녀는 뜻을 굽히지 않는다.

이 소송은 단번에 매스컴의 주목을 받는다. 공판이 시작되자 이기자는 추형도가 회사의 업무 과중과 괴팍한 상사로 인해 스트레스가 심했음을 입증하려고 하고, 공교롭게도 일산의 고문변호사인 명성기는 이경자가 성 클리닉에 다닌 사실 등을 열거하며 그녀의 섹스 중독이 문제임을 부각시키고자 한다. 공판이 거듭되면서 양측의 공방은 가열되고 이경자와 추형도, 이기자와 명성기 두 부부간의 갈등도 더 깊어진다.

예상외로 파문이 커지자 일산그룹은 추형도를 부장으로 승진시켜 중국으로 발령 내는 한편, 명성기 변호사를 무능하다고 몰아 부친다. 추형도는 중국 행을 결심하고 아내에게 이혼을 통보한다. 마지막 공판에서 이경자는 명성기의 심문에 조목조목 반박하며 자신의 성욕이 정상적임을 당당하게 주장하고, 이기자는 추형도가 이경자에게 보낸 연애시절의 편지를 읽어 내려간다. 추형도는 공항에서 비행기표를 찢고 법정으로 돌아온다. 그의 애틋한 사랑이 담긴 편지는 재판정을 숙연하게 만든다.

생과부 위자료 청구소송은 이경자의 승소 판결로 끝이 나고, 명성기는 이기자에게 다가와 축하인사를 건네며 사랑을 고백한다. 추형도와 이경

자는 포장마차에서 다정하게 술을 마시며 앞날을 설계한다. 한편, 침대에서 명성기의 접근을 계속 뿌리치던 이기자는 마침내 그를 받아들인다.

'보채는 여자-고개 숙인 남자'의 이데올로기

〈생과부 위자료 청구소송〉은 우리나라에서 재미있고 웃기는 영화를 가장 잘 만든다는 강우석 감독이 그의 장기를 살려 전대미문의 소송사건을 코믹 터치로 만든 작품이지만 전작 〈투캅스〉나 〈마누라 죽이기〉에 비해 상큼한 맛은 떨어진다. 그러다 보니 흥행 성적도 썩 좋은 편은 아니었다. 사회성 짙은 주제를 다루었기 때문일까, 이런 영화를 자주 봐서 식상해진 것일까 아니면 우리가 세상을 힘들게 살다보니 웃을 기운이 남아있지 않기 때문일까?

우리나라 영화팬들이 법정 드라마를 그리 좋아하지 않는다는 점도 한가지 이유가 되겠으나, 내가 보기에는 영화의 전개과정과 결말이 모순되는 것이 크게 작용하지 않았나 싶다. 공판 진행과정에서 이경자는 성 클리닉에서 치료받으며, 남편 앞에서 야한 나이트 쇼를 벌이고, 남편에게 음란편지와 반나체 사진을 보내는 등 평범한 여자들에게는 찾아보기 어려운 욕정이 넘치는 음탕한 여인으로 묘사된다.

그리고 남편 추형도는 밖에선 처자식 먹여 살리려고 불철주야 분투하고, 안에선 아내의 끝없는 섹스 요구에 시달리는 수퍼맨 콤플렉스를 느끼는 가여운 인물로 그려진다. 이와 같이 이 영화는 전편에 걸쳐 여자는 정숙해야 한다는 메시지를 역설적으로 전파하며, 반면에 가장으로서의 남성이 겪는 고충을 부각시킴으로써 남성 우월의 시각을 드러내고 있다.

이쯤 되면 관객이 느끼기에 남편의 일 중독이나 회사의 과중한 업무 부과는 아내의 성욕과잉보다 부부관계 소홀함에 훨씬 더 개연성이 떨어진다. 그러나 "나도 성욕을 느낀다"는 정숙한 판사부인의 한 마디에 판사의 마음이 흔들리고, 최루성 연애편지의 낭독으로 판결은 이경자의 승소로 결말난다. 결정적이고 통쾌한 막판 뒤집기가 없이 싱겁게 그것도 관객의 심정과 다르게 끝이 난데 대해 관객들은 충분히 납득하지 못하는 것이다. 여성의 항의를 의식해서일까 강우석 감독은 남녀의 손을 모두 다 들어 줌으로써 어정쩡하게 타협하고 말았다.

그렇지만 이 영화는 영화적 가치를 떠나서 심리학, 사회학, 여성학, 경영학, 법학 그리고 가정관리학 등 사회과학도들에게는 괜찮은 텍스트가 될 수 있다. 노사문제, 기업의 윤리, 성차별과 여권신장, 가정의 의미와 부부역할 등 현대사회의 주요 이슈들이 대등한 비중을 갖고 얽혀 있어 각자의 관심사나 보는 각도에 따라서 다양한 분석과 열띤 논의를 이끌어 낼 수 있기 때문이다.

가정학을 전공한 이경자는 행복한 가정을 복원하기 위해서 소송을 제기하고, 법학을 전공한 이기자는 여권을 수호하기 위해서 변호를 자청한다. 대기업은 국가경제발전을 빌미로 노동력 착취의 혐의를 벗으려 하고, 대기업 사원은 입신출세와 생계부양을 위해 굴욕을 감수한다. 강한 자는 군림하려 하고, 약한 자는 짓눌리면서 꿈틀거린다.

심리학은 사회현상을 어떻게 분석하나?

〈생과부 위자료 청구소송〉이 함축하고 있는 여러 가지 이슈 가운데 여기서는 사회적 현상과 사회적 행위에 대한 심리학의 분석수준을 논하고자 한다. 즉, 이경자가 남편의 회사를 상대로 성생활 권리침해에 대한 위자료 청구소송을 내게 된 원인을 심리학적 관점에서 분석하고, 다른 학문적 관점과 비교해 본다.

사회적 현상과 행위는 일반적으로 다음과 같은 3가지 수준에서 분석 또는 설명된다.

첫째, 사회적 분석수준이다. 사회학, 인류학, 경제학 또는 정치학자들이 즐겨 채용하는 관점으로서 사회의 전반적인 구조나 제도적 특징 등에서 사회현상의 원인을 찾는다. 예를 들어, '학부모가 교사에게 촌지를 건네는 문제'에 대해서 황금만능주의나 학벌을 중시하는 사회풍조 또는 정부의 잘못된 교육정책 등을 원인으로 보는 입장이다.

둘째, 상황적 분석수준이다. 어떤 현상이나 행위가 발생한 당시의 상황적 맥락에서 원인을 찾는데, 사회심리학의 주된 분석수준이다. 상황적 분석에 따르면 촌지 문제를 교사의 은근한 요구, 자녀의 성적 하락 또는 주변의 부추김 등에 기인하는 현상으로 설명한다. 즉, 아무리 황금만능주의기 팽배하고 학벌 중시 풍조가 만연해 있다 하더라도 이러한 상황적 요인이 존재하지 않는다면 촌지를 주지 않을 것이다.

셋째, 개인적 분석수준이다. 성격심리학자나 개인차를 강조하는 심리학자들이 강조하는 관점으로서 행위 당사자들의 성격이나 욕구 또는 내력 등 개인의 독특한 특징에서 원인을 찾는다. 따라서 촌지 문제의 경우, 자기자식만 잘되길 바라는 학부모 개인의 이기적 성격이나 촌지에 따라 학생을 편애하는 교사 개인의 비도덕성 등 개인차에 초점을 두고 접근한다. 황금만능의 사회이며, 주변에서 촌지를 주라고 부추긴다 해도 학부모나 교사가 건전한 가치관을 지녔다면 촌지를 주고받는 일은 없을 것이다.

어느 분석수준이 가장 옳다고 생각되나? 일반인들은 어떤 현상을 설명할 때 이 중 어느 한가지 수준만으로 설명하는 경향이 있다. 특히 거시적인 사회적 원인을 드는 경우가 가장 많다. 예를 들어, 근년에 미국의 고등학교에서 연속적으로 총기살인사건이 일어나자 미국의 한 고등학교 교장은 이혼이나 맞벌이 등으로 전통적 부모역할을 다하지 못하는 가정이 증가했고, 인터넷 등을 통해 검증되지 않은 지식들이 범람하고 있으며, 폭력을 영웅시하는 연예 문화가 퍼져 있는 점을 원인으로 들었다. 이 원인들은 모두 사회적 분석수준으로 추출되는 것으로서 사건의 먼 원인이 될 수는 있다. 그러나 보다 직접적인 원인은 상황이나 개인의 특징에서 찾아야 할 것이다.

세 가지 분석수준은 어느 것이 옳고 어느 것이 그르다는 상호 배타적인 관계에 있다기보다는 서로 보완적인 관계에 있다고 봐야 한다. 그러므로 세 수준을 모두 고려한 분석을 통해서만이 어떤 사회적 현상이나 행위가 객관적이고 종합적으로 분석될 수 있는 것이다. 오늘날 어떤 한 현상과 관련이 있는 여러 분야들간의 협동적 노력이 요구되는 학제적 연구(Interdisciplinary Study)가 증가하고 있는 학문적 추세 역시 이런 점을 반영하고 있다.

생과부 위자료 청구소송의 내막

이상의 세 가지 분석수준으로 이경자가 위자료 청구소송을 내게 된 배경을 분석해보면 아래 그림과 같다.

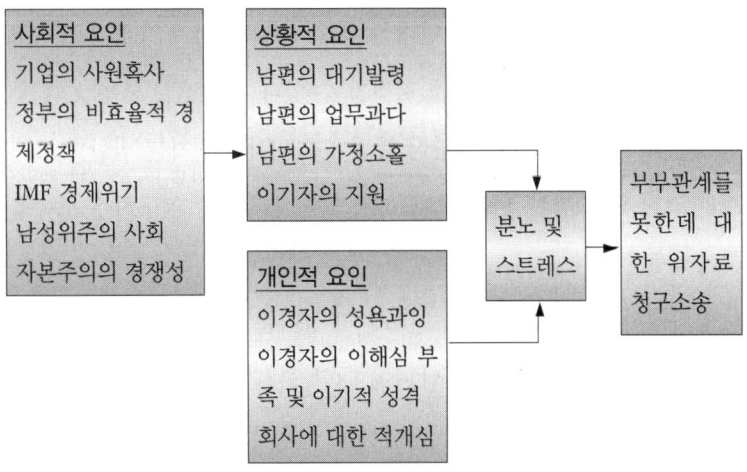

생과부 위자료 청구소송의 분석

먼저, 사회적 원인으로는 부당한 근로조건으로 노동력을 착취하는 대기업의 비윤리적 행태, 기업에 혼란만 가중시키는 정부의 비효율적 경제정책, 남성위주의 사회풍토, 경쟁을 부채질하는 자본주의 체제 그리고 IMF 체제하의 경제상황 등을 들 수 있겠다. 이러한 사회적 요인들은 이경자의 분노의 감정이나 위자료 청구소송이라는 행동에 직접적으로 영향을 미치기보다는 행위가 일어날 당시의 상황에 영향을 미침으로써 간접적인 영향력을 지닌다.

둘째, 상황적 원인으로는 남편 추형도의 대기발령, 집에서도 회사 일을 해야 할 만큼 남편의 업무과다 및 일 중독, 이에 따른 남편의 가정소홀 및 애정감소로 몇 년째 만족스러운 부부관계를 못함, 이기자 변호사의 적극적 지원 약속 등이다.

셋째, 개인적 원인으로는 소송당사자인 이경자의 과다한 성적 욕구, 그녀의 남편에 대한 이해와 인내심 부족, 그녀의 이기적 성격 그리고 남편 회사에 대한 적개심 등을 지적할 수 있다.

이상의 상황적 조건과 개인적 특징에 의해서 이경자는 심한 스트레스를 겪게 되고 일산그룹에 분노하게 되어 위자료를 청구하는 소송을 제기하게 된다.

영화에서 피고, 즉 회사측 변호인 명성기는 이경자가 만족스런 성관계를 가지지 못한 원인을 남편에 대한 회사의 과중한 업무부과 때문이 아니라 이경자 자신의 비정상적 성욕과잉 때문임을 필사적으로 입증하려고 하고, 반면에 원고측 변호인 이기자는 회사의 혹사로 남편이 성욕을 상실하여 부부관계를 가지지 못했음을 강력하게 주장한다.

재판장은 원고측 요구대로 회사는 성관계를 가지지 못하게 만든 대가로 이경자에게 2억원을 배상하도록 판결하였다. 그러나 엄밀히 말하자면 그림에서 보듯이 이경자가 원만한 성관계를 가지지 못한 데는 전적으로 회사의 책임만이 아니라 이경자 자신이나 멀게는 국가의 책임도 있는 것이다. 예를 들어, 일을 많이 한다고 해서 모든 사람이 성욕이 감퇴하거나 성관계에 문제가 생기는 것은 아니다. 오히려 바람까지 피우는 사람도 많지 않은가?

어떤 요인의 비중이 더 큰지 경중을 가리기는 어려우나 원고측 주장이 100% 받아들여진 점은 회사로서는 억울한 측면이 있다. 관객이 많이 들지는 알 수 없지만 회사의 항소 제기로 〈생과부 위자료 청구소송 2〉를 만들 수도 있겠다는 엉뚱한 생각을 해본다.

엑스페리먼트(Das Experiment)

실험실 속의 세상

2001년 독일 작품
감독: 올리버 허쉬비겔(Oliver Hirschbiegel)
주연: 모리츠 블라입트로이(Moritz Bleibtreu) 주스투스 폰 도냐니
      (Justus von Dohnanyi) 마렌 에거트(Maren Eggert)
심리학 키워드: 연구방법, 역할, 상황의 영향, 귀인, 기본적 귀인오류

줄거리

　　전직 기자였던 택시기사 타렉은 한 대학에서 2주간의 모의감옥 실험지원자를 구한다는 신문광고를 보고 지원한다. 전에 근무하던 신문사에 찾아가 실험에 관한 기사를 제공하는 조건으로 대가를 받기로 계약하고 안경으로 위장된 카메라를 구입한다. 그는 실험팀으로부터 간단한 테스트를 받고 돌아오다 접촉사고를 당하고 사고를 낸 여성과 동침한다.

　　실험 첫날. 다양한 직업을 가진 지원자 20명에게 연구책임자 톤 교수는 인위적 곤경에 처한 사람들의 반응을 관찰하는 것이 실험의 목적이라고 설명한다. 8명에게는 간수역할이 주어지고 타렉을 비롯한 나머지 12명에게는 죄수역할이 부여된다. 간수들에게는 유니폼과 장비가 지급되고 진짜 간수처럼 행동할 것을 지시 받는다. 죄수들은 죄수복을 입고 가벼운 마음으로 대학구내에 설치된 모의감옥에 들어가고 간수의 명령에 복종하라는 등의 규칙을 전달받는다. 식사시간에 간수들은 규정을 지키

지 않는 죄수들에게 경미한 기합을 준다.

이틀째. 간수들은 서서히 강압적으로 변해간다. 고분고분하지 못한 타렉에게 간수늘이 벌을 주려하사 _L는 반항하고 죄수들은 타렉에게 호응하면서 두 집단 간에 적대감이 형성된다. 간수들은 똘똘 뭉쳐 죄수들을 진압하고 옷을 벗겨서 모욕감을 준다. 타렉은 가장 요주의 인물로 지목된다.

사흘째. 죄수들은 말을 잘 듣는 수밖에 없다고 생각하고 간수들은 질서가 잡혀간다고 좋아한다. 타렉이 가장 강경하고 야비한 간수인 베수스에게 모욕을 주자 간수들은 금지된 술을 마시고 그를 끌고 나와 삭발시킨다음 그의 얼굴에 대고 오줌을 눈다.

나흘째. 타렉과 동침했던 도라는 타렉과 통화가 안 되자 그의 집을 찾아온다. 죄수들 중에는 퇴소를 원하는 사람이 생기고 자해를 하는 등 이상한 증상을 보이는 사람도 나타난다. 베수스는 죄수들을 폭력으로 다스리기 시작하고 연구 부팀장의 폭력자제 요청을 거부한다. 타렉은 잠을 자다가 공황발작을 일으킨다. 간수나 죄수는 모두 완전히 변해서 점차 그런 생활에 적응해간다.

닷새째. 죄수들의 심리적 · 신체적 상태가 나빠지자 부팀장은 실험중단을 건의하지만 톤 교수는 계속할 것을 명한다. 타렉은 면회 온 도라를 통해서 녹화테이프를 신문사에 전달하려고 했으나 베수스에게 발각되고 만다. 톤 교수가 없는 사이 간수들은 실험실을 점거하고 타렉을 폭행한후 금고에 감금한다. 한 간수는 제지하는 부팀장의 옷을 벗기고 강간한다. 금고를 빠져나온 타렉은 죄수들을 풀어주고 함께 탈출한다. 간수들과 죄수들의 쫓고 쫓기는 난투극 끝에 사망 2명, 중상 3명의 이 비극은 막을 내린다.

1971년 스탠포드대학 심리학과에선

심리학은 사회과학 중에서는 유일하게 실험을 주된 연구방법으로 사용하고 있다. 심리학 연구의 2/3 이상이 실험실이나 현장에서의 실험을 통해서 이루어지고 있으며, 나머지는 조사, 관찰, 사례연구 등으로 이루어지고 있다. 실험은 연구자가 관심을 가진 변인(이를 독립변인이라고 한다)을 인위적으로 조작한 상황을 구성하여 피험자들이 그상황에서 어떻게 생각하고 행동(이를 종속변인이라고 한다)하는지를 측정하는 방법이다.

다른 연구방법들에 비해서 실험방법이 갖는 장점은 뭐니뭐니해도 결과의 정확성이다. 왜냐하면 독립변인 이외에 종속변인에 영향을 미칠 수 있는 기타 변인들의 효과를 실험과정에서 철저히 통제하기 때문에 종속변인에 대한 독립변인의 효과를 정확하게 측정해낼 수 있다.

반면에 조사나 관찰연구는 상황통제 없이 자연상태에서 결과를 얻기 때문에 변인들간의 인과관계를 따지기는 어렵고 단지 상관관계만 알 수 있을 뿐이다.

다만 실험은 인공적 상황에서 결과를 얻는 관계로 현실성이 다소 떨어지는 단점이 있기 때문에 여러 상황에 걸쳐 반복 검증되기 전까지는 결과를 다른 상황에 일반화하는데 신중을 요한다. 그리고 생각하면서 이 영화를 본 관객이라면 느낄 수 있듯이 심리학 실험은, 물론 일부 연구에 지나지 않지만, 본의 아니게 피험자를 기만하거나 심리적·신체적 고통을 주는 등 윤리적인 문제가 생길 위험도 따르기도 한다.

〈엑스페리먼트〉는 실제로 행해졌던 한 유명한 심리학 실험을 바탕으로 재구성된 것이나. 물론 폭력이나 살인과 같은 잔혹한 행위는 영화에서 삽입된 허구의 내용이다. 그러나 비록 과장되긴 했어도 영화는 실제 실험과정에서 나타났던 분위기와 이 실험이 인간행동에 대해서 시사하는 바를 비교적 잘 드러내 주고 있다.

1971년 미국 서부 최고의 명문 스탠포드대학 심리학과의 짐바르도(Zimbardo) 교수는 심리학과 건물 지하실에 모의감옥 시설을 설치하고 실험참가자를 공모하였다. 일정 액수의 돈을 받고 실험에 지원한 평범한 남자대학생들은 동전 던지기로 간수 또는 죄수역할을 하도록 배정되었다.

웃으면서 시작했던 실험은 단 하루가 지나자 험악한 분위기로 반전되고 간수와 죄수 심지어 실험자들까지도 상황에 압도되고 만다. 간수들은 죄수들을 비하하기 시작했으며, 어떤 간수는 잔혹하고 모욕적인 규칙을 정하기도 하였다. 죄수들은 처음엔 신경질적으로 반항하거나 난동을 부렸으나 점차 무감각해졌다. 연구책임자 짐바르도 교수는 이러한 사회 병리적인 현상을 목격하고 2주간으로 계획했던 실험을 엿새만에 중단하고 말았다.

짐바르도(1972)는 끔찍했던 실험장면을 이렇게 묘사하고 있다:

> 엿새째 되던 날 밤 우리는 모의감옥을 폐쇄할 수밖에 없었다. 왜냐하면 우리가 목격한 것이 너무나 참혹했기 때문이었다. 대다수 피험자들은 인간본성의 병리적 단면을 드러내 보이고 있었다. 우리는 몇몇 간수들이 죄수를 마치 개나 돼지 다루듯 하고 잔인함을 즐기고 있으며, 반면에 죄수들은 노예나 로봇처럼 행동하며 오직 탈출이나 생존만을 생각하거나 간수에 대한 증오심만 키우고 있음을 보고 경악하지 않을 수 없었다... 그 곳에는 현실과 착각, 그리고 역할연기(Role-Playing)와 자기정체감간에 혼란이 커지고 있었다...

문제는 역할이다

이 영화를 두고 인간의 본성 운운하는 것은 온당치 않다. 그리고 간수역할을 한 피험자들의 폭력적 성격이 문제였다고 보는 시각 역시 착각이다. 성격이 사악한 간수와 본성이 흉악한 죄수가 있어서 교도소는 늘 살벌한 것일까? 아니다. 선량한 사람일지라도 그가 어떤 역할을 맡느냐에 따라서 난폭한 행동을 할 수도 있다. 다시 말해서 사람들은 난폭하게 행동할 수밖에 없는 상황에 처하면 난폭해지는 것이다.

짐바르도 교수가 이 실험을 실시한 목적도 바로 이런 것이었다. 주어진 역할이 인간의 행동에 어떤 영향을 주는가? 역할은 역할수행 상황 속에서 적절한 행동한계를 규정하기 때문에 만일 죄수역할을 한 피험자들이 간수역할을 했었다면 마찬가지로 폭력적이었을 것이고, 반대로 간수역할을 한 피험자들이 죄수역할을 하게 되었더라도 처음엔 반항하다가 결국에는 굴종할 수밖에 없었을 것이다.

사회학과 사회심리학의 여러 가지 역할이론들은 개인의 행동이 그가 가진 역할 및 역할기대에 의해서 영향을 받는다는 관점을 견지하고 있다. 인간행동의 결정요인으로 동기, 태도 또는 성격과 같은 개인적 요인보다는 역할이나 규범과 같은 사회구조적 요인을 더 강조한다. 역할이론은 특히 개인의 행동이 이전과 달라진 경우에 왜 변했는지를 이해하는 데 도움이 된다.

노조간부로 활동하면서 회사에 비판적인 발언을 많이 하던 사람이 임원으로 승진하자 회사를 두둔하고 나서는 경우처럼 역할이 바뀌면 생각이나 행동도 달라지게 되는 것이다. 또한 집에서는 과묵한 남편이 친구들을 만나면 쉴새없이 떠든다면 남편으로서는 권위를 지켜야 하지만 친구로서는 다정하게 우정을 나누어야 한다는 그의 역할인식이 다르기 때문에 나타난 행동으로 이해할 수 있겠다.

이와 같이 우리가 맡은 역할은 우리의 태도와 행동에 직접적으로 영향을 준다. 실제로 어떤 역할을 수행하는 경우는 말할 것도 없고 이

실험에서 확인된 것처럼 단순히 어떤 역할을 연기하도록 하여도 사람
이 달라진다. 진짜 간수가 아니지만 간수처럼 행동하다보니 간수로서
의 자기정체감을 갖게 되고 현실과 허구를 혼돈하게 되는 것이다.

이런 점을 이용하여 심리학자들은 역할연기를 통해서 긍정적인 습
관이나 행동을 유도하기도 한다. 한 연구에서 청소년들에게 심한 기
침과 통증으로 고통받는 폐암환자의 역할을 연기하도록 한 결과, 그
들의 흡연에 대한 태도가 부정적으로 변했으며 실제로 담배를 끊는
사례가 증가했다.

이 영화에서 보았듯이 선량한 사람들이 모의감옥 환경에서 작용하
는 사악한 힘에 무력하게 넘어간다는 사실은 사회적 병리현상이나 개
인적 병리현상의 주된 원인을 대체로 개인의 탓으로 돌리는 일반적인
경향에 대해서 다시 한 번 생각해 보게 한다.

환경이라는 배를 탄 사람들

역할의 영향력을 좀더 포괄적으로 해석하면 상황 또는 환경의 영향
력이라고도 할 수 있다. 개인이 처한 환경 또는 상황의 힘은 개인의
가치관이나 성격특성의 효과를 압도한다. 우리네 인생은 시대상황에
따라 어쩔 수 없이 영향을 받는다. 멀리 뒤돌아볼 것도 없이 IMF체제
는 우리 국민의 삶을 송두리째 흔들어놓지 않았던가? 그 시절 낙관적
인 사람이거나 비관적인 사람, 그리고 돈을 중시하는 사람이던 명예

를 중시하는 사람이던 고생스럽긴 마찬가지였다.

이와 같이 사람이 환경을 순하게 또는 험악하게 만드는 것이 아니라 환경이 사람을 순하거나 험악하게 만드는 것이다. 우리가 처한 환경은 배와 같아서 그 배속에 함께 탄 사람은 제각기 모습과 생각은 다를지라도 파도에 똑같이 흔들리며 똑같은 데로 갈 수밖에 없다.

중국의 장이모우 감독이 만든 긴 여운을 남기는 영화 〈인생〉은 인간이 자신의 의지와는 상관없이 바람 부는 대로 흘러갈 수밖에 없는 무력한 존재임을 잘 보여준다. 이 영화는 1940-60년대 중국대륙의 정치적 격변기를 거치면서 파란만장한 인생을 살아온 한 민초의 가족사를 담담하게 그리고 있다.

정치적 물결이 흐름을 바꿀 때마다 주인공 부귀(게유 분)와 그의 가족의 인생도 함께 요동친다. 부귀는 내지주의 아들이 있으나 노름으로 가산을 탕진하면서 밑바닥 인생을 살아간다. 그러나 공산화가 되면서 자기 집을 차지했던 노름꾼은 지주계급으로 몰려 처형되고 그는 빈털털이가 된 덕분에 살아남는다. 군인으로 또 당원으로 공산개혁에 적극 동참하던 그와 아내(공리 분)는 그 과정에서 아들과 딸을 모두 잃는 아픔을 겪는다.

그가 이토록 험난하고 부조리한 인생을 살아오면서 터득한 삶의 지혜는 무엇이었을까? 딸이 남기고 간 어린 손자에게 부귀는 희망을 얘기한다. "병아리는 커시 거위가 되고, 기위기 크면 양이 되고, 양은 마침내 황소가 된다." 격동의 세월에 사람의 의지라는 것은 한낱 바람 앞의 촛불에 지나지 않음을 잘 아는 그는 참고 기다리는 중국인의 지혜를 손자에게 물려준다.

모든 일은 팔자소관?

사람들은 남 얘기하기를 좋아한다. 그리고 호기심이 많아서 남의 일에 대해 요모조모 꼬치꼬치 따지곤 한다. 위에서 살펴보았듯이 사람의 일은 상황의 영향을 크게 받음에도 불구하고 많은 사람들은 일의 결과를 두고 "모두 자기가 할 나름이다" 또는 "팔자소관이다"고 말하면서 사람의 탓으로 돌리는 경향이 강하다.

이런 경향은 자기 일보다는 남의 일에 대해서, 그리고 좋은 일보다는 좋지 않은 일에 대해서 더 강하게 나타난다. 행정관서에 볼 일을 보러 갔다가 직원의 불친절한 태도에 화가 난 사람은 십중팔구 "그 직원 성질 참 고약하네…"라며 투덜거릴 것이다. 남의 불친절 행위를 그의 성격 탓으로 돌린 것이다. 그러나 그 직원에게 직접 이유를 물어 본다면 동일한 대답을 하루에 수십 번 하다보니 본의 아니게 짜증을 냈다거나 날씨가 너무 더워서 그랬다는 등 상황 탓이라고 변명할지 모른다.

자신이나 타인의 행동의 원인을 추론하는 과정을 귀인(Attribution)이라고 한다. 그런데 사람들은 일반적으로 남의 행동에 대해서는 상황의 영향은 과소평가하고 개인특성의 영향은 과대평가하는데, 이런 현상을 기본적 귀인오류(Fundamental Attribution Error)라고 한다.

예를 들어, 사람들은 대체로 정주영씨가 엄청난 돈을 모은 것은 행운이 따랐다기보다는 그의 근면함과 일에 대한 열정이 원인이며, 친구가 접촉사고를 냈다면 열악한 도로사정 때문이 아니라 친구의 과속운전습관 때문이라고 생각한다.

기본적 귀인오류가 발생하는 이유는 두 가지 관점에서 해석된다. 먼저, 자신의 행동과 남의 행동에 관한 정보차이에 기인한다. 사람들은 자신의 행동에 대해서는 여러 상황에 걸친 기억이 있어서 자신은 각 상황에 맞게 적절히 행동한다고 생각하기 때문에 자신의 행동 원인이 성격보다는 상황에 따른 것이라고 보기 쉽다. 그러나 남의 행동은 그 사람을 늘 따라다니면서 일일이 보지 못하고 어떤 한 상황에서의 행동만 관찰할 수 있을 뿐이다. 따라서 단 한번의 행동을 보고서 그 사람은 다른 상황에서도 그렇게 행동할 것이라고 추측할 수밖에 없고 결과적으로 남의 행동은 그 사람의 성격이나 태도 등에 원인을 돌리게 되는 것이다.

또 한가지 이유는 타인의 행동을 관찰하는 관찰자의 입장과 행동당사자인 행위자의 입장간의 조망차이 때문이다. 우리가 타인의 행동을 관찰하게 되는 장면에서는 행동의 주체인 타인에 주목하지만 우리 자신이 행동하는 경우에는 자신에 주목하지 못하고 주위 환경, 즉 상황에 주목하게 된다. 그런데 사람들은 대체로 주목하는 대상이 당시 상황에 중요한 영향력을 행사하거나 상황을 주도한다고 지각하는 경향이 있다. 따라서 남의 행동은 그 사람 자신에게 책임이 돌아가는 반면에 자신의 행동은 상황의 영향으로 보게 되는 것이다.

기본적 귀인오류의 경우처럼 남의 불행을 무조건 그 사람 탓이라고 생각하게 되면 불운을 겪은 피해자를 한번 더 고통에 빠트리는 과오를 범하게 된다. 예를 들어, 성폭행을 당한 여성에 대해서 꼬리를 치고 다녀서 화를 자초했다고 생각하고, 시험에 낙방한 고시생에 대해서는 연애나 하고 다니다 보니 떨어졌다고 생각하는 식으로 피해자들을 비난하기 쉽다. 이렇게 되면 그들은 마땅히 받아야 할 벌을 받았다고 생각하게 될 것이고, 다른 사람들이 그들을 도와줄 필요를 전혀 느끼지 못하게 되는 불행한 일이 거듭되는 것이다.

제2부

사람 속으로

강원도의 힘

욕망의 힘과 현실의 벽

1998년 한국 작품
감독: 홍상수
주연: 오윤홍 백종학
심리학 키워드: 프로이트, 정신분석학, 기본적 본능, 성격의 구조

줄거리

　1부: 지숙은 은경, 미선과 함께 기차를 타고 설악산으로 여행을 간다. 해변 등을 구경한 후 그들은 한 경찰관의 소개로 민박집을 정하고 설악산에 오른다. 산을 내려오는 길에 그들은 올라오던 한 쌍의 남녀와 마주치

고 경찰관과 함께 술을 마신다. 술에 취한 미선은 지숙이 신비한 척 하며 유부남을 사귀는 것을 몰아 세운다. 추락사고 신고가 들어오자 구조반장인 술집주인은 구조를 나선다. 은경은 밖으로 나간 미선을 찾으러 가고, 경찰관은 술에 취해 몸을 가누지 못하는 지숙을 초소로 데려온다. 경찰관은 지숙의 몸을 더듬고 그녀의 바지 속으로 손을 넣으려 하지만 그녀가 막는다. 다음날 지숙 일행은 서울로 돌아온다.

지숙은 자신의 아파트 대문 옆에 적힌 "우리 조금만 더 긴 호흡으로 기다리자"는 상권의 메모를 읽고 지운다. 지숙은 은경에게 경찰관을 만나러 강원도에 간다고 하자 은경은 걱정한다. 경찰관이 약속 장소에 늦게 나타나자 지숙은 앙칼지게 따지고 바닷가 횟집에서 회를 먹는다. 둘은 술에 취해 여관에 들고, 안으려고 하는 경찰관을 지숙은 밀친다. 서울로 올라오는 버스 안에서 지숙은 울음을 터트린다.

2부: 대학강사인 상권은 교수가 된 후배 재완을 만나 지숙과의 관계가 모두 끝났다고 말한다. 상권은 사무실로 돌아오다 이사가는 옆방으로부터 금붕어 두 마리를 얻어와서 창가에 둔다. 가족과 함께 외출하던 상권은 아들이 후진하던 차에 칠 뻔 하자 운전자에게 화를 낸다. 선배의 권고

대로 상권은 교수 채용과 관련한 부탁을 하기 위해 김 교수를 찾아가지만 무심한 태도에 말을 못하고 그냥 나온다. 상권은 춘천시립대 교수채용공고를 보고 지원한다.

상권은 재완과 강원도로 여행을 떠나고 기차 안에서 재완은 지숙을 지나쳐 맥주와 오징어를 사서 자리로 돌아온다. 그들은 설악산 계곡에서 내려오다 마주친 여자와 만나기로 했으나 재완이 신발 끈을 묶느라 늦어지는 바람에 여자는 기다리다 가버린다. 콘도에서 한 남자와 동행하고 있는 여자를 발견한 상권은 다가가서 왜 거짓말을 했느냐며 따지고 여자는 기다렸다고 대답한다. 나이트클럽에서 술이 취한 상권은 술값을 같이 계산하자는 재완에게 자기가 계산하겠다고 소리지른다. 그들은 매춘부들을 데리고 돌아와 섹스를 한다.

서울행 비행기표가 매진이어서 그들은 대기자 명단에 이름을 올려놓고 기다리는 중 여자와 동행했던 남자가 혼자 와서 표를 받아 간다. 서울로 돌아온 상권은 지숙의 집에 가서 그녀가 없자 메모를 남긴다. 다음날 신문에서 여자의 추락사 기사를 읽고 상권은 동행했던 남자를 경찰에 신고한다. 교수로 채용된 상권은 동료 교수들과 섹스 얘기를 나누면서 술을 마신다. 그는 지숙을 불러내어 여관에 들어간다. 지숙은 낙태 수술을 했으며 상권의 애는 아니라고 하면서 나도 이제 살아야겠다고 말한다. 다음날 상권은 사무실에 가서 한 마리 밖에 남지 않은 금붕어를 물끄러미 바라본다.

삶의 본능과 죽음의 본능

프로이트(Freud, 1856–1939)의 정신분석학만큼 서구문명에 기여한 사상은 흔치 않으며, 오늘날 정신분석과 무관한 생활영역은 찾아 보기 어렵다. 정신분석학은 심리학뿐만 아니라 문학, 미술, 영화 등에 깊은 영향을 미치고 있으며, '무의식', '자아', '리비도(Libido)' 또 는 '외디푸스 콤플렉스(Oedipus Complex)' 등과 같은 개념은 일반 인들이 흔히 사용하는 일상용어가 된지 오래다.

정신분석학은 성격이론인 동시에 하나의 치료기법이다. 프로이트 는 인간의 성격이 어떻게 형성되고 발달하는지를 설명하려고 노력하 는 한편 신경증의 치료기법으로 정신분석학을 개발하였다. 짧은 지면 에 그의 방대한 이론을 소상히 소개하기는 불가능하고 여기서는 먼저 정신분석학의 핵심 개념인 무의식과 본능에 관해서 간략하게 알아보 고 〈강원도의 힘〉과 관련하여 그의 성격구조론을 중심으로 살펴보기 로 한다.[1]

무의식에 관한 프로이트의 입장은 흔히 빙산에 비유하여 설명된다. 그는 빙산의 대부분이 수면 아래에 잠겨 있듯이 인간 성격의 대부분 역시 의식 수준 아래에 있으며, 이 영역 곧 무의식에 인간 행동의 중 요한 인과적 요인이 존재한다고 믿고 인간을 이해하기 위해서는 무엇 보다도 무의식의 내용을 밝혀야 한다고 강조하였다.

의식이 현재 개인의 인식 범위 내에 있는 모든 것(감각, 지각, 경험, 기억 등)을 의미하는 반면에 무의식은 개인이 전혀 인식할 수 없고 접 근할 수도 없는 욕구나 충동들로 채워진 영역이다. 그리고 의식과 무

---

1) 프로이트(및 라캉 Lacan)의 정신분석학의 주요 개념을 문학작품이나 영화와 관련지어 상세하게 분석한 문헌으로 감각의 제국(권택영 저, 민음사, 2001)을 들 수 있다.

의식 사이에는 현재 의식하지는 못하지만 노력하면 인식할 수 있는 영역인 전의식이 존재한다.

프로이트에 의하면 인간은 태어날 때부터 두 가지 기본적 본능, 즉 삶의 본능(Eros)과 죽음의 본능(Thanatos)을 가진다. 삶의 본능은 성(性), 배고픔, 목마름과 같은 생리적 욕구들과 미술, 음악, 문학, 사랑과 같은 문화 창조적 특성으로 나타나며 인간 행동의 모든 긍정적인 측면들의 토대를 이룬다. 삶의 본능이 지니고 있는 에너지를 리비도라고 하는데 프로이트는 삶의 본능의 여러 특성 중에서 성욕을 가장 중요시했기 때문에 리비도라는 용어는 흔히 성적 에너지와 같은 뜻으로 쓰인다. 반면에 죽음의 본능은 자살이나 폭력, 전쟁 등의 인간성의 어두운 측면들을 설명해주는 개념이다.

본능적 욕구나 충동들은 어떤 방식으로든 충족되고자 하며, 충족되지 못한 욕구는 사라지는 것이 아니라 무의식 속에 잠재하게 된다. 개인 스스로는 무의식 속에 충족되지 못한 충동들이 존재한다는 사실을 의식하지 못하지만 이 충동들은 항상 밖으로 표출되려고 하며 우리의 행동을 지배하는 중추 세력이 된다.

폭력과 섹스 빼면 영화가 안 되는 이유

기본적 본능하면 미국 여배우 샤론 스톤을 세계적인 섹스 심벌로 만들어 준 영화 〈원초적 본능 Basic Instinct〉을 거론하지 않을 수 없다. 이 영화는 자신과 섹스한 남성을 얼음 송곳으로 찔러 죽이는 연쇄 살인용의자와 그녀를 추적하다가 그녀의 성적 매력에 빠져드는 형사의 얘기를 그린 사이코 스릴러이다.

이 영화는 다른 수많은 영화에서도 다루어 온 바와 같이 삶의 본능과 죽음의 본능을 각각 대표하는 섹스와 폭력을 적당히 버무려 만들었으나 한글제목을 거창하고 야하게 달았다. Basic이란 단어를 '원초적'이라고 번역 함으로써 '기본적 본능'이라고 했더라면 자칫 밋밋할 뻔했던 제목을 눈에 확 띄게 한 것이다. 여기까진 좋으나 강의시간에 프로이트를 언급할 때면 늘 이 영화를 예로 들곤 하다보니 학생들은 기본적 본능하면 갸우뚱하다가 원초적 본능하면 "아!" 하고 고개를 끄덕이고, 나 자신도 어느새 원초적이란 말에 더 익숙해져버린 작은 부작용(?)이 생기기도 하였다.

일반적으로 영화팬들은 폭력이나 섹스가 전편에 가득 찬 영화를 보고 나오면 가슴이 후련하다거나 화끈하다는 호평을 내리는 반면에 이른바 예술 영화나 잔잔한 대화로만 이어지는 영화를 보는데는 상당한 인내심(?)이 요구되고 본전 생각이 나게 된다. 비디오 가게에서도 액션물과 에로물의 테이프 케이스가 가장 많이 뒤집혀 꽂혀 있다. 그리고 평론가가 극찬하는 영화는 재미없다며 외면하는 사람들도 많다.

이렇게 되는 이유는 프로이트에 의하면 명백하다. 성욕이나 공격욕구와 같은 우리의 본능적 욕구들은 직접적이든 대리적이든 충족되어야 하는데 영화는 본능적 욕구의 훌륭한 대리 충족 수단이 되는 것이다.

사람들의 성욕은 하루에도 몇 번씩 고개를 들고, 한 대 패주고 싶은 사람은 도처에 있으며 심지어 죽이고 싶은 사람도 더러 있다. 그러나 현실적으로 이런 성욕과 공격욕구는 바로바로 해소될 수가 없다. 현실에서 충족되지 못한 욕구는 무의식에 남아서 호시탐탐 충족될 기회를 노리게 되고, 〈원초적 본능〉이나 〈터미네이터 The Terminator〉 같은 영화의 섹스 신이나 총격 신은 무의식적 욕구를 대리 충족시켜 준다. 이런 장면들에 심취하면서 한동안 쌓였던 욕구들이 해소되기 때문에 극장 문을 나서면서 사람들은 후련함을 느끼는데 이런 느낌을 카타르시스(Catharsis)라고 한다. 프로이트의 이런 분석이 맞다면 폭력과 섹스는 영화의 흥행을 보장하는 영원한 테마가 될 것이 틀림없다.

프로이트의 성격구조론

프로이트는 의식과 무의식의 영역을 가로지르는 성격의 세 가지 구성요소, 즉 이드(Id), 자아(Ego) 및 초자아(Superego)를 제시했다. 이드는 성격의 가장 원초적인 부분으로 본능적 충동들, 특히 성욕과 공격욕으로 채워져 있으며 갓 태어난 신생아는 이드만을 지니고 있다. 무의식 속에서만 존재하기 때문에 외부 세계와 아무런 연결이 없으며, 본능적 충동들을 즉각적으로 만족시키고자 하는 이른바 '쾌락원리'를 따른다. 이드는 배고픈 즉시 먹고 성욕이 생기는 즉시 섹스를 하도록 우리에게 명령한다. 그것이 불가능하면 꿈이나 환상을 통해서라도 해소해야 한다.

자아는 성격의 합리적, 현실 지향적 부분으로서 성격의 관리자 역할을 담당한다. 이드는 완전히 주관적이지만 자아는 현실과 접촉하면서 객관성을 추구한다. 적당한 대상과 방법을 찾을 때까지 본능적 충동의 충족을 지연시킨다는 점에서 '현실원리'를 따른다. 자아의 목표는 이드를 만족시키는 것이지만 현실적으로 허용되는 범위 안에서만 목표를 이행한다.

프로이트는 강한 자아가 건강한 성격의 기초가 됨을 분명히 지적하고 있다. 자아의 기능은 부모나 기타 영향력 있는 타인들이 아동에게 부과하는 요구에 의해 영향을 받게 된다. 부모나 교사가 지나치게 엄해서 아동의 본능적 에너지를 매우 제한된 방식으로만 방출하도록 허용한다면 자아의 발달은 지체되고, 본능적 에너지를 바람직한 방향으로 승화시킬 능력을 갖추지 못하게 된다. 그 결과로 아동은 긴장과 불안 그리고 죄의식으로 부적응적인 삶을 살아갈 가능성이 커진다.

성격의 세 번째 요소인 초자아는 자아로부터 발달하며 부모의 말과 행동(즉, 보상과 처벌)을 통해 아동에게 제시되는 사회의 이상 및 가치이다. 사회적 이상과 가치는 아동들에게 내면화되어 양심과 자아이상(Ego Ideal)으로 자리잡고 성격에 통합된다. 초자아는 이드의 무지막지한 충동을 차단하고, 효율성이 아니라 도덕성 쪽으로 방향을 잡도록 자아에 압력을 넣으며, 완벽을 추구하도록 개인을 밀고 나간다.

어떤 학자는 성격의 세 구성요소를 다음과 같이 재미있게 사람에 비교하였다.

"성에 굶주린 쾌락주의자, 검은 정장을 걸친 청교도 목사, 그리고 유머감각이라곤 찾아볼 수 없는 컴퓨터 과학자를 쇠사슬로 서로 연결하여 놓았다고 상상해 보라. 서로 사슬로 연결되어 있으므로 3명(즉 이드, 초자아, 자아)은 독자적인 길을 갈 수가 없고 서로에게 적응하는 길 밖에는 없다. 그리고 좋든 나쁘든 그 결과가 사람의 성격이다."

서울 그리고 강원도

〈강원도의 힘〉으로 돌아오자. 그를 주목하게 만든 데뷔작 〈돼지가 우물에 빠진 날〉부터 이 영화를 거쳐 〈오! 수정〉 그리고 최근의 〈생활의 발견〉에 이르기까지 홍상수 감독은 사소하고 자잘한 일상을 지루하리 만치 사실적으로 묘사하면서 인간 내면의 욕망과 고뇌를 응시한다.

홍상수 그는 늘 인간 내면의 어두운 부분을 플래시를 들고 비춘다. 이 영화에 등장하는 인물들은 모두 욕망과 현실사이에서 방황하며, 하나같이 외로운 사람들이다. 상권은 가족이 있으나 행복하지를 않고, 지숙 역시 친구들과 어울리기는 하지만 늘 그늘진 인상을 하고 다닌다. 경찰관은 직업적으로 외로움의 상징이며, 상권의 지도교수는 혼자 살고, 산에서 만난 여인은 남편과 함께 여행을 왔어도 혼자 다닌다.

상권과 지숙은 각각 일행과 함께 강원도로 여행을 떠난다. 여행은 언제나 우리의 가슴을 설레게 한다. 여행이 즐거운 이유는 미지의 세계에 대한 동경 때문이기도 하지만 일상의 권태에서 벗어나 자신을 알아보는 사람이 없는 곳에서 만끽하는 해방감 때문이리라. 누구나 경험했듯이 여행지는 금지된 욕망이 분출되는 자신만의 은밀한 해방구가 된다.

강원도는 전 국민이 손꼽는 대표적인 여행지이다. 강원도의 힘은 바로 여기서 나온다. 서울 사람, 아니 충청도, 전라도, 경상도의 어느 누구에게도 강원도는 자아와 초자아의 속박에서 벗어나 그들의 원초적 욕망을 보다 쉽게 표출하게 함으로써 일탈의 쾌감을 맛보게 해 준다. 이런 의미에서 강원도는 이드를 상징한다.

지숙 일행은 강원도에 가서 서울에선 입지 못했던 속이 비치는 야한 옷을 입어보고, 거기서 만난 경찰관과 어울려 취하도록 술을 마신다. 그리곤 평소엔 하지 못했던 서로에 대한 불만을 토로하고 다툼을 벌이기도 한다. 상권 일행 역시 설악산 일대에서 출입금지 계곡에 들어가서 발을 담그며, 낯선 여인을 유혹하기도 하고, 나이트 클럽 접대부와 동침한다. 이런 일들은 그들의 생활터전인 서울에서는 감행하기가 쉽지 않은 일로서 이드 속에 잠재해 있는 무의식적 충동들을 상징하는 것이다. 이와 반면에 춘천시립대 교수들은 그들의 터전이 아닌 서울의 인사동 술집에서 오히려 해방감을 느끼고 점잖지 못한 섹스 얘기로 꽃을 피운다.

강원도가 이드라면 서울은 자아를 의미한다. 서울에서 상권의 욕망은 현실의 높은 벽을 넘지 못하고 번번이 좌절된다. 상권의 욕망은 대학교수의 꿈을 이룸으로써 신분을 상승시키는 것과 외도 상대인 지숙과 사랑을 이루는 것이다. 세숫대야에 담긴 두 마리 금붕어는 상권의 이런 두 가지 욕망을 나타낸다.

후진하는 차에 상권의 아들이 칠 뻔 하는 장면은 처자식이 있다는 현실을 극복해야 지숙과 맺어질 수 있는 상권이 가족의 죽음을 무의식적으로 바라고 있었으며 그 바램이 깨졌음을 의미한다. 그리고 대학교수가 되고자 하는 욕망은 무심하게 딴전 피우는 지도교수 앞에서 말도 꺼내보지 못하고 좌절된다. 상권이 춘천시립대 교수가 됨으로써 서울에서 이루지 못한 욕망을 강원도에서 이루는 것은 아이러니컬하다. 상권이 한가지 욕망을 성취함에 따라 금붕어는 한 마리만 남게 된다. 대학교수가 되었어도 지숙과 멀어지게 되어 즐겁지 않은 상권은 한 마리 금붕어를 무표정하게 쳐다본다.

지숙과 상권의 불륜관계는 아름답게 보이지도 않을 뿐더러 그들은 행복한 것 같지도 않다. 이들 사이에 도덕률이나 양심과 같은 초자아가 들어설 자리는 좁다. 수많은 현대인들이 그렇듯이 그들도 양심을 속여가며 욕망과 현실 사이의 어딘가에서 번민한다.

강원도가 이드이고 서울이 자아라면 초자아는 어디쯤인가? 이 세상에는 존재하지 않을 것 같고 아마 저 위의 하늘이 아닐까? 하늘을 우러러 한 점 부끄럼 없이 살아가는 사람이 없을 테니까 말이다.

푸줏간 소년(The Butcher Boy)

돼지 같은 내 인생

1997년 미국 작품
감독: 닐 조던(Neil Jordan)
주연: 스티븐 리(Stephen Rea) 피오나 쇼(Fiona Shaw) 이몬 오웬스
　　　(Eamon Owens) 알란 보일(Alan Boyle)
심리학 키워드: 스트레스 대처방안, 방어기제, 품행장애

줄거리

　　12살의 악동 프란시는 단짝인 조와 함께 모범생 필립을 괴롭히다 앙칼
맞은 필립의 엄마 누전트 부인으로부터 돼지 같은 놈이라고 욕을 먹는다.
프란시는 알코올중독자인 아버지와 조울증 환자인 어머니가 다투자 가
출한다. 훔친 돈으로 엄마 선물을 사서 집으로 돌아온 그의 눈앞에는 자

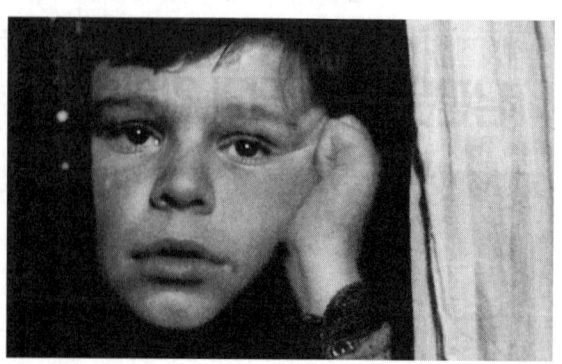

살한 엄마의 장례식이 거행되고 있다.

돼지가 우리를 더럽히듯 프란시는 누전트 부인의 집을 엉망으로 만든다. 그 일로 그는 카톨릭에서 운영하는 소년원에 수용되고, 소년원에 있는 동안 조가 필립과 가까워졌다는 편지를 받고 안절부절 한다. 어느 날 풀을 베던 중 프란시는 성모 마리아의 환상을 본다. 이 일로 인해서 신부들로부터 주목을 받던 프란시는 한 신부로부터 성폭행을 당하자, 그 사실을 폭로하지 않는 조건으로 소년원을 나온다.

집으로 돌아온 그는 푸줏간에서 일을 하게 되나, 곧 아버지마저 죽는다. 조는 점점 심해지는 프란시의 광기에 위협을 느껴 그를 밀리한다. 이 사실에 불안해하는 프란시는 핵전쟁이 나서 마을이 폐허가 되고 조와 단 둘이 살아 남는 꿈을 꾼다. 정신병원에 입원한 프란시는 병원을 탈출하여 조를 찾아갔으나 조는 필립과 함께 마을을 떠나 이미 다른 학교로 전학했음을 알게 된다. 그는 술이 취해 기숙사로 조를 찾아갔지만 조는 사감에게 자기 친구가 아니라고 대답하고 프란시는 충격을 받는다.

프란시는 부모와 친구 조가 자기 곁을 떠난 것이 모두 누전트 부인 때문이라고 생각한다. 온 마을 주민들이 성모 마리아의 출현을 기다리고 있을 때 프란시는 누전트 부인을 잔인하게 토막 살인하고 온 집안을 피로 물들인다. 그리고는 자기 집에 불을 지르고 자살을 기도한다.

오랜 세월을 정신병원에서 보낸 프란시는 아버지를 빼어 닮은 청년이 되어 병원을 나오면서 성모 마리아를 다시 만난다. 마리아는 미소를 지으며 그에게 아네모네 한 송이를 건넨다.

세상에 내팽개쳐진 소년

이 영화는 돼지처럼 살다가 돼지를 도살하듯 사람을 죽인 엽기적인 살인자로 유년시절을 마감한 한 소년의 이야기다. 충격적인 반전으로 주목을 받았던 영화 〈크라잉 게임 Crying Game〉으로 유명한 아일랜드 출신의 닐 조던 감독은 아일랜드 특유의 차갑고 습한 기후와 잿빛 하늘 그리고 핵전쟁의 공포로 뒤숭숭한 1960년대의 어느 마을을 사실적으로 화면에 담아 냄으로써 소년의 불우하고 뒤틀린 삶에 처연함을 더해주고 있다.

푸줏간 소년 프란시의 행위는 정신의학적으로 보자면 품행장애(아동기나 청소년기에 나타나는 정신장애로써 폭력, 절도, 가출 등의 비행을 반복적으로 저지르는 행위)에 가깝다. 그는 폭력, 절도, 협박, 거짓말, 가출 등 온갖 비행을 습관적으로 저지르고도 죄책감이나 수치심이 전혀 없고, 매우 충동적이다. 성모 마리아의 환상을 보기도 하고 핵전쟁이 일어나는 백일몽에 시달리는 등 때로는 정신병의 증후도 보인다.

그가 이 지경에 이른 데는 비참한 가정환경 때문임을 쉽게 짐작할 수 있다. 프란시의 아버지는 가족들에게 무관심한데다 무능한 술주정뱅이여서 술만 마시면 엄마에게 행패를 부린다. 엄마는 조울증 환자로 정신병원을 들락날락하며 자살 충동에 끊임없이 이끌리다 결국 자살로 생을 마친다. 이런 환경에서 프란시가 똑바로 자라지 못하고 비뚤어지는 것은 아마 정해진 길인지도 모르겠다.

프란시 앞에 놓여진 현실은 12살짜리가 정면돌파하기에는 너무나 힘겹다. 이 참담한 상황에서 그가 할 수 있는 일은 별로 많지 않다. 그저 만만한 약자에게 분풀이하거나 현실을 왜곡해서 괴로움을 달래보는 길밖엔 뾰족한 수가 없다. 더욱이 아버지마저 숨을 거두고, 유일한 위안처이자 버팀목이었던 단짝 조로부터도 배신당하는 극한 상황에 몰린 프란시는 살인이라는 최악이자 최후의 수단으로 자신을 내팽개친 세상에 복수한다.

〈푸줏간 소년〉 vs. 〈길버트 그레이프〉

〈푸줏간 소년〉은 스웨덴의 라쎄 할스트롬 감독이 만든 영화 〈길버트 그레이프 What's Eating Gilbert Grape?〉와 인물이나 상황설정 등 여러 면에서 흥미롭게 대비된다. 〈길버트 그레이프〉는 아버지가 자살한 후 생활능력이 없는 가족을 부양해야 하는 책임을 짊어진 20살 시골 청년 길버트(조니 뎁 분)의 힘겨운 삶을 그린 수작이다.

길버트도 푸줏간 소년 프란시처럼 모진 세파에 찌들어 가지만 프란시보다 더 강한 자아를 지니고 있어서 스트레스에 대처하고 현실을 극복해 나가는 기술이 좀더 성숙하다. 그리고 영화의 전체적 톤 역시

〈푸줏간 소년〉보다는 한층 더 밝아서 감독이 세상과 사람에 대해 지니고 있는 따스한 애정을 느끼게 해 준다.

200Kg이 넘는 거구 때문에 움직이질 못하는 엄마와 늘 사고치는 정신박약아 동생(레오나르도 디카프리오 분)을 돌보며 희망 없이 하루 하루를 그냥 살아가는 수퍼마켓 종업원 길버트에게 이따금 이웃 유부녀와 나누는 정사는 프란시와 누전트 부인과의 앙숙관계와는 반대로 그나마 위안거리가 된다.

어느 날 마을에 나타난 착하고 순수한 도시 처녀(줄리엣 루이스 분)와 길버트는 친구가 되고 그녀와의 교감을 통해 그는 새로운 삶을 개척하고자 하는 희망을 품게 된다. 그녀는 길버트에게 구원의 여성인 셈이다. 이와는 대조적으로 프란시가 마지막까지 의지하던 친구 조는 그를 결국 파국의 길로 치닫게 만드는 하나의 원인을 제공했다.

그리고 프란시 아버지의 죽음은 그로 하여금 세상을 원망하고 저주하도록 만든 반면에, 길버트 엄마의 죽음은 그의 어깨를 짓누르고 있던 무거운 짐을 벗고 새로운 삶을 찾아 떠나게 만드는 전기가 된다. 두 영화의 클라이맥스는 모두 집에 불을 지르는 장면이다. 광기가 등등한 프란시가 누전트 부인의 집에 방화하는 장면은 프란시 인생의 파멸을 뜻하는 것이고, 반면에 엄마가 죽은 후 불을 질러 화염에 쌓인 집을 바라보는 길버트는 새로운 인생의 시작을 가슴 벅차게 맞이하고 있는 것이다. 그 길로 프란시는 정신병원에서 청춘을 소진하게 되고, 길버트는 꿈을 찾아 도시로 향한다.

방어기제

프란시나 길버트처럼 현대인들은 크고 작은 스트레스에 시달리며 살아간다. 여기저기서 울려대는 핸드폰 소음이나 교통체증에 짜증나는 것처럼 사소한 일부터 애인과의 갈등이나 직장을 구하는 문제와 같은 중대한 일까지 우리의 삶은 스트레스의 연속이라 해도 과언이 아니다.

스트레스에 대한 가장 효과적인 대처 방법은 생활의 균형을 유지한다거나 스트레스에 대한 인내력을 기르는 등 스트레스에 미리 대비하는 것이다. 그러나 아무리 완벽하게 대비한다고 해도 스트레스로부터 자유로운 사람은 아무도 없다. 따라서 우리가 할 수 있는 일은 단지 스트레스에 잘 적응하는 길밖에 없을 것이다. 여러분은 스트레스를 어떻게 푸는가? 술을 마신다거나, 모두 잊고 잠을 잔다거나, 아니면 격렬한 운동으로 땀에 흠뻑 젖어보는 사람도 있을 것이다.

스트레스 상황에 당면했을 때 그것을 해소하는 방안은 크게 두 가지가 있다. 하나는 직접적 대처방안으로서 스트레스를 유발하는 개인의 행동이나 환경자극 자체를 변화시키는 일, 즉 스트레스의 근원을 제거하는 방법이다. 예를 들면, 시험공부 중인데 옆집에서 소란스럽게 떠든다면 속으로 부글부글 끓으면서 참기보다는 찾아가서 시끄럽지 않도록 정중하게 부탁하는 것이다.

다른 한가지는 방어적 대처방안으로서 스트레스를 주는 객관적 조건은 변함이 없지만 그 상황에서 느끼는 개인의 부정적 감정을 조절 내지 완화시켜서 자존심을 방어내지 보호하는 방법을 말한다. 사람들은 다양한 방법으로 자아를 방어하는데, 프로이트는 이 방안들을 통칭하여 방어기제(Defence Mechanism)라고 불렀다. 방어기제는 긴장을 풀어주고 자아를 보호하여 일시적으로 적응에 도움을 줄 수는 있으나, 현실을 왜곡할 뿐만 아니라 문제를 해결하기보다는 단지 회피하는 수단에 지나지 않기 때문에 습관적으로 사용하게 되면 개인의 적응이나 성장을 오히려 저해한다.

무의식 속에 억압되어있는 본능적 충동들은 계속해서 의식으로 올라와서 충족되고자 하며, 자아가 그런 가능성을 감지하면 불안이 생기게 된다. 그런데 개인의 자아가 충분히 강하다면 그런 위협을 심각하게 받아들이지 않고 잘 대처하지만 약한 자아를 지닌 사람들은 방어기제를 사용하게 된다. 일반적으로 본능적 충동이 심각하거나 자아가 약할수록 방어기제에 더 의존하게 된다.

〈길버트 그레이프〉의 길버트는 겉으론 연약한 것 같지만 내면의 자아가 굳건해서 인생의 험로를 묵묵히 헤쳐 나간다. 이와 반대로 〈푸줏간 소년〉의 프란시는 겉으론 강한 체 하지만 자아가 강해질 수 있는 경험을 해본 적이 별로 없기에 그의 자아는 그를 건설적으로 떠받칠 만한 힘이 부족하다. 프란시는 다음과 같은 여러 가지 방어기제를 사용하면서 고통스런 삶에 미숙하게 대항할 수밖에 없다.

부 정

불쾌하거나 불행한 사실을 현실로 인정하지 않으려는 행위. 위암 진단을 받은 환자가 "그럴 리가 없다, 뭔가 착오가 있다"고 하면서 암이라는 사실을 받아들이지 않는 경우가 한가지 예로서 이런 경우 사실을 그대로 인정하고 죽음을 준비하는 사람보다 실제로 더 오래 생존한다는 보고들이 있다. 프란시는 정신병원에 가는 엄마를 "여행 간다"고 친구에게 얘기하고, 죽은 아빠를 의자에 그대로 앉혀두고 대화한다. 그리고 친구 조의 기숙사에 찾아가서 그로부터 거부당한 후 "그는 조가 아니었다"고 독백함으로써 참담한 현실을 부정한다.

투 사

자신에게 닥친 불행의 원인을 타인이나 가상적 원인에 돌리는 행위. 프란시는 엄마의 자살, 아빠의 사망 그리고 조의 배신 등 자신에게 닥쳐온 고통이 모두 누전트 부인 때문이라고 믿고 결국 그녀를 무참하게 살해한다.

전 위

원래의 대상이나 상황에 대한 분노 또는 애정을 다른 대상이나 상황에 전이시키는 행위. 회사에서 상사에게 꾸지람을 들은 남편이 퇴근해서 아내에게 짜증내는 깃과 같이 스트레스를 준 상대가 너무 강하거나 불분명할 때는 만만한 상대를 골라서 분풀이하게 된다. 프란시는 누전트 부인에게 모욕당하고 누전트의 동생들에게 구타당한 후 자기보다 힘이 약한 필립에게 앙갚음한다.

이지화

스트레스 상황을 추상적으로 생각하거나 지적으로 분석하는 행위. 이는 지능적인 방어기제로서 예를 들자면, 다리를 절단하거나 뇌를 절개해야 하는 끔찍한 수술을 앞둔 수련의사가 "이것도 배우는 과정이다"라고 스스로 위안하면서 불편함을 누그러뜨리고자 한다. 프란시는 정신병원에 간 엄마를 두고 조에게 "정비공장에 가서 나사를 갈아 끼우고 올 거야"라고 말한다.

이 밖에 대표적인 방어기제를 몇 가지 더 소개하면 다음과 같다.

합리화

자존심을 위협하는 일에 대해 적당한 이유를 붙여 정당화하는 행위. 배고픈 여우가 포도를 따먹으려고 발버둥쳤으나 결국 따먹지 못하자 "저 포도는 시어서 먹지 못 할거야"라면서 발길을 돌렸다는 이솝우화에서 따와 이를 '신포도 기제'라고도 한다.

동일시

자신의 불안이나 부족감을 피하기 위해 타인의 바람직한 점을 모방하거나 자기 것으로 끌어들이는 행위. 부모들은 자식이 성공하면 자신도 성공한 것으로 느낀다.

반동형성

자신이 느끼는 바와 정반대의 감정과 행동을 나타내는 행위. 사람들은 흔히 짝사랑하는 사람에게 쌀쌀맞게 대하고, 경쟁자를 지나치게 칭찬하곤 한다. 그럼으로써 상대에게 자신의 감정이 노출되어 자존심이 손상되는 일을 막을 수 있는 것이다.

퇴 행

스트레스 상황에서 미성숙한 방법에 의존하는 행위. 갓 태어난 동생이 엄마의 사랑을 독차지함을 시샘하는 4살짜리 아이가 어느 날 갑자기 오줌을 싸고 기어다니는 등 어린 아기와 같은 행동을 하는 경우를 흔히 볼 수 있다.

승 화

가장 바람직한 방법으로서 스트레스를 사회적으로 인정되며 생산적인 방향으로 전환하여 해소하는 행위. 누구를 죽이고 싶은 충동을 실내야구장에서 힘껏 배팅을 하면서 날려버릴 수 있으며, 청소년들은 학업으로 쌓인 스트레스를 콜라텍에서 신나게 흔들면서 풀기도 한다.

인생은 아름다워(La Vita E Bella)

그럼에도 불구하고 삶에 대해 예스라고 말하라

1998년 이탈리아 작품
감독: 로베르토 베니니(Roberto Benigni)
주연: 로베르토 베니니(Roberto Benigni) 니콜레타 브라스키(Nicoletta Braschi)
심리학 키워드: 낙관주의, 로고테라피, 삶의 의미

줄거리

파시즘이 맹위를 떨치던 1939년의 이탈리아. 숙부가 경영하는 레스토랑의 웨이터 귀도는 미모의 교사 도라와 두 번이나 우연히 부딪쳐 함께 나뒹군다. 그녀에게 반한 귀도는 우연을 가장하여 계속 그녀 앞에 나타나

면서 그녀의 환심을 사려고 노력한다. 도라는 부유한 약혼자가 있었지만 순수하고 유머러스한 귀도에게 사랑을 느끼고 약혼자와 결혼을 발표하는 날 귀도와 함께 말을 타고 도망친다.

그들은 결혼하여 아들 조수아를 낳고 귀도가 오랫동안 꿈꿨던 서점을 꾸려나가며 행복한 나날을 보낸다. 유태인인 귀도는 어느 상점에 붙어있는 '유태인과 개 출입금지'의 이유를 묻는 조수아에게 그럴듯하게 둘러댄다. 조수아의 생일날 도라가 외할머니를 모시러 간 사이에 귀도와 조수아는 유태인 강제 수용소로 끌려간다. 도라는 유태인이 아니지만 자원하여 남편과 아들이 탄 수용소행 기차에 오른다.

귀도는 수용소에 도착하자마자 의아해하는 조수아에게 자신들이 지금 신나는 게임을 하고 있다고 속인다. 자신들이 특별히 뽑힌 사람들이며 1,000점을 먼저 따는 사람이 1등 상으로 진짜 탱크를 받게 된다고 설명하고, 군인들에게 들키지 말아야 하며 간식을 달라고 조르면 안 된다는 등 주의사항을 일러준다. 조수아는 아빠의 말을 사실로 믿고 잘 따른다. 귀도는 눈물겨운 부성애로 조수아를 보호하는 한편, 기지를 발휘하여 수용소 내에 같이 있으나 만날 수 없는 아내에게 방송으로 애정을 전한다.

세 식구는 가스실로 끌려갈 위기를 몇 번이나 아슬아슬하게 넘긴다. 독일이 패망했다는 소문이 놀면서 수용소는 혼란스러워지고 그 와중에서 귀도는 탈출하기 위해 아내를 빼내려다 독일군에게 잡혀 사살되고 만다. 조수아는 마지막 숨바꼭질 게임에서 독일군에게 들키지만 않으면 1

등을 한다는 아빠의 말을 믿고 나무박스 안에 숨어 날이 밝기를 기다린다. 다음날 독일군과 유태인들이 모두 떠나간 텅 빈 광장에 조수아가 혼자 서 있다. 두리번거리는 조수아 앞으로 미군 탱크 한 대가 다가오고 그는 그것이 1등 상품인 줄 알고 기뻐한다. 탱크를 타고 가던 조수아는 수용소를 떠나 지친 발걸음을 옮기던 엄마를 발견하고 품에 안긴다.

죽음의 수용소에서

천 오백 명이나 되는 죄수들이 기껏해야 이백 명 정도나 겨우 들어갈수 있는 가축 우리 같은 곳에 집어넣어졌다. 방안은 눕기는커녕 맨바닥에 쪼그리고 앉을 만한 자리도 없었다. 140그램 정도의 빵 한 조각이 나흘 동안의 유일한 식량이었다.... 발진티푸스에 걸린 환자들은 심한 고열에 시달렸으며 거의 빈사 상태였다. 그 중 한 사람이 막 죽고 난 후 벌어진 광경을 나는 아무런 감정의 혼란 없이 지켜보았다. 누군가 죽을 때마다 되풀이되는 광경이었다. 죄수들은 한사람씩 아직도 체온이 남아있는 시체 곁으로 다가갔다. 한사람은 죽은 사람이 먹다 남은 지저분한 감자를 움켜잡았다. 또 한사람은 시체의 나막신을 벗겨 신었다. 세 번째 사람은 죽은 사람의 외투를 벗겨 갔으며, 또 다른 사람은 진짜 구두끈을 갖게 되었다고 좋아했다....

이 글은 이 영화를 보는 동안 내 머리 속을 계속 맴돌던 빅터 프랑클(Victor Frankle)이 쓴 〈죽음의 수용소에서 A Man's Search For Meaning〉라는 책의 한 구절이다. 오스트리아 출신의 정신의학자이자 심리학자인 그는 2차 세계대전 중 3년 동안 아우슈비츠 등의 유태인 강제수용소에 갇혀 죽음의 고비를 숱하게 넘기면서 나치가 패망하자 풀려난다. 이 책은 비참했던 수용소 생활을 생생하게 기술한 1부와 수용소 생활을 바탕으로 프랑클 자신이 고안한 심리치료기법인 로고테라피(Logotherapy, '의미치료'라고도 한다)를 소개하는 2부로 구성되어 있다.

대학시절 뭉클한 감동과 함께 삶의 의미가 뭔지를 생각해 보게 했던 이 책을 20여 년 만에 다시 읽어보니 새롭게 의미를 느끼면서 감동이 밀려온다. 내가 이 책을 떠올리게 된 이유는 유태인 강제수용소에서 가족과 자신을 지키려는 귀도의 힘겨운 노력들이 프랑클의 그것과 너무나 흡사했기 때문이다. 이 영화의 주인공이자 연출자인 로베르토 베니니[2]가 이 책을 읽고 영감을 얻은 게 아닌가하는 생각이 들 정도이다.

그러나 이 영화가 주는 감동도 이 책의 감동에 뒤지지 않는다. 내가 기억하는 최고의 영화 중의 한 편으로서 전쟁, 이별, 그리고 죽음의 공포라는 비극적 현실을 유머와 해학이 넘치는 희극으로 바꾸어 전달하고 있다. 관객들은 코미디를 보면서 눈물을 훔친다. 극과 극은 통한다고 했던가? 비극을 희극으로 승화시켜 전 세계인의 심금을 울린 로베르토 베니니의 재능에 감탄할 따름이다.

---

2) 이 영화로 그는 1999년 아카데미 남우주연상을 수상하였으며, 동시에 이 영화는 아카데미 최우수 외국영화상과 음악상을 거머쥐고 미국에서 사상 최대의 수입을 올린 외국 영화로 기록된다.

프랑클은 언제 가스실로 끌려갈지 모르는 절망적인 상황에서도 삶의 의지를 버리지 않고 자연의 아름다움에 감탄하기도 한다.

아우슈비츠에서 바바리아의 수용소로 이송되어 가는 동안 죄수 수송 차량의 창살을 가로 댄 작은 창문을 통해 저녁 노을에 빨갛게 물든 짤쯔부르크 산꼭대기를 바라보고 있는 우리들의 얼굴을 만일 누군가가 보았다면 그는 그것이 모든 삶의 희망과 자유를 빼앗긴 사람들의 얼굴이라고는 믿을 수 없었을 것이다. 우리는 모든 것을 빼앗겼음에도 불구하고 오랜 세월 깨닫지 못했던 자연의 아름다움에 넋을 잃었던 것이다...

그가 용기와 품위를 잃지 않고 다른 사람들에게 희망을 심어주기까지 하면서 끝까지 살아남을 수 있었던 근본적인 이유는 삶의 의미를 깨닫고 있었기 때문이었다. 삶의 의미는 곧 삶에의 의지를 샘솟게 한다.

1944년 크리스마스부터 1945년 정초까지 일주일 동안의 수용소 내 사망률이 그 어느 때보다도 증가했다. 이유는 간단했다. 죄수들 대부분이 크리스마스까지는 집으로 돌아가게 될 거라는 순진한 희망 속에서 살고 있었기 때문이었다. 그런데 크리스마스가 되어도 별다른 좋은 소식이 없자 죄수들은 실의에 빠지고 이것이 그들의 저항력에 치명적 영향을 미쳐 많은 사람들이 죽어간 것이다.

수용소에서 사람들에게 정신적인 의지를 되찾아 주려면 우선 미래의 목표를 보여주는 것부터 성공해야 했다. 니체(Nietzsche)는 "살아가야 할 '이유'가 있는 사람은 어떤 '방식'에도 견딜 수 있다"고 했다. 이들에게 끔찍한 '방식'을 견뎌낼 의지를 길러주기 위해서는 삶의 한가지 이유, 즉 한가지 목표를 가지도록 도와주어야만 했다.

이유를 찾아야 하는 이유를 예를 들어 설명해보자. 만일 여러분이 누군가를 웃기고 싶다면 그에게 농담을 하거나 해서 웃을 만한 이유를 제공해야 한다. 웃으라고 아무리 채근해도 그를 웃게 할 수는 없을 것이다. 죽지말고 살도록 아무리 타이르고 윽박질러도 살 이유를 못 느끼면 살 수 없는 것이다.

그러나 같이 지내던 동료들이 하나둘 씩 가스실로 끌려가고 자신도 언제 그런 운명에 처할지 모르는 지옥과 다름없는 상황에서 더 이상 삶에 기대할 것이 있겠는가? 그런 사람들에게 무슨 말을 해 줄 수 있겠는가? 그래도 해 줄 말은 있다. 프랑클은 삶에 대한 근본적인 태도를 바꾸도록 설득한다.

정말로 중요한 것은 우리가 삶에 무엇을 기대하느냐가 아니다. 그보다는 삶이 우리에게 무엇을 기대하느냐가 중요한 것이다. 우리는 삶의 의미에 대해 질문하기를 멈추고, 대신 자신이 삶으로부터 끊임없이 질문을 받는다고 생각할 필요가 있다…. 삶은 아직도 우리에게 무언가를 기대하고 있다는 것을 이해하는 것이 중요하다…. 다른 사람이 자기를 대신할 수 없다는 것을 깨닫게 되면 자신의 존재에 대한 책임과 계속 살아남아야 할 책임이 중요한 문제로 등장하게 된다. 애타게 자기를 기다리고 있는 자녀를 향해, 또는 채 끝내지 못한 일에 대해 책임을 느끼게 되면 그는 결코 자신의 목숨을 팽개칠 수 없을 것이다.

사람마다 삶의 의미나 살아야 할 이유는 다르다. 프랑클은 함께 수용소로 끌려온 부모 형제 그리고 사랑하는 아내와 행복했던 시절로 다시 돌아가는 것이 삶의 이유였고, 수용소 생활을 기록하고 수용소의 다른 사람들에게 삶의 의미를 깨우쳐주어야 한다는 소명 역시 그로 하여금 삶에 대한 책임을 느끼게 하였을 것이다.

〈인생은 아름다워〉에서 귀도의 삶의 의미도 마찬가지로 세 식구가 함께 모여 단란한 가정을 다시 이루는데 있었기에 비극적인 상황을 유머로 극복하는 눈물겨운 부성애를 발휘한다. 아이러니컬하게도 그는 삶의 이유였던 가족을 보호하고 아들을 안심시키기 위해서 웃으면서 죽음을 맞는다. 그는 짧았지만 아름다운 인생을 살았고 가족들에게 아름다운 인생을 물려주었다.

낙관주의의 힘

프랑클의 로고테라피는 삶에서 의미를 찾으려고 하는 노력이 인간에게 동기를 부여하는 가장 중요한 힘이라는 전제 하에 환자가 미래에 충족시켜야 할 의미에 초점을 두고 있다. 프로이트의 정신분석이 인간의 과거와 내면을 중시하고 '쾌락을 추구하는 의지를 강조' 하며, 아들러(Adler)는 '권력을 추구하는 의지' 를 강조하는데 비해서 그의 이론은 '의미를 찾고자 하는 의지' 를 강조한다.

그는 의미를 찾으려는 의지가 좌절된 상태를 '실존적 욕구불만' 이라고 하며, 의미 없는 삶으로 생기는 권태를 '실존적 공허'라고 부르고, 실존적 욕구불만과 실존적 공허로 인해서 정신적 장애가 초래된다고 보았다. 로고테라피는 바로 환자가 인생의 의미를 찾도록 도와주는 역할을 하는 셈이다.

프랑클의 사상은 스스로도 밝혔듯이 근본적으로 낙관주의를 바탕으로 하고 있다. 고통과 죄악 그리고 죽음이라는 비극적 상황에도 불구하고 삶에 대해 예스라고 말할 수 있는 낙관성을 중요시한다. 그는 가장 비참한 상황에서도 삶이란 잠재적으로 의미 있는 것이며, 인간은 부정적인 삶을 건설적으로 변화시킬 수 있는 역량을 가지고 있다고 가정한다. 주어진 상황에서 최선을 고려하는 것이 낙관주의이며, 최선을 추구하기 위해서는 삶의 의미를 찾지 않으면 안 된다.

낙관주의는 자신에게 앞으로 좋은 일이 일이날 것이라는 기대를 의미하며 성격의 한 차원을 이룬다. 낙관주의자들은 비관주의자들에 비해서 정신적으로나 신체적으로 더 건강하다. 카네기 멜론 대학의 샤이어(Scheier) 교수 연구팀은 관상동맥 수술을 앞둔 환자들을 대상으로 수술 전, 수술 6~8주 후, 그리고 수술 6개월 후에 낙관성 검사와 몇 가지 의학적 검사를 실시하였다.

그 결과, 낙관주의자들은 모든 면에서 비관주의자들보다 더 좋은 징후를 보였다. 낙관주의자들은 수술이 임박해서도 심전도에 변화가 없었는데, 이는 수술 도중에 신장마비가 올 가능성이 적다는 것을 의미한다. 그리고 낙관주의자들은 수술 직후의 회복속도가 더 빨랐으며, 6개월 후의 조사에서도 비관주의자들보다 더 왕성하게 운동하고 더 빨리 자신의 일에 복귀한 것으로 나타났다.

　무엇 때문에 낙관주의자들과 비관주의자들간에 이런 차이가 나타
날까? 그것은 스트레스에 대처하는 방식이 다르기 때문이다. 낙관주
의자들은 그들에게 닥친 문제나 역경을 인정하고 그것을 직접 그리고
계획적으로 해결하려고 노력한다. 그들은 상황의 변화가 여의치 않을
경우에도 유머를 구사하거나 상황을 긍정적으로 재해석하는 등 적응
적인 방식을 주로 사용한다. 반면에 비관주의자들은 문제를 부정하거
나 회피하려고만 함으로써 쓸데없는 노력만 한다. 이와 같이 한쪽은
상황을 변화시키려고 하고, 다른 한쪽은 상황을 피하기만 하는 전략
상의 차이가 결국 결과에서의 큰 차이를 가져오게 만드는 것이다.

　이런 점에서 귀도는 낙관주의자의 표본이다. 그가 도라와 신분을
뛰어넘는 사랑을 이룬 과정이나 강제수용소에서 처참한 생활을 하면
서도 유머를 잃지 않은 것은 낙천성이 없었더라면 불가능했을 것이다.
억울한 누명을 쓰고 감옥에 갇혔다가 수년간의 침착하고 치밀한 계획
끝에 극적으로 탈출하여 환희의 몸짓을 펼쳤던 〈쇼생크 탈출
Shawshank Redemption〉의 주인공 앤디(팀 로빈스 분) 역시 낙관주
의의 승리를 생생히 증언한다.

비관주의를 넘어 낙관주의로

펜실베이니아 대학의 셀리그먼(Seligman) 교수는 상대와 몇 분간

만 대화를 나누어보면 그 사람이 어느 정도 낙관적인지 아니면 비관
적인지를 분간할 수 있다고 했다. 비관주의자들은 대화를 할 때 주로
다음과 같은 표현을 자주 쓴다.

- 불평불만이 가득한 말
- 암울한 미래를 암시하는 말
- 타인에 대한 험담
- 자신의 처지를 비관하는 말
- 심각한 표정
- 전반적으로 어둡고 무거운 대화분위기

반면에 낙관적인 사람들의 대화는 다음과 같은 특징이 있다.

- 상황을 유리하게 해석하는 말
- 장래에 대한 희망과 비전을 암시하는 말
- 타인에 대한 칭찬과 장점을 강조하는 말
- 잘못의 원인을 자신이 아닌 다른데서 찾는 말
- 웃는 얼굴
- 자신의 소신에 대해서 신념이 뚜렷한 말
- 전반적으로 밝고 활기찬 대화분위기

따라서 자신의 언어표현 습관이나 세상사에 관한 설명방식을 바꾼

다면 비관주의자에서 낙관주의자로 변신이 가능하다. 셀리그먼은 낙관적인 언어표현을 위해서 다음 사항에 유의할 것을 당부하고 있다.

- 어떤 상황에 대한 해석을 비관적으로 말하지 않는다.
- 미래의 일에 대하여 낙관적인 점을 강조한다.
- 과거의 일 중에 어두웠던 점을 반복하지 않는다.
- 전체적인 대화분위기를 밝고 즐거운 방향으로 끌고 간다.
- 다른 사람의 단점보다 장점에 치중하여 얘기한다.
- 심각한 문제는 가급적 가볍게 얘기하고 넘어간다.
- 상대방의 비관적인 대화 유도에 휩쓸리지 않도록 한다.
- 화제를 늘 밝고 재미있는 내용으로 고른다.
- 같은 내용도 밝게 얘기하는 기술을 배운다.
- 유머와 기지를 자주 사용한다.

퍼펙트 월드(A Perfect World)

인질과 인질범의 심리

1993년 미국 작품
감독: 클린트 이스트우드(Clint Eastwood)
주연: 케빈 코스트너(Kevin Costner) 클린트 이스트우드(Clint Eastwood)
심리학 키워드: 스톡홀름 신드롬, 극단적 스트레스

줄거리

편모 슬하의 일곱 살짜리 꼬마 필립은 여호와의 증인 신도이자 엄격한 엄마가 교리에 따라 어린이들의 명절인 할로윈 데이를 즐기지 못하게 해서 쓸쓸하게 보낸다. 그 날 교도관을 죽이고 교도소를 탈옥한 죄수 버치와 테리는 필립의 집에 침입하여 주민과 대치하다가 필립을 인질로 납치해서 도주한다. 노련한 텍사스주 경찰국장 레드는 범죄학자 및 FBI 저격수와 함께 캠핑카를 타고 추적에 나선다.

테리가 필립을 괴롭히자 버치는 테리를 죽인다. 훔친 차를 타고 가면서 버치는 필립에게 아빠가 없는 것 등 둘 사이에 여러 가지 공통점이 많다고 하면서 다정하게 얘기를 나눈다. 필립의 옷과 먹을 것을 사러 상점에 들어간 사이 경찰이 그들의 차를 발견하고 포위한다. 할로윈 데이에 입는 유령 의상을 훔친 필립은 버치로부터 도망칠 수 있었음에도 불구하고 버치와 함께 포위망을 부수고 달아난다. 그들은 국장 일행에게 다시

발각되었으나 멋지게 따돌린다.

필립은 할로윈 데이가 하루 지났지만 유령 옷을 입고 버치와 민가에 가서 할로윈 과자를 얻는다. 그들은 휴가 가던 가족의 차를 얻어 타고 검문소를 통과한 후 버치는 그 차를 뺏고 차 주인이 가정적이었기 때문에 살려 주었다고 말한다. 버치는 필립으로부터 할로윈 데이뿐 아니라 크리스마스, 생일파티, 놀이공원 등 아무 것도 허용되지 않았다는 말을 듣고 그를 자동차 지붕 위에 태우고 달리면서 놀이기구를 탄 기분을 느끼게 해주자 필립은 즐거워한다.

그들은 옥수수 밭 흑인 소작인의 호의로 그의 집에서 하룻밤을 잔다. 소작인이 그의 손자를 때리자 버치는 그를 두들겨 패고 손자에게 사랑한다고 말하게 한다. 버치가 흑인 노인을 죽이려고 하자 겁에 질린 필립은 총으로 버치를 쏘고 총과 자동차 키를 버린 후 달아난다. 복부관통상을 입은 버치는 필립을 따라와서 그들을 죽일 생각은 없었으며, 자신은 알래스카에 계신 아버지를 찾아가는 길이라면서 아버지로부터 받은 엽서를 보여준다. 필립은 버치에게 미안하다고 사과한다.

경찰은 초원 한 가운데에 있는 이들을 포위하고, 버치는 자수 권유를 거부한다. 필립의 엄마가 현장에 도착하자 버치는 필립이 원하는 것을 적은 메모를 읽은 다음 필립의 소원을 들어 주겠다는 약속을 받아낸다. 그리고는 필립을 보내준다. 엄마와 경찰이 있는 쪽으로 가던 필립은 발길을 돌려 버치와 포옹한다. 아버지가 보낸 엽서를 꺼내는 것을 총을 꺼내는 것으로 오인한 저격수는 국장의 만류에도 불구하고 버치를 저격하고 그는 숨을 거둔다.

인질이 인질범을 좋아하다

〈퍼펙트 월드〉는 달아나는 범인과 추격하는 경찰이라는 기본 구도를 설정하고 있으니, 그런 영화들에서 으레 등장하는 긴박감이나 총격전 따위는 찾아볼 수 없다. 그리고 두 주인공이 자동차로 함께 여행하면서 자신과 세계를 새롭게 발견한다는 로드무비(Road Movie)의 전형도 따르지 않고 있다. 게다가 비행기 납치극을 다룬 영화들에서 볼 수 있는 것처럼 포악한 인질범과 공포에 떠는 인질이라는 상투적인 관계는 더더욱 없다.

클린트 이스트우드[3]는 감독이 주연을 겸한 영화들에서 흔히 나타나는 문제인 자신의 역할을 지나치게 부각시키거나 너무 폼을 잡아서

---

3) 〈황야의 무법자〉, 〈더티 하리〉 등의 서부 영화와 액션 영화 최고의 스타로 활약하였으며 〈용서받지 못한 자〉로 1992년 아카데미 감독상을 수상하고 〈메디슨 카운티의 다리〉 등의 수작을 통해 연출자로서도 대가의 반열에 올랐다.

가치를 반감시키는 오류(멜 깁슨이나 로버트 레드포드가 감독 겸 주연한 영화들을 보라)를 범하지 않고 다른 두 주인공보다 한 발짝 뒤에서 영화에 긴장감을 불어넣는 절제된 연기를 하고 있다.

이 영화의 초점은 인질범 버치와 인질 필립의 관계에 맞추어져 있다. 그러나 그 관계는 인질과 인질범 간의 종래의 도식적 관계와는 거리가 멀다. 며칠 간의 도주 생활동안 그들 사이에는 마치 부자관계와 같은 일종의 애착이 형성된다. 이것이 이 영화의 독특한 점이자 우리가 주목해야 할 사항이다. 인질과 인질범이 서로 호감을 가지는 관계는 상식 밖의 비현실적인 일로 여겨질지 모르나 현실 세계에서 종종 일어난다. 실제로 있었던 세 가지 사건을 간략히 살펴보자.

1973년 어느 날 스웨덴의 수도 스톡홀름의 한 은행에 강도가 들어서 4명의 여성을 인질로 잡고 6일간 경찰과 대치했던 사건이 있었다. 대치 끝에 범인들은 검거되고 인질들은 모두 무사히 풀려났으나 이때부터 사건은 새로운 국면을 맞게 된다. 인질들이 자신들을 구출한 경찰보다는 오히려 인질범들의 편을 들고, 법정에서 그들에 대해 불리한 증언을 하기를 거부하였다. 그리고 한 여성 인질은 한 명의 강도에게 애정을 느껴서 다른 남성과의 약혼을 파기하기도 하였다.

이듬해인 1974년 미국에서는 언론재벌 윌리엄 허스트의 19세 된 손녀 패트리샤 허스트가 도시게릴라 조직에 납치되었다. 그녀는 부모가 거액의 몸값을 지불했음에도 불구하고 집으로 돌아가지 않고 스스로 그 조직의 일원이 되어 은행강도 행각을 벌이다 체포되었다. 은행 감시카메라에 잡힌 기관총을 든 그녀의 모습은 미국사회에 큰 충격을 주었다.

우리 나라에도 유사한 사건이 있었다. 일명 '무전유죄 사건'으로 잘 알려진 사건으로서 십 수년 전 서울 한 복판의 어느 가정집에 탈옥수 두 명이 침입하여 가족들을 인질로 삼고 며칠 간 경찰과 대치하였다. 이들이 창가에서 집주인 딸의 머리에 총을 겨누고 있는 사진은 아직도 많은 사람들의 뇌리에 선명하고, 이들이 취재 차 진을 치고 있던 기자들에게 "무전유죄요, 유전무죄다"라고 외친 말은 오랫동안 인구에 회자되었었다.

결국 이들은 사살되거나 자살하여 비참한 최후를 맞았고, 인질들은 무사히 구출되었다. 그러나 공포의 며칠을 보냈던 집주인의 딸은 인질범들을 이해할 수 있다고 말하며 그들을 동정함으로써 주위를 놀라게 하였다.

이와 같이 인질과 인질범이 정서적 유대를 형성하고 서로가 온정을 느끼는 관계로 발전하는 현상을 스톡홀름 신드롬(Stockholm Syndrome)이라고 한다. 〈퍼펙트 월드〉에서 버치와 필립의 관계 역시 스톡홀름 신드롬의 한 사례를 보여준다. 상식적으로 믿기 어려운 이 현상은 인질극이 벌어진 긴박한 상황에서 나타나는 인질과 인질범의 심리적 과정을 이해한다면 납득이 간다.

스톡홀름 신드롬의 정체

심리학자들은 이 현상에는 다음과 같은 세 가지의 심리적 과정이 관여된다고 해석한다.

첫째, 인질은 인질범에게 온정을 느낀다. 왜냐하면 인질들은 인질범들이 마음만 먹으면 그들을 해치거나 죽일 수 있음에도 불구하고 가혹한 행위를 하지 않을 뿐더러 오히려 자신들을 안심시키고 따뜻하게 대해주는데 대해서 감사하게 느끼기 때문이다.

인질범들은 흉악할 것이라는 상식적 고정관념과는 달리 "가만있으면 해치지 않는다", "조금만 참으면 된다"는 등 인질을 위로하고 식사나 수면 등에서 인질을 차별하지 않으므로 인질들은 크게 안도하게 된다. 이와 같이 예상하지 못한 보상은 예정된 보상보다 더 효과가 큰 법이어서 상상조차 못했던 인질범의 따뜻한 말 한마디는 늘 다정했던 친구의 말보다 더욱 감동적일 수 있다.

또한 인질들이 자신의 힘으로는 도저히 통제할 수 없는 극한 상황에서 나름대로 버티고 적응할 수 있는 한가지 방법은 인질범들에게 고분고분하며 그들의 입장에 순종하는 것이다. 이러다 보니 그들을 이해하게 되고, 동정하게 되며, 심지어 사랑까지 하게 되는 것이다.

이 영화에서도 어린 시절 아버지로부터 상습적으로 구타당하고 버림받았던 아픈 기억을 지니고 있는 버치는 필립이 자기와 비슷한 처지에 있음을 알고 그에게 연민의 정을 느낀다. 버치는 필립을 괴롭히는 동료 탈옥수를 살해하고, 필립의 아버지처럼 행세하며(다른 사람의 눈을 속이려는 의도도 있으나 필립에게 아버지와 같은 존재가 되고자 하는 욕구도 있다), 필립이 원하는 것들을 해주려고 노력한다. 또한 그는 수시로 가정의 소중함을 강조하며 필립의 억눌렸던 감정을 어루만져준다. 필립은 버치에게서 아버지와 같은 푸근함을 느끼고 그의 손을 잡는다.

둘째, 인질은 그를 구출하려고 시도하는 경찰이나 당국자들에게 부정적 감정을 가지게 된다. 인질극이 벌어져 대치하고 있는 상황에서 경찰은 흔히 범인을 회유함과 동시에 "00시까지 자수하지 않으면 발포하겠다"는 등의 협박 전략을 함께 쓴다. 인질의 입장에서 볼 때 발포하겠다는 경고는 '인질이 다치더라도 범인만 잡으면 그만이다'는 뜻으로 지각되고 경찰의 이런 인명경시 태도에 매우 실망하게 된다. 진압 과정에서 인질범이 다치거나 죽는 것은 그럴 수 있다고 하더라도 무고한 자신도 함께 희생될 것을 뻔히 아는 경찰이 그런 방법을 쓰려고 하는데 분개하지 않을 수 없는 것이다.

버치로부터 원하던 여러 가지를 얻었으며, 그에게서 아버지의 푸근함을 느낀 필립은 그의 품을 떠나 무정한 엄마와 경찰의 진영으로 가는 것이 영 달갑지 않다. 경찰은 일제히 버치를 향해 총구를 겨누고 있고 자신이 안전 지대에 들어서는 순간 총구는 불을 뿜을 것이다. 필립은 경찰에게로 향하던 발길을 돌려 버치에게 달려긴다. 만약 필립이 좀더 큰 청소년이었다면, 영화는 신파조로 흘렀겠지만, 총구를 들이댄 경찰에게 적개심을 토로하고 쏘지 말라고 호소했을지도 모른다.

셋째, 인질범도 인질에게 호의적인 감정을 가지게 된다. 인질범들은 자신들의 대의 명분을 위해서 죽을 각오가 되어 있다고 선포했음에도 불구하고, 생에 대한 미련을 쉽게 버리지는 못한다. 그래서 그들은 흔히 죽을 결심을 거두어들이고 살아남기 위해서 인질들을 해치는 행동을 삼간다. 검거되더라도 중형을 피하려는 전략적 조치인 셈이다.

그런데 호의를 베풀면 호감이 생긴다. 사람들의 생각이나 감정은 자신이 행동한 바와 일치되도록 맞춰지는 경향이 있다(이에 관해서는 인지부조화이론을 다룬 '내 남자친구의 결혼식' 부분을 참조하라). 왜냐하면 호의를 베풀 가치가 없는 형편없는 사람(생각)에게 호의를 베풀었다(행동)고 생각되면 심리적 불편감을 느끼기 때문이다. 따라서 기왕 호의를 베풀었다면 베풀 가치가 있는 좋은 사람에게 베풀었다고 생각할 때 마음이 편안해진다.

〈퍼펙트 월드〉에서 버치는 생에 대한 미련보다는 동병상련의 심정으로 필립에게 애정을 느끼게 되고 자신이 죽을 줄 알면서도 필립을 놓아준다.

이와 같은 세 가지 심리적 과정의 상승 작용으로 인질범과 인질의 관계는 예기치 않게 호전된다. 여기다가 부가적인 한가지의 요인이 또 작용한다. 인질범과 인질은 이유는 다르지만 양쪽 모두 극도의 스트레스 상황에서 죽음의 공포라는 극단적 정서를 겪는다는 공통점이 있다. 그들은 함께 고립되고 공포를 같이 느끼게 되어 '우리는 함께 있다'는 일종의 일체감 또는 유대감을 가지게 되는데, 이 점 역시 스톡홀름 신드롬의 발생에 한 몫 한다.

이런 과정은 서로 미워하거나 탐탁지 않게 여기던 두 사람이 어쩔 수 없이 몇 가지 죽을 고비를 함께 넘기고 사랑에 빠지는 〈펠리칸 브리프 The Pelican Brief〉, 〈식스데이 세븐나잇 Six Days Seven Nights〉과 같은 수많은 영화에서 우려먹은 것이기도 하다.

스톡홀름 신드롬은 비정상적인 사람들에 의한 비현실적인 행동이 아니라 극단적인 스트레스에 대한 정상적인 반응이며, 강력한 압력에 효과적으로 대처하기 위한 시도라고 볼 수 있다. 그러나 이 현상은 인질 상황에서 항상 발생하는 것은 아니다. 이란에 억류되었던 미군 병사들을 대상으로 한 연구 결과에 의하면 인질들이 비교적 강한 신념 체계를 지니고 있거나, 다양한 지식과 유연한 자아를 가지고 있으면 인질범들에게 동조하거나 온정을 보이지 않고도 의연하게 대처할 수 있으며, 또한 인질범들이 인질을 가혹하고 굴욕적으로 다루면 스톡홀름 신드롬이 나타나지 않는다.

 박하사탕

나 다시 돌아갈래!

1999년 한국 작품
감독: 이창동
주연: 설경구 김여진 문소리
심리학 키워드: 심리적 외상, 외상 후 스트레스장애, 털어놓기, 상담자

줄거리

1. 야유회(1999년 봄)

　　김영호는 20년 전 첫사랑 순임과 함께 왔던 곳에서 열린 '가리봉 봉우회'의 야유회에 나타난다. 술이 취한 그는 찢어질 듯한 목소리로 '나 어떻해'를 부르며 분위기를 망친다. 그는 철교 위에 올라가 기적을 울리며

달려오는 기차를 마주하여 절규한다. "나 다시 돌아갈래~!"

2. 사진기(사흘 전, 1999년 봄)

파산하고 절망에 빠진 영호는 그의 인생을 망친 자에게 복수하고 자살하기 위해 권총을 산다. 이혼한 부인을 찾아가 문전박대 당하고 움막 숙소에 돌아온 그에게 뜻밖에 순임의 남편이 찾아온다. 의식불명의 그녀를 만난 영호는 박하사탕을 든 채 울음을 터뜨린다. 그녀가 남긴 카메라를 4만원에 팔아버린 그는 다시 흐느낀다.

3. 삶은 아름답다(1994년 여름)

가구점 사장 영호는 직원인 미스 리와 바람을 피우고, 그의 부인 홍자는 운전교습 강사와 바람을 피운다. 홍자의 불륜 현장을 덮친 후 영호는 미스 리와 저녁을 먹고, 식당에서 과거 형사시절에 고문했던 사람과 마주치자 "삶은 아름답다"고 중얼거린다. 집들이하던 날 홍자의 기도가 장황하게 늘어지자 영호는 밖으로 뛰쳐나가 버린다.

4. 고백(1987년 4월)

만삭이 된 홍자는 애교를 떨지만 영호는 무뚝뚝하게 대하며 경찰서로 출근한다. 그는 수배 중이던 시국사범을 검거하여 잔혹하게 고문하고 그

날 저녁 회식자리에서 노래를 부른다. 군산으로 출장간 그는 술집 여 종
업원과 동침하면서 순임의 이름을 부르며 운다.

5. 기도(1984년 가을)

식당주인의 딸 홍자는 단골인 신참형사 영호를 짝사랑한다. 고참형사
들의 권유로 고문을 하면서 영호는 점점 변해간다. 5년 만에 자신을 찾아
온 순임을 그는 거부하고 돌려보낸다. 그 날 밤 동료들과의 회식자리는
그의 광기가 폭발하여 난장판이 된다. 그는 홍자와 동침한다.

6. 면회(1980년 5월)

이등병 영호를 만나러 순임이 부대로 면회를 오지만 계엄령이 발동되
어 면회를 하지 못한다. 군장을 꾸리느라 우왕좌왕하는 영호의 반합에서
박하사탕이 쏟아지고, 비상 출동하는 트럭 안에서 그는 돌아가는 순임의
모습을 본다. 계엄군으로 광주에 투입된 그는 시위대를 쫓다가 보내달라
고 애원하는 한 여학생과 맞닥뜨린다. 고참들이 다가오자 엉겁결에 허공
을 향해 쏜 총탄에 맞아 여학생은 숨지고 영호는 여학생을 끌어안고 오열
한다.

7. 소풍(1979년 가을)

구로공단의 남녀공원들이 강가로 소풍을 온다. 영호와 순임은 다정하
게 대화를 주고받으며 걷는다. 일행은 둘러앉아 '나 어떡해'를 합창한다.
슬그머니 빠져나온 영호는 들판에 누워 눈부신 하늘을 본다. 그의 얼굴에
한줄기 눈물이 흐른다.

지워버리고 싶은 그 순간

영화는 잔잔히 흐르는 메인 테마음악과 함께 철로를 거꾸로 달리는

기차의 맨 꽁지에서 바라보이는 풍경으로부터 시작한다. 그리곤 "나 다시 돌아갈래"를 외치며 마주 오는 기차로 뛰어든 40살 먹은 한 사내의 20년 간의 삶의 궤적을 현 시점부터 거꾸로 추적하며 보여준다.

이 사내의 인생이 어디서부터 어떻게 그리고 왜 꼬였는지는 영화의 거의 말미에 가서야 드러난다. 1980년 5월 그 날 밤의 오발 실수가 그의 가슴에 비수로 되돌아와 꽂히면서 순수했던 그의 심성은 허물어지고 그의 인생은 180도 역전된다. 사실 영화의 후반부에 오기까지(영화 개봉당시만 해도 낯설은 배우였던 설경구의 연기는 눈부셨지만) 김영호의 캐릭터는 별로 정이 가지 않는 인물이나, 그 순간부터 그는 관객들로 하여금 연민의 정을 느끼게 한다.

이 영화는 개봉하자마자 모든 언론의 주목을 받으며 많은 평론가들로부터 최고의 한국영화라는 뜨거운 찬사에 파묻혔었다. 〈박히시탕〉에 관한 대부분의 영화평은 김영호의 개인사가 1980-90년대 한국의 시대상황을 비추는 거울이라는 점과 1980년의 광주민주화운동과 연결하여 시대의 희생자로서의 김영호를 논하고 있다. 이 점을 부인하는 것은 아니나 여기서는 다른 관점, 즉 심리학적인 관점에서 김영호 개인의 마음의 상처를 들여다보기로 한다.

"난 사람을 죽인 게 아니라 짐승을 죽인 겁니다." 이 말은 10여 년 전에 한 여성 살인범이 법정에서 토해 낸 외침이다. 그녀는 어릴 때 강간을 당한 후 10여 년을 그 충격에서 헤어나지 못하고 정신병원을 전전하며 고통스런 삶을 살아오던 중 자신을 강간했던 남자를 찾아서 살해하였다. 여성 단체를 중심으로 이 여인의 구명운동이 벌어지는 등 이 사건은 사회적 반향을 크게 불러 일으켜 성폭행의 심각성을 일깨우고 이에 대한 법적 장치를 마련하는데 크게 기여한 바 있다.[4]

김영호의 삶도 이 여인의 삶과 크게 다르지 않다. 광주 역에서 자신의 총에 맞은 소녀의 죽음은 그의 모든 꿈을 한 순간에 앗아가 버린다. 순임과의 풋풋한 사랑, 이름 모를 들꽃 사진을 찍어 보리라던 소망, 그리고 구만리 같은 청년의 장래는 한방의 총성과 함께 허공으로 사라져 버린 것이다. 그는 자책감 속에서 순임의 애정을 거부하고 무표정한 얼굴로 의미 없는 하루 하루를 살아가며 잔인한 고문이나 취중난동으로 가슴속의 응어리를 한번씩 토해내곤 한다.

성폭행이나 살인 그리고 참혹한 사고 등과 같이 개인의 심리적·신체적 안녕에 장기적이고 심각한 위협을 주는 충격적인 사건을 경험하는 경우를 '심리적 외상(外傷)'을 입었다고 한다. 이런 일은 쉽게 잊혀지지 않으며, 심하면 개인의 삶을 송두리째 흔들어 놓는다. 외상 경험으로 인해 극심한 분노, 우울 또는 죄의식이 동반되는 임상적 상태를 '외상 후 스트레스장애(PTSD)'라고 한다. 자신을 강간한 자를 살해한 여인이나 김영호가 겪는 고통은 장애상태에 이를 정도는 아닐지 몰라도 낯선 남자가 자신의 몸을 덮치던 끔찍한 기억이나 자신이 무고한 소녀를 죽였다는 외상 경험에서 기인한 것이다.

외상 후 스트레스장애는 전쟁에 나가서 치열한 전투에 참가했거나

---

4) 성폭행 당한 여인의 심리적 고통과 복수를 다룬 영화로 〈안나이야기〉(원제 Dispara!, 카를로스 사우라 감독, 안토니오 반데라스, 프란체스카 넬리 주연, 1993년 스페인 작품)가 있다.

포로로 잡혔다가 돌아온 참전용사들에게서도 흔히 발견된다. 미국의
참전용사들을 대상으로 조사한 여러 결과에 의하면 태평양전쟁 참전
용사 중 31%, 2차 세계대전의 포로생환자 중 67 ~ 78% 그리고 한국
전쟁 포로생환자 중 86%가 평생동안 외상 후 스트레스장애에 시달리
고 있는 것으로 밝혀졌다.

외상 후 스트레스장애를 겪는 사람들은 반복적이고 집요하게 떠오
르는 사건에 대한 고통스러운 기억에서 벗어날 수가 없다. 참혹했던
상황에 대한 기억이 매일 되살아나서 정서적으로 마비되고, 자율신경
과민상태가 되며, 주의집중과 과제수행이 어려워진다. 이들은 또한
악몽에 시달리기도 하고, 잊기 위해 약물에 의존하기도 하며, 외상적
사건에 집착함으로써 대인관계, 직장생활 및 성생활 등 다양한 영역
에서 부적응을 겪게 된다.

김영호 역시 마음을 잡지 못하고 경찰관으로 가구점 주인으로 여러
직업을 전전하면서 방황의 세월을 보낸다. 이혼하고 파산까지 한 영호
는 첫사랑의 여인 순임마저 세상을 떠나자 이제는 도저히 순수했던 그
시절로 돌아갈 수 없음을 깨닫는다. 삶이 곧 고통인 그가 세상을 등지
려는 결심을 하게 된 것은 그리 어려운 일이 아니었을지도 모른다.

말 못하는 심정

외상 경험은 그 자체로 개인의 정신건강과 신체건강에 악영향을 미

치기도 하거니와 그런 경험을 남에게 털어놓지 못하고 숨기며 살아가야 하는 것 또한 심각한 폐해를 초래한다.

현대인들은 '억제의 시대'를 살고 있다. 많은 사람들이 남에게 말 못할 혼자만의 비밀이나 외상을 지니고 살아간다. 또한 건강해지기 위해서 금연, 금주해야 하고, 예쁘게 보이려면 먹고 싶어도 참아야 하며, 체통을 지키느라 본심을 드러내지도 못한다. 이와 같이 자신의 생각, 감정 또는 행동을 과도하게 억제하는 것은 스트레스를 가중시켜서 크고 작은 병에 걸릴 위험을 방치하는 셈이다.

새롭게 부상하고 있는 심리학 분야인 건강심리학(Health Psychology) 연구에 의하면 부모가 이혼하여 편모슬하에 있는 아동이 아버지가 사망한 아동보다 질병이 더 많은데, 그 이유는 아버지의 사망사실보다 부모의 이혼사실을 타인에게 털어놓기가 더 어렵기 때문이다. 또한 성폭행을 당한 경험이 있는 여성이 그런 경험이 없는 여성보다 2배 정도의 병원입원 기록을 보인 조사 결과 역시 성폭행 사실을 남에게 말 못하는 점이 건강을 해치게 되는 주된 원인으로 분석되고 있다.

미국 달라스에서 케네디 대통령이 암살되자 미국 국민의 일부는 평소 반정부 성향이 강했던 달라스 시민을 비난하였고, 달라스 시민들은 집단적으로 강력한 외상을 겪으며 암살사건을 언급하는 것 자체를 스스로 억제하였다. 사건 후 5년 간 달라스 시민의 심장병 사망률은 사건 전 4년에 비해서 평균 4% 증가했으며(동기간 중 미국 전체는 3% 감소), 암살 이듬해 달라스 시민의 자살율은 25%나 증가하였다

(전국적으로는 1% 증가).

상담장면이던 종교적 고백성사이던 심지어 범죄자가 수사관에게 죄를 자백하던 간에 자신의 문제를 남에게 털어놓으면 기분이 후련해지는 카타르시스를 느낀다. 뿐만 아니라 자신의 문제에 관해서 새로운 통찰을 얻을 수 있으며, 타인으로부터 위안 받고 해결책을 제시받을 수도 있다. 말못할 고민을 안고도 잘 살아가는 사람이 다수를 차지하지만, 그 중 20% 정도는 유연하게 대처하지 못하고 만성적인 고뇌자가 된다고 한다. 그러나 고민을 털어놓으면 고뇌의 시간은 그만큼 단축된다.

들어주는 사람 - 상담자

그러나 털어놓고 싶어도 얘기를 들어줄 기관이나 사람은 많지 않다. 남의 외상을 어루만져주고 고민을 함께 나누는 진정한 상담자는 더욱 찾아보기 어렵다. 사람들은 선천적으로 듣기보다는 말하기를 더 좋아한다. 그렇지만 나의 말을 들어줄 누군가가 필요하듯이 남의 얘기를 귀담아 들어주는 상담자로서의 나의 역할도 중요하다.

특히 초중고의 학교상담은 정신적으로 미성숙하며 스트레스 대처능력이 부족한 아농과 청소년들을 일차직으로 접촉히는 과정이라는 점에서 대단히 중요함에도 불구하고 과학적이고 체계적으로 이루어지고 있지 않아 아쉬움이 크다. 많은 학교에서 아예 상담이 행해지지 않거나 상담교사와 상담실이 있지만 형식적으로 운영되거나 또는 학부모들의 자원상담 정도에 머물고 있는 실정이다. 또한 교장을 비롯한 학교관리자의 상담에 대한 마인드도 대체로 호의적이라고는 보기 어렵다.

다행히 교육인적자원부는 1999년부터 전문상담교사제도를 도입하고 각 대학에 위탁하여 현직 교사를 상담전문가로 훈련시키고 있다. 그러나 이 제도가 교육현장에 정착하기 위해서는 교사들이 상담에 관한 전문적 소양을 충실히 갖추는 것은 물론, 이들의 수업부담을 과감히 줄여서 상담에 많은 시간을 할애하도록 배려해야 한다.

아울러 현직교사에게만 자격을 부여하는 현행규정을 고쳐 상담관련학문 전공자들에게도 문호를 개방하여 상담전담교사로 활동할 수 있도록 함으로써 보다 많은 학생들이 상담의 혜택을 누릴 수 있도록 할 필요가 있다.

그리고 상담 지식을 갖추는 일에 못지 않게 중요한 점은 상담자로서의 열린 자세를 가지는 일이다. 문화적 전통인지는 몰라도 우리 나라 학생들은 수업시간에 질문을 잘 하지 않는다. 이는 학생의 호기심이나 고민에 관심을 가지기보다는 귀찮아하는 교사의 자세에 기인하기도 한다. 이와 대조적으로 미국의 많은 교수들은 이메일을 통해서 들어온 학생들의 질문과 요청에 답장하는 것으로 하루 일과를 시작한다.

남의 고민을 진지하게 경청해 주는 것만으로도 고민은 가벼워지며 그를 짓누르던 고통에서 해방시킬 수도 있다. 심각한 사회문제가 되어 있는 학교폭력이나 집단따돌림의 피해자들도 그들의 문제를 자유롭게 털어놓을 수 있는 분위기가 조성되었더라면 고통이 훨씬 더 경감되었을 것이고, 사건의 발생빈도도 크게 줄일 수 있었을 것이다. 우리 청소년들에게 그들의 속마음을 털어놓을 수 있는 기회와 장이 앞으로 더 많이 펼쳐지기를 간절히 기대해 본다.

라스베가스를 떠나며(Leaving Las Vegas)

알코올중독자의 초상

1995년 미국 작품
감독: 마이크 피기스(Mike Figgis)
주연: 니콜라스 케이지(Nicolas Cage) 엘리자베스 슈(Elisabeth Shue)
심리학 키워드: 약물사용장애, 알코올중독

줄거리

　알코올중독자인 시나리오 작가 벤은 술값을 빌리러 다니느라 동료들을 난처하게 만들고 술집에선 아무 여자나 붙잡고 희롱한다. 결국 그는 직장에서 해고된다. 벤은 소지품을 모두 불태운 뒤 퇴직금만 가지고 LA를 떠나 24시간 술 마실 수 있는 라스베가스로 온다.

　술에 취해 라스베가스 시내를 차로 질주하던 벤은 건널목을 건너던 창녀 세라를 칠 뻔 한다. 다음날 거리에서 세라를 다시 만난 벤은 그녀의 몸값으로 거액을 제시하고 자기가 묵고 있는 싸구려 모텔로 데려온다. 술로 인해 섹스를 할 수 없는 그는 그녀에게 함께 얘기나 하자고 제의하고, 세라는 이상하게도 그에게 끌린다. 그녀를 착취하던 포주 유리는 갱들로부터 쫓기자 세라를 놓아준다. 세라는 벤에게 자기 집에서 같이 살자고 제안하고, 그는 술을 삼가라는 말을 하지 않는 조건으로 수락한다.

　벤과 함께 살게 된 세라는 그에게 주석 술병을 선물한다. 술 취한 벤은

카지노에서 도박판을 엎는 바람에 쫓겨나고, 술집에서 그에게 접근한 여인의 남자친구로부터 두들겨 맞는다. 벤과 세라는 사막의 모텔로 여행가서 섹스를 나눌 뻔했으나 그 순간 벤이 테이블에 넘어져 다치는 바람에 실패하고, 모텔에서도 쫓겨난다.

라스베가스로 돌아온 세라는 벤에게 병원에 가볼 것을 권하지만 그는 일언지하에 거절하고 떠나야 할 때가 됐다고 말한다. 일을 마치고 지친 몸으로 돌아온 세라는 카지노에서 만난 매춘부와 함께 침대에 누워있는 벤을 발견하고 분개하여 그를 내쫓는다. 세라는 다음날부터 벤을 애타게 찾아다니지만 찾지 못한다. 그녀는 세 명의 청소년들로부터 유간 당하고 폭행까지 당한다. 벤의 전화를 받고 달려나간 세라는 지저분한 모텔에서 경련에 떨고 있는 그와 처음으로 사랑을 나눈다. 다음날 벤은 숨을 거둔다.

라스베가스를 떠나 천사의 도시로

〈라스베가스를 떠나며〉는 슬프도록 아름다운 영화다. 술주정뱅이와 몸파는 여자의 그렇고 그런 스토리가 수많은 관객에게 가슴 저미는 깊은 여운을 남기게 된 데는 무엇보다 니콜라스 케이지의 빛나는 연기의 공이 크다(어떤 평론가는 신들린 연기라는 표현을 했고, 그는 이 연기로 아카데미 남우주연상을 거머쥐었다). 거기다 주요 장면에 삽입된 재즈 풍의 음악은 환락의 불야성 라스베가스의 화려함과 그 뒷골목에서 술에 찌들어 흐느적거리는 폐인의 음울한 분위기를 더욱 실감나게 살려주고 있다.

초점 없는 눈동자, 바싹 마른 체구와 경련에 떠는 모습, 힘없고 어눌한 말씨 등 케이지의 알코올중독자 연기가 얼마나 리얼했던지 나는 그가 그 후에 출연한 영화들(그는 일년에 서너 편씩 다작을 하는 편이다)에서 맡은 역할은 모두 그와 어울리지 않는다는 생각이 들 정도였다. 이런 생각에서 벗어나게 해 준 영화가 있는데 그가 천사로 나와서 멕 라이언과 가슴아픈 사랑을 나누는 〈시티 오브 엔젤 City of Angel〉이다.

이 영화를 〈라스베가스를 떠나며〉의 속편으로 한번 생각해 볼 것을 권한다. 그러면 두 영화가 흥미롭게 연결되고 알코올중독자로서의 케이지의 선명한 이미지도 훨씬 희석된다. 전편에서 세라 그녀는 몸을 파는 창녀이지만 벤에게는 천사나 다름없다(벤이 세라에게 당신은 천사가 아니냐고 묻는 순간 스팅이 부른 '엔젤 아이즈(Angel Eyes)' 라는 아름다운 곡이 흐른다). 의지할 곳 없던 벤은 세라의 구원을 받고 하늘로 가서 천사가 된다.

'속편'에서 천사가 되어 자기가 살던 '천사의 도시' LA로 다시 돌아온 벤은 사람들의 일상사를 내려다 보던 중 사랑스러운 한 여인(멕 라이언, 공교롭게 그녀도 〈남자가 사랑할 때 When a Man Loves a Woman〉에서 알코올중독자 연기를 했었다)을 알게 되어 사랑에 빠진다…. 그녀는 세라의 환생일까?

술 마시면 여자가 예뻐 보인다?

임권택 감독에게 칸영화제 감독상을 안겨준 영화 〈취화선〉을 보면 조선조 화가 장승업은 술이 취해야 붓을 잡으며 아예 술독을 끼고 산다. 장승업 뿐만 아니라 김홍도나 '달마도'를 그린 김명국도 지독한 애주가로 알려져 있다. 이처럼 취흥에 젖어 불후의 명작을 남긴 사람도 있는 반면에 취중 실수로 패가망신하는 사람도 많다.

적당히 마신다면 술은 스트레스 해소나 대인관계에 도움이 될 뿐더러 신체에도 약이 된다. 그러나 과하면 늘 문제가 생긴다. 벤과 같은 구제불능의 중독까지는 아니더라도 상습적이고 과도한 음주는 자신의 몸과 마음을 황폐화시킬 뿐만 아니라 가족과 친지에게 피해를 주고 나아가 사회적으로도 손실이 된다.

술을 마시면 다음과 같은 효과가 나타난다. 이런 효과가 나타날 때 그것이 약이 되느냐 아니면 독이 되느냐는 여러분에게 달려 있다.

안 하던 짓을 한다.

술을 마시면 폭언이나 폭행과 같이 평소에 억압했던 행동(주로 충동적이고 원초적 행동)을 주저 없이 한다.

한 얘기 또 한다.

만취 후 필름이 끊긴 경험(이를 일과성 기억상실 Blackout이라고 한다)이 있는 독자들도 있을 것이다. 술을 많이 마시면 순간의 기억을 영구기억으로 전환시키는 대뇌 기능이 둔화된다. 그래서 방금 했던 말도 쉽게 잊어버려 계속 반복하게 되고, 다음 날 술이 깬 후에는 지난밤에 있었던 일을 기억하지 못하는 것이다(알코올중독자들의 일부는 코르사코프 증후군(Korsakov Syndrome)이라고 하는 기억상실증을 동반하기도 한다).

속마음을 털어놓는다.

취중진담이라는 말이 있듯이 술을 마시면 평상시에 하기가 부끄럽거나 부담스러웠던 말을 보다 쉽게 털어놓을 수 있어서 상대와 더 친밀해지는 계기가 되기도 하고, 오히려 더 서먹서먹해지기도 한다.

여자들이 예뻐 보인다

술을 마시면 눈의 초점을 맞추는 작용을 하는 수정체의 기능이 둔화

되어 눈이 침침해지고, 정보처리능력도 떨어진다. 따라서 앞에 있는 상
대가 여자라면 실제보다 더 예쁘게 보이고 남자라면 더 멋있게 보인다.

담배를 피우고 싶어진다

사람들의 사고와 행동에 영향을 주는 정신활성약물 가운데 알코올
은 진정제인 반면에 니코틴은 자극제로 분류된다. 즉, 술을 마시면 대
뇌활동이 감소하고 담배를 피우면 대뇌활동은 증가한다. 그런데 사람
들은 적절한 수준의 대뇌활동을 유지하려는 경향이 있어서 음주시에
는 대뇌활동이 줄어들기 때문에 대뇌를 자극하는 담배 생각이 더 간
절해지는 것이다.

맨 정신으로 살기 힘든 사람들

알코올중독이든 도박중독이든 중독되고 싶어서 그렇게 된 사람은
없을 것이다. 알코올이나 니코틴, 도박, 컴퓨터, 쇼핑 등 각종 중독현
상들은 그 행동을 하는 당시에는 매우 즐거운 일인데다 자신도 알아
차리지 못할 정도로 수년에 걸쳐 서서히 습관이 형성되기 때문에 초
기에 싹을 자르기가 쉽지 않다. 게다가 사람들은 술이 간암을 유발하
고, 담배가 폐암을 유발한다는 점을 잘 알면서도 "하루에 담배 두 갑
을 피우시던 우리 할아버지는 여든까지 사셨다"면서 자신에게 그런

위험이 닥칠 가능성을 과소 평가하는 경향도 있어 중독예방과 치료에 어려움을 더한다.

정신의학적으로 알코올중독은 약물사용장애로 분류되는 정신질환으로서 술에 대한 심리적·신체적 의존 상태를 말한다. 심리적 의존이란 술 마시고 싶은 충동을 자제하지 못하며, 늘 술 마실 건수를 찾는 등 개인의 생각이나 일상 생활이 술에 의해 지배되고 있다고 할 정도로 술의 영향을 크게 받고 있는 상태를 말한다. 그리고 신체적 의존이란 음주량을 이전보다 더 늘려야 술기운이 오르며, 술이 깨면 초조하거나 손이 떨리는 등 신체가 술에 완전히 압도된 상태를 이른다.

〈라스베가스를 떠나며〉에서는 무엇 때문에 벤이 맨 정신으로 살 수 없게 되었는지가 불확실하다는 점 외에는 알코올중독자의 일생을 적나라하게 보여준다. 벤의 다음과 같은 행태는 알코올중독자들에게 나타나는 전형적인 특징들이다.

하루 종일 마신다

하루를 술로 시작해서 술로 마감한다. 벤은 아침에는 술집에서 술을 팔지 않고 밤에도 일찍 문닫는 LA를 떠나 24시간 자유롭게 마실 수 있는 라스베가스로 온다.

내성이 생겨서 엄청나게 마신다

한잔 두잔 홀짝거리는 것으로는 간에 기별이 안 간다. 독주를 마시고, 섞어 마시며, 병째로 들이켜야 마신 것 같다. 한 손엔 술병 다른 손엔 핸들을 잡고 운전하는 벤의 모습은 차라리 처연하다.

혼자서 마신다

세라가 있을 경우를 제외하곤 벤은 늘 혼자서 폭음한다.

식사에 관심 없다.

알코올중독자들은 식사를 거르기 때문에 대개 영양실조 상태에 있다. 벤은 세라와 함께 저녁 식사를 하면서 짜다는 핑계로 스파게티를 입에도 대지 않고 술만 마신다.

발기 불능이다

특히 남자의 경우 술을 마시면 성저 관심은 증기하나, 빌기하거나 발기 상태를 유지하는 능력은 감소한다. 벤 역시 성행위에는 별 관심이 없고 할 수도 없다.

대인관계와 직무수행에 문제가 있다

그는 술 때문에 동료들로부터 무시당하고 가는 곳마다 사고를 친다. 그리고 직장에서 해고되고 가족들로부터 버림받는다.

음주를 중단하면 신체적 증상(금단증상)이 나타난다

주요 금단증상으로는 손 떨림, 경련, 불안, 초조, 환각, 섬망, 운동협응능력 손상 등이다. 벤은 손이 떨려서 수표에 사인하지 못하며, 술이 깨면 온몸에 경련이 일어난다. 'Whole Year Inn' 이라는 여관 간판이 'Hole You Are In(당신이 빠진 구멍)'으로 보이기도 한다.

기억력이 손상된다

일시적인 기억상실뿐 아니라 새로운 정보를 장기기억으로 전환시키는 기능이 떨어져 어떤 사실을 오래 기억할 수 없게 된다. 벤은 '가족이 떠나가서 술을 마시게 되었는지, 아니면 술을 마시다보니 가족이 떠났는지' 조차 기억하지 못한다.

나는 어떤가?

물에 빠져 죽는 사람보다 술에 빠져 죽는 사람이 더 많다고 한다. 아무리 술 권하는 사회이고 술술 넘어가는 게 술이라지만 술에는 장사가 없다.

알코올중독이 되는 과정은 네 단계로 구분된다. 첫 번째 단계는 사교적 음주단계로서 사교적 목적으로 술을 마시고 같이 마실 사람이 없으면 술 생각이 별로 나지 않는다. 두 번째 단계는 예비단계로서 혼자 술 마시는 빈도가 늘어나고 술 마실 건수를 찾는다. 필름이 끊기는 경우가 더러 있으나 만취하는 경우는 흔치 않다.

세 번째 단계는 결정적 단계로서 본격적인 중독으로 접어드는 단계이다. 낮술을 마시고 끝장볼 때까지 마신다. 직장생활이나 대인관계에 지장이 생기며, 술을 마시지 않으면 금단증상이 나타난다. 마지막 단계는 만성단계로서 음주가 가장 중요한 일과이며 매일 술을 마신다. 술을 마셔야 생기가 돌고 술 이외에는 아무 것에도 신경 쓰지 않는다. 오로지 술을 위해 살아간다.

다음은 연세의대 정신과 연구팀이 제작한 10문항으로 된 알코올중독 자가진단표이다. 각 문항별로 체크한 번호를 합산한 결과, 0 ~ 11점이면 정상적인 음주자이며, 12 ~ 19점 사이면 상습적인 과음자로서 음주량이나 음주 횟수를 줄이도록 노력하는 등 스스로 주의를 요한다. 그리고 20~23점 사이면 잠재적 알코올중독환자로서 속히 전문가와 상담하는 등 적절한 조치가 필요하며, 24점 이상이라면 알코올중독환자로서 정신과 치료를 받을 것을 권하고 있다.

〈알코올중독 자가진단표〉

• 얼마나 자주 술을 마십니까?
(0) 전혀 마시지 않는다 (1) 월 1회 미만 (2) 월 2-4회
(3) 주 2-3회 (4) 주 4회 이상

• 술을 마시면 한 번에 몇 잔 정도 마십니까?
(0) 한 두 잔 (1) 3-4잔 (2) 5-6잔 (3) 7-9잔 (4) 10잔 이상

• 한번에 소주 1병 또는 맥주 4병 이상 마시는 경우는 얼마나 자주 있습니까?
(0) 전혀 없다 (1) 월 1회 미만 (2) 월 1회 (3) 주 1회 (4) 거의 매일

- 지난 1년 간 한 번 술을 마시기 시작하면 멈출 수 없었던 때가 얼마나 자주 있었습니까?

  (0) 전혀 없다 (1) 월 1회 미만 (2) 월 1회 (3) 주 1회 (4) 거의 매일

- 지난 1년 간 평소 같으면 할 수 있었던 일을 음주 때문에 실패한 적이 얼마나 자주 있었습니까?

  (0) 전혀 없다 (1) 월 1회 미만 (2) 월 1회 (3) 주 1회 (4) 거의 매일

- 지난 1년 간 술을 많이 마신 다음 날, 일 나가기 위해 해장술이 필요했던 적은 얼마나 자주 있었습니까?

  (0)전혀 없다 (1) 월 1회 미만 (2) 월 1회 (3) 주 1회 (4) 거의 매일

- 지난 1년 간 음주 후에 죄책감이 들거나 후회한 적이 얼마나 자주 있었습니까?

  (0) 전혀 없다 (1) 월 1회 미만 (2) 월 1회 (3) 주 1회 (4) 거의 매일

- 지난 1년 간 음주 때문에 전날 밤에 있었던 일이 기억나지 않았던 경우가 얼마나 자주 있었습니까?

  (0) 전혀 없다 (1) 월 1회 미만 (2) 월 1회 (3) 주 1회 (4) 거의 매일

- 음주로 인해 자신이나 다른 사람이 다친 적이 있습니까?

  (0) 없었다 (2) 있지만, 지난 1년 간에는 없었다 (4) 지난 1년 간 있었다

- 가족이나 친구 혹은 의사가 당신이 술 마시는 것을 걱정하거나 술 끊기를 권유한 적이 있습니까?

  (0) 없었다 (2) 있지만, 지난 1년 간에는 없었다 (4) 지난 1년 간 있었다

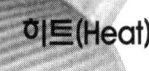

히트(Heat)

리더의 조건

1995년 미국 작품
감독: 마이클 만(Michael Mann)
주연: 알 파치노(Al Pacino) 로버트 드 니로(Robert De Niro) 발 킬머
(Val Kilmer) 애슐리 저드(Ashley Judd)
심리학 키워드: 리더십 스타일, 사회적 권력

줄거리

　　노련한 도둑 보스 닐은 부하들과 치밀한 계획으로 채권 수송차량을 탈
취하지만 팀에 새로 합류한 와인그로가 사람을 해치지 말라는 그의 지시
를 어기고 경비원을 살해하고 만다. 일 중독으로 세 번째 결혼마저 위태
로운 상태인 강력반장 빈센트는 범행 현장에서 닐의 빈틈없는 일 처리 솜
씨에 감탄한다. 닐은 채권거래를 주선한 반 잔트에게 사기를 당하자 그의
부하들을 죽이고 도망친다.

　　빈센트는 동물적인 감각으로 범행단서를 잡고 다음 범행을 준비중인
닐 일당을 하나하나 추적하기 시작한다. 닐은 평소의 그답지 않게 직업상
불문율을 어기고 그래픽 디자이너 이디와 사랑에 빠진다. 그는 이번 일만
끝내면 뉴질랜드로 가서 새 삶을 살기로 마음먹고, 아무 것도 모르는 그
녀는 함께 떠나자는 그의 제의에 동의한다. 닐은 은행을 털다가 빈센트로
부터 감시당하고 있음을 눈치채고 그냥 나온다. 빈센트는 빈손으로 나오

는 닐 일당을 체포하질 못하고, 닐은 은행강도계획을 계속 추진한다.

빈센트는 닐에게 미묘한 동류의식을 느끼고 어느 날 밤 닐을 찾아 차 한잔하면서 경고를 보낸다. 그 날 밤 닐 일행은 자취를 감추고 얼마 후 은행강도작전에 돌입한다. 그러나 예상외로 경찰이 빨리 덮치면서 일이 꼬인다. 그들은 돈 다발을 들고 도주하다가 경찰과 맞닥뜨리고 LA 도심 한복판에서 둔탁한 총격전이 벌어진다. 닐의 심복 체리토가 사망하고 닐은 총상을 입은 부하 크리스를 부축해서 구사일생으로 도망친다.

닐은 경찰에 범행계획을 밀고한 자가 부하였던 트레요였으며 그가 와인그로와 반 잔트에 매수되었음을 알고 반 잔트를 살해한다. 뉴질랜드 행 비행기를 타려고 이디와 함께 공항으로 가던 닐은 와인그로가 숨어있는 호텔로 차를 돌려 그를 살해한다. 호텔에는 이미 빈센트 일행이 잠복하고 있고 빈센트는 호텔을 빠져나가던 닐을 공항까지 추적하여 마침내 쓰러뜨린다. 빈센트는 숨을 거두는 닐의 손을 잡는다.

도시의 외로운 늑대들

품위가 느껴지는 하드 보일드 영화 〈히트〉는 남성미가 넘치고 연기력도 걸출한 당대 최고의 두 스타 로버트 드 니로와 알 파치노가 함께 출연한다는 사실만으로도 볼 가치가 충분하다. 두 사람은 출연한 대부분의 영화에서 그들이 아니면 해낼 수 없을 것 같은 인물을 각각 창조해왔으며, 특히 〈원스 어폰 어 타임 인 아메리카 Once Upon a Time in America〉, 〈좋은 친구들 Good Fellas〉, 〈대부 The Godfather〉, 〈스카페이스 Scarface〉 등을 통해 갱스터 장르에서 독보적인 위치를 구축하고 있다.

이 영화에서도 그들은 경지에 오른 연기력을 유감 없이 발휘하고 있다. 냉철하지만 인간미를 겸비한 대도 닐과 일밖에 모르는 다혈질 형사반장 빈센트를 각각 연기한 두 사람의 카리스마는 시종일관 영화에 팽팽한 긴장감을 불어넣는다. 이들 두 거물간의 한치의 밀림도 없는 연기 대결과 발 킬머나 애슐리 저드와 같은 빛나는 조연들의 뒷받침은 영화의 무게와 재미를 더해 준다.

LA 번화가 한복판에서 차량을 통제하고 촬영한 총격신은 그 긴박감이나 리얼함에 있어서 스케일만 컸지 평범하기 짝이 없는 〈다이 하드 Die Hard〉나 〈리쎌 웨펀 Lethal Weapon〉의 총격신과는 비교할 수 없는 명 장면이다. 그리고 두 사람이 처음 만나서 만만치 않은 운명의 적수임을 서로 확인함과 동시에 상대에게 묘한 매력을 느끼게 되는 커피숍 장면의 표정 연기는 단연 압권이다.

가족이 없거나 이혼 직전의 상태인 두 사람은 외로이 자신의 일에만 집착한다. 그들의 삶의 무대이자 쫓고 쫓김이 반복되는 화려한 대도시 LA의 밤거리 뒷골목은 그들의 고독에 쓸쓸함을 더한다. 그들의 쫓고 쫓김이 끝나는 공항의 한쪽 구석, 항공기의 굉음과 스산한 밤바람이 부는 황량한 풀밭에서는 승자도 패자도 없는 싸움 뒤의 허무함이 배어난다. 두 사람은 먹이를 찾아 황야를 떠도는 늑대들이었고, 어느 영화평론가의 말처럼 고독한 도시 남성의 자화상을 보여주었다.

리더로서의 닐과 빈센트

닐과 빈센트는 각자 부하들을 거느리고 있는 리더이다. 둘 다 맡은 일에 철두철미하고 자기 분야에서 최고수라는 공통점이 있지만 리더로서의 몇 가지 특징은 자못 대조적이다.

빈센트는 자기 일 외에는 아무 것에도 관심 없는 일 중독자이다. 맡은 바 임무는 100% 완수하지만 특별한 취미도 없고 가족에게도 무관심해서 세 번째 결혼생활마저 파탄 직전에 와있다. 성급하고 감정적이며 부하들에게도 냉정해서 끊임없이 다그치기만 한다. 한마디로 따뜻한 인간미가 없는 사람이다.

반면에 닐은 지적이고 사려가 깊다. 부하들의 복수를 위해서 어쩔 수 없이 살인을 하지만 사람을 해치지 않는다는 원칙을 지키고 살았으며, 한 여인을 사랑하게 되면서 암흑가 생활을 청산하려고 한다. 그는 부하들에게 근본적으로 애정을 가지고 있으며 자상하다. 부하들을 부부 동반으로 불러내 한 턱 사기도 하고, 부하의 가정을 지키게 하려고 애쓰며, 부상당한 부하를 끝까지 챙긴다. 그가 끝내 죽음을 당하게 되는 계기도 살해된 부하의 복수를 위해 차를 돌린 것 때문이다. 아마도 영화를 보는 관객들은 경찰관 빈센트보다 악당 닐에게 심정적으로 더 끌리는데, 그 이유는 바로 닐의 이러한 인간적인 면모 때문일 것이다.

리더십을 연구하는 학자들은 리더의 행동스타일에 따라 과제 중심적 리더와 인간관계 중심적 리더로 구분한다. 과제 중심적 리더는 과제를 성공적으로 수행하는데 온 힘을 쏟아서 부하의 역할과 수행방법을 일일이 지시하고, 세밀하게 감독하며, 작업을 계속 독려하는 등 자신이 활동을 주도한다. 그러나 부하의 복지에 관한 관심은 부족하다.

반면에 인간관계 중심적 리더는 과제수행보다는 조직 내 우호적 분위기를 중시한다. 부하를 존중하고, 부하의 만족을 중요시하며, 유머러스하고, 경조사를 일일이 챙기는 등 부하들과 가깝게 지낸다. 의사결정 시에 부하를 참여시키고 질책보다는 칭찬으로 부하들을 이끈다.

빈센트는 전형적인 과제 중심적 리더이고, 닐은 인간관계 중심적 리더에 가깝다. 어떤 스타일의 리더가 더 효율적인지는 딱 잘라 말하기는 어렵고 조직의 목표나 리더가 처한 상황에 따라 달라질 수밖에 없다. 리더십 분야 연구의 권위자 중 한 사람인 피들러(Fiedler)는 리더가 처한 상황이 리더에게 아주 유리하거나 아주 불리할 때는 과제 중심적 리더가 효율적이고, 반면에 상황이 특별히 유리하거나 불리하지도 않은 중간 정도라면 인간관계 중심적 리더가 상대적으로 더 효율적이라고 제안한 바 있다.

한 조직의 리더가 과제 중심적이면 그 조직의 생산성이 높아지고, 인간관계 중심적이면 조직 내의 화합이나 부하들의 만족도가 높아진다. 한 리더가 과제 중심적이면서 동시에 인간관계 중심적이기는 어렵지만 두 가지 특징을 다 갖춘 리더가 가장 효율적이다. 왜냐하면 조직의 생산성과 구성원의 만족 이 두 가지 중 어느 하나도 포기해선 안 되는 것이기 때문이다.

히딩크 리더십

한국 축구의 은인 히딩크 감독의 리더십은 2002 한일 월드컵대회를 기점으로 신드롬으로 불리면서 엄청난 화제가 되었었다. 그의 탁월한 지도아래 우리 대표팀이 종전과는 판이하게 다른 수준 높은 플레이를 펼치자 온 국민이 그의 리더십에 연일 감탄하고 열광하였으며, 대기업에서는 그를 벤치마킹의 대상으로 앞다투어 분석하기도 하였다. 외국인으로서 우리 국민에게 그토록 짜릿한 흥분과 감동을 선사하고 감사의 마음을 가지게 한 사람은 아마 전무후무할 것 같은 생각이 든다.

삼성경제연구소에서 만든 '히딩크 리더십의 교훈' 이라는 보고서는 그의 리더십 성공요인을 정실에 흐르지 않고 능력 위주의 선수선발에서 나타난 공정성, 체력을 강화한데서 볼 수 있는 기초 중시, 한 선수가 복수의 포지션을 소화하게 하는 등의 혁신추구, 체력 트레이너나 비디오 분석관 등 전문적 코칭 스태프를 대동한 전문지식 활용 등 네 가지로 꼽았다. 이밖에도 외풍에 흔들리지 않는 배짱과 추진력, 스타보다 팀워크의 중시, 부드러우면서도 선수들을 장악하는 카리스마, 상대에 대한 철저한 분석을 통한 적절하고 유연한 전략구사능력 등과 같은 그의 리더십 특징들은 하나같이 칭송 받기에 이르렀다.

로마제국시대를 배경으로 한 블록버스터 〈글래디에이터 Gladiator〉는 한 검투사의 파란만장한 인생 역정을 통해서 왕권을 둘러싼 음모와 투쟁을 그리고 있다. 아버지 아우렐리우스 황제를 암살하고 황제가 된 코모두스(호아퀸 피닉스 분)에게 민중은 냉담하다. 반면 죽은 황제의 총애를 받던 막시무스 장군(러셀 크로우 분)은 노예검투사로 전락하여 매일 삶과 죽음의 경계를 넘나들지만 민중의 열렬한 성원을 받는다. 막시무스를 흠모하던 아우렐리우스 황제의 누이는 그에게 코모두스를 몰아내고 아버지의 뜻을 이어줄 것을 청한다. 그가 자신은 군중을 즐겁게 해주는 재주밖에 없다고 하자 그녀는 그것이 힘이라고 말한다.

리더의 힘은 어디서 나오는가? 한 집단이나 조직의 리더가 구성원들에게 권력을 행사할 수 있는 기반은 여러 가지가 있다. 부상과 처벌을 집행할 수 있는 권한을 지니거나, 사회적으로 인정된 합법적 지위를 가지거나, 전문적인 지식이나 기술을 소유하거나 또는 부하들이 호감을 가지고 존경해서 그들의 동일시 대상이 됨으로써 영향력을 발휘하게 된다.

권력기반이 많을수록 리더는 큰 힘을 지니게 된다. 그러나 쿠데타로 정권을 잡은 대통령이나 낙하산 인사로 조직을 맡은 관리자의 경우를 보자. 그들은 합법성을 인정받지 못하고 전문성도 부족한데다 국민이나 부하들로부터 존경받기는 아예 기대할 수 없는 상황에서 가장 원시적 권력인 보상 및 처벌권만 가지게 되므로 효율적인 리더가 되기는 애당초 불가능하다.

진정한 리더가 되는 길

히딩크 감독이나 검투사 막시무스처럼 구성원들로부터 존경받음으로써 생기는 이른바 참조권력(Referent Power)은 추종자들로부터 진정한 충성심과 순종을 이끌어낸다는 점에서 가장 바람직한 권력기반이지만 웬만한 리더에게서는 찾아보기가 쉽지 않다.

남북정상회담을 통해서 본 김정일 국방위원장의 활달하고 거침없는 파격적 스타일에 대해서 이런 저런 말이 많았지만, 어쨌든 괴팍하고 호전적이라는 그의 부정적인 이미지가 상당히 개선된 것은 분명한 것 같다. 이렇게 된 주된 이유는 TV화면에 생생하게 비친 그의 행동이 그동안 우리 국민들이 지니고 있던 그에 대한 극도로 부정적인 고정관념과 크게 대비되는 데서 오는 일종의 충격효과 때문일 것이다.

그렇지만 그의 행동은 북한주민들의 절대적 지지를 받음으로서 생기는 자신감, 즉 참조권력을 바탕으로 하고있는 듯이 느껴졌다. 이처럼 사회주의 체제에서는 우상화 정책을 통해서 대중에게 절대자의 허상을 심어줌으로써 참조권력을 창출해내기가 비교적 용이하다.

우상화가 불가능한 체제나 조직에서는 참조권력을 얻기 위한 뾰족한 방법은 없으나, 리더십 연구자들은 리더가 구성원들의 욕구에 관심을 갖고, 공정하게 대하며, 솔선수범 하여 역할모델이 될 것을 조언하고 있다.

그리고 무엇보다 중요한 것은 리더가 구성원 속으로 들어가서 그들과 직접 만남에 많은 시간을 투자해야 한다는 점이다. 미국의 20대 대통령 제임스 가필드는 리더는 국민이 진정으로 원하고 생각하는 바를 가장 늦게 알게되는 사람이라고 했다. 그만큼 리더는 인의 장막에 둘러 쌓여 현실에 어둡기 십상이다. 대중이라는 샘 속에 리더 자신을 빠뜨리지 않으면 만천하가 알고있는 사실도 대통령, 사장, 또는 총장만은 모를 수밖에 없다.

사회심리학자 제니스(Janis)는 리더의 결심을 흔들리게 만드는 반대 정보를 차단시키는 부하를 마인드가드(Mindguard)라고 부르고 조직이 효율적인 의사결정에 도달하기 위해서는 리더가 이들을 용납하지 말아야 함을 강조했다. 보디가드가 신체적 상해로부터 리더를 보호한다면 마인드가드는 리더의 심기가 불편해지지 않도록 예방하는 역할을 한다. 그러기 위해서 그들은 정보를 사전에 검열하여 선택적으로 보고하고, 반대자에게 침묵을 강요하거나 의사표현기회를 봉쇄

한다.

　결국 구성원의 뜻을 헤아리려면 리더 스스로 마인드가드의 장막을 걷고 구성원 속으로 직접 뛰어들지 않으면 안 된다. 정부, 정당, 기업, 대학 등 사회 각 분야에서 권위의식으로 군림하기보다 밑으로부터 진정 존경받는 리더들이 많아지기를 기대해 본다.

제3부

세상은 요지경

뚱보 아가씨의 자기발견

1996년 한국 작품
감독: 정병각
주연: 이혜은 이경영 김승우
심리학 키워드: 외모의 사회심리, 후광효과

줄거리

공선주, 그녀는 뚱뚱하지만 실력 있는 29세의 속옷 디자이너이다. 부하 직원들은 그녀의 몸매에 대해서 킥킥거리고, 특히 회사 상무는 그녀를 뚱선주라 부르며 사사건건 트집을 잡는다. 그러나 잘생긴 총각 과장 강이환만은 그녀에게 따뜻이 대해주고 그녀의 마음을 사로잡는다. 선주는 이

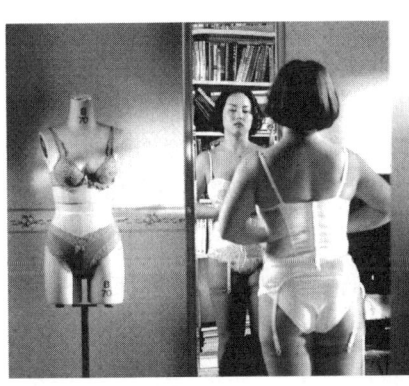

환의 집에서 망설이다가 관계를 갖는다. 그녀는 그를 확실히 잡으려고 코르셋을 입고 언니의 충고대로 다이어트를 시작한다.

자사의 속옷이 경쟁사 제품에게 밀리자 상무는 경쟁사로부터 미모와 실력을 겸비한 장

수인이라는 디자이너를 스카웃 해온다. 그녀는 도도한 자신감을 드러내고 상무는 흐뭇해한다. 새로운 기획에 바빠 선주와 이환은 만날 기회가 별로 없다. 횟집에서 회식 도중 생새우한 마리가 선주의 가슴속으로 들어가자 횟집 주인 한상우는 손을 넣어 덥석 끄집어낸다. 선주는 사과 받으러 그를 찾아가나 선우는 물탱크 고장으로 죽어 가는 생선 때문에 그녀의 사과 요구에 관심이 없다. 옥신각신 끝에 선주는 선우를 도와서 생선을 살리고 둘은 화해한다.

기획회의에서 파격적인 아이디어를 내놓은 장수인의 안이 채택되고, 장수인은 선주의 수석 디자이너 자리를 차고 앉는다. 선주의 절친한 친구이자 동료 디자이너인 미숙은 선주의 만류를 뿌리치고 사표를 낸다. 장수인과 한 팀을 이룬 이환은 선주에게 점점 냉담해진다.

크리스마스 이브, 이환에게 데이트 신청을 했으나 거절당한 선주는 술이 취해 선우의 횟집을 찾아간다. 그녀는 뚱뚱한 몸매로 인해 겪는 좌절감을 토로하고, 선우는 자신도 왼손잡이의 고통을 경험했기 때문에 그녀를 이해한다고 위로한다. 둘은 눈싸움을 하면서 친해진다. 집에 돌아가는 길에 선주는 장수인과 함께 차를 타고 가는 이환을 목격한다.

다음날 이환을 찾아간 선주는 그로부터 당신을 사랑한 적이 없으며 뚱뚱한 여자에 대한 호기심 때문에 데이트한 것뿐이라는 답을 듣는다. 선주는 꿈에서 어린 시절의 귀엽고 순진한 모습과 자신의 있는 그대로의 모습을 본 후 절망감을 극복하고 당당함을 되찾는다. 선주는 회사를 그만두고 미숙과 '우먼+프라이드' 라는 속옷 회사를 세우고 성공적으로 패션쇼를 개최한다. 선주와 상우는 결혼식을 올리고 하객들과 함께 속옷 차림으로

포즈를 취한다.

과거는 용서해도 못생긴 건 용서 못한다

이 말은 남성들 사이에 은근히 퍼져있는 우스개 소리지만 못생긴 여성들에게 이보다 더 세게 가슴에 못을 박는 소리는 드물 것이다. 우리는 잘생긴 사람을 좋아한다. 남녀노소를 불문하고 외모에 그토록 관심이 많은 이유는 바로 잘생겨야 남으로부터 호감을 얻을 수 있기 때문이다. 이 때문에 성형외과는 외모를 뜯어고치러 온 인파로 장사진을 이루고, 다이어트 산업은 대호황을 누리고 있으며, 대학의 패션 관련 과목은 수강생이 넘쳐나고 있다.

이 영화는 그리 잘 만들어진 영화라고 할 순 없지만 〈코르셋〉이라는 제목은 외적 가치에 집착하는 사회의 부정적 단면을 상징적으로 함축하고 있다. 구체적으로 말하자면, 이 영화는 여성을 외모로만 평가하는 남성의 왜곡된 시각과 그런 남성을 혐오하면서도 코르셋으로 몸을 꽉 조이며 살아가는 여성의 외모 콤플렉스를 그리고 있다. 오늘날 남성의 외모 역시 점점 중시되고 있지만 나중에 얘기하기로 하고 일단 여성의 외모에 한정해서 생각해보자.

사회심리학 강의시간에 학생들에게 이런 질문을 한 적이 있다. "현대는 과거에 비해서 못생기고 뚱뚱한 여성이 살기 좋아진 세상일까, 아니면 살기 힘들어진 세상일까?" 여러분은 어떻게 답을 하시겠나?

결과부터 말하자면 대학생들의 대답은 살기 힘들어진 세상이라는 쪽이 다수지만 살기가 더 좋아졌다고 대답하는 학생들도 상당수에 이른다. 사실 생각해보면 못생기고 뚱뚱한 여성이 살기 좋아진 측면도 있고, 살기 어려워진 근거도 있다.

살기 좋아졌다고 주장하는 측에서는 무엇보다 오늘날 성형의학이 발전하고, 각종 다이어트 식품이나 기법이 개발됨으로써 얼굴이나 몸매의 단점을 교정하여 얼마든지 매력적으로 보이게 할 수 있게 된 점을 든다. 주위를 돌아보면 요즘 여성들이 하나같이 다 미인인 것을 보더라도 이 주장이 맞는 것 같다. 그리고 현대는 사람마다 미에 대한 기준과 취향이 다양해서 '절대 추녀'는 없다는 말도 여성들에겐 위안이 된다.

그러나 못생긴 여성이 살기가 더욱 고통스러워졌다는 항변도 만만찮다. 이들은 요즘처럼 사람들이 외형적 가치를 숭상하고 외모에 대한 관심이 큰 시절이 없었음을 지적한다. 특히 여성들은 이구동성으로 남성들이 말로는 마음씨가 중요하다고 하지만 못생기고 뚱뚱한 여자는 거들떠보지도 않는다고 비난한다.

이렇다 보니 잘생기지 못한 여성들은 변변한 데이트 한 번 못해보는데다가, 성형이나 다이어트로 예뻐지려는 노력을 피나게 해야 하는 이중고에 시달림을 겪고 있다고 호소한다. 이 주장을 들으면 미인이 아닌 여성들의 고충이 이해가 되고도 남는다.

보기 좋은 떡이 먹기도 좋다(?)

태어난 지 6개월 밖에 안된 유아도 잘생긴 사람의 얼굴을 더 오래 쳐다본다는 연구 결과가 있다. 사람들은 잘생긴 사람을 왜 그토록 좋아하나? 심리학자들은 두 가지 이유를 든다. 첫째, 잘생긴 사람은 외모 이외의 다른 면도 다 좋을 것 같다고 생각되기 때문이다. 예를 들어 미인은 성격도 좋고, 머리도 좋으며, 집안 역시 좋을 것이라고 여기는 경향이 크다. 이런 경우처럼 한가지를 좋게 보면 다른 점들도 다 호의적으로 생각하는 경향을 후광효과(Halo Effect)라고 하는데, 특히 외모의 후광효과가 가장 강력하다.

'미인박명'이니 '인물값을 한다'느니 하는 미모의 가치를 깎아 내리는 전통적(?) 고정관념은 사실여부를 떠나서 미인 앞에선 맥을 못 춘다. 사람들은 잘생긴 사람이 못생긴 사람보다 모든 면에서 더 낫다고 믿기 때문이다. '미인박명'과 같은 미인에 대한 부정적 고정관념들은 미인을 질시하는 측에서 지어낸 말에 불과한 것일까?

동화 〈콩쥐팥쥐〉에서 콩쥐는 얼굴도 예쁘고 마음씨도 곱다. 반면에 팥쥐는 못생긴데다 욕심 많고 심술궂다. 〈백설공주〉나 〈신데렐라〉 등도 마찬가지다. 동서고금의 어린이들이 즐겨 읽는 동화의 주인공은 한결같이 예쁘고 착하게 그려져 있어 이런 영향으로 외모의 후광효과는 어릴 때부터 형성된다.

여기에는 매스컴도 한 몫 한다. 우리는 이제까지 뚱뚱한 여성을 인정 많고 후덕한 인상으로 보아왔다. 그러나 언제부턴지 TV 드라마에서 보는 뚱보 여성(대표적인 예가 탤런트 양○○ 씨)은 심술궂고, 날씬한 여자를 미워하며, 열등감에 사로잡혀 사사건건 시비를 거는 부정적 이미지로 고정관념화 되고 있다. 뚱뚱한 여성에게는 예쁘고 날씬한 여성과는 반대되는 부정적 후광효과가 작용하고 있는 것이다.

잘생긴 사람을 좋아하는 두번째 이유는 이른바 발산효과(Radiating Effect)로서 잘생긴 사람과 함께 있을 때 자신의 주가나 자존심이 상승되기 때문이다. 내가 팔등신 미녀와 팔짱을 끼고 뭇사람들 속을 다정히 걷고 있다면 그녀에게서 발산되는 광채(?)가 나에게 비춰져서 나 자신도 우쭐해지는 것이다.

이런 이유에서 실제로 미인들은 여러 가지 득을 많이 본다. 무엇보다도 남자들에게 인기가 있어서 멋진 남자를 골라잡을 수 있다는 것이 아마 가장 큰 혜택일 것이다. 그리고 미녀의 행동은 대개 선의로 해석된다. 〈코르셋〉에서 공선주의 말대로 미녀가 장학금을 받으면 '킹카'라고 하고 못생긴 학생이 장학금을 받으면 '독한 년'이라고 하는 세상이다. 미국의 법심리학자들은 판례연구를 통해서 동일한 죄를 지은 경우에 미인들이 그렇지 않은 피고에 비해서 더 관대한 형량을 선고 받고 있음을 확인하고, 판사와 배심원들에게 피고의 외모에 현혹되지 말 것을 당부하고 있다.

또한 미녀들에겐 더 많은 기회가 주어진다. 남녀 대학생을 대상으로 한 성한기의 조사(1996)에 의하면 자신의 외모에 자신감을 가지고 있을수록 대학생들은 더 많은 상대와 데이트를 했으며, 성경험도 더 많은 것으로 나타났다. 입사시험에서도 외모가 결정적인 역할을 하는 것은 이젠 공공연한 비밀이다. 사업을 하는 친구들이 나에게 가끔 사원이나 아르바이트생 추천을 부탁하곤 하는데, 예쁘고 상냥한 학생으로 못을 박는 노골적 요구부터 용모 단정한 학생을 원한다는 비교적 점잖은 경우까지 다양하지만 제일의 기준이 분명 외모임엔 틀림없다.

예쁜 여자는 무엇으로 사는가?

예쁘고 날씬한 여자가 그렇지 못한 여자보다 현실적으로 여러모로 유리하다는 얘기를 했다. 그러나 미녀에게도 아픔은 있고 문제는 생긴다. 두 가지를 지적하고자 하는데 아이러니컬하게도 둘 다 비로 그 미모 때문에 생기는 문제이다.

먼저, 남성의 진심을 알지 못해 혼란스러워 진다. 미녀에게는 많은 남자들이 접근한다. 그것도 꽤 괜찮은 남자들이 대부분이다. 그러나 미녀들은 남자들이 다가오는 이유가 진정으로 자신을 사랑하기 때문인지 아니면 단순히 성적 욕구로 인한 호기심 때문인지 구별하기가 쉽지 않다. 만일 자신이 정말 좋아하는 남자라면 이런 혼란은 그녀를 더욱 고통스럽게 할 것이다.

둘째, 미인들은 장기적 관계를 유지하는 데는 오히려 불리할 수 있다. 처음 본 상대에게 매력을 느끼게 만드는 결정적인 요인은 당연히 외모이다. 따라서 외모가 떨어지는 사람은 새로운 관계를 시작하는데는 잘생긴 사람보다 확실히 더 불리하다. 그러나 외모는 이성간의 초기 관계에서는 가장 중요한 요인이지만 관계가 지속될수록 중요성은 떨어지고 유사성이나 성격 등 다른 요인들이 더 중요해진다. 즉, 예쁘고 날씬한 외모는 기껏해야 만나는 순간 상대를 혹하게 만들뿐이어서 만남이 반복되면 외모에 습관화되어 어느새 무덤덤해지고 만다.

잘생긴 여자는, 다 그렇진 않겠으나, 미모 하나로 살아간다(잘생긴 남자도 마찬가지이지만). 무슨 말인가 하면, 미인은 어릴 때부터 예쁘다는 사실만으로 다른 사람들의 사랑과 인기를 한 몸에 받아왔다. 그러다 보니 외모 이외에 인간관계 기술이나 직업적 능력 등 사회생활에 필요한 여러 자질을 개발하는데 비교적 소홀해진다. CF모델로 활동하는 한 유명 코미디언의 부인이 미인인데다 예상외로 살림솜씨도 대단한 것으로 밝혀지자 세간에 칭송이 자자한 사실이 이를 역설적으로 입증해준다. 반면에 외모에 자신이 없는 여성들은 남들에게 인정받기 위해서 능력을 기르고 소질을 개발하는데 상대적으로 더 많은 투자를 한다.

결혼생활이나 직장생활과 같은 장기적 관계에서는 외모보다는 이해심, 희생정신, 봉사심, 기타 대인관계기술 등을 포함하는 '내면의 아름다움'이 더 중요하다. 따라서 외모 덕분에 별다른 노력 없이 대접만 받아온 사람들은 처음에는 환영받을지 몰라도 장기적 관계에서는 적응하기가 더 어려워 질 수도 있다.

외모의 효과는 오래가지 않는다. 외모의 영향력이 사라지면 장기적 관계 유지에 요구되는 자질을 개발하지 못했던 미녀들은 더 이상 상대에게 매력적인 이성으로 존재하지 못한다. 그러나 미녀이든 못생긴 여성이든 이런 자질들을 상대적으로 더 많이 쌓은 여성들은 이때부터 진정한 매력을 발휘하게 되고 둘 사이의 관계는 더욱 돈독해진다. 그러고 보면 조물주는 참 공평한 것 같다.

외모지상주의에 고함

여성에게 있어서 체중은 곧 자존심이다. 한 조사에 의하면 우리나라 여성의 80% 정도가 자신의 신체에 불만을 갖고 있다고 한다. 대다수의 여성이 날씬해야 한다는 강박관념에 사로잡혀 있는 것이다.

외모에 전혀 무시경한 사람을 답답하게 여기듯이 외모에 대한 어느 정도의 관심은 바람직한 일일 수 있다. 그러나 요즘처럼 정도가 지나치면 개인적으로나 사회적으로 큰 손실이 아닐 수 없다. 외모를 고치기도 쉽지 않고 살빼기도 여간 어려운 일이 아니기 때문에 외모에 대한 고민은 평생 없어지지 않고 심리적으로 우울하게 만든다. 무리한 다이어트는 경제적 손실을 가져다 줄 뿐 아니라 신체적 이상을 초래하기도 한다. 게다가 외모에 온 신경을 쏟느라 다른 자질을 개발하는 데 등한시하게 되므로 개인적으로 2중 3중의 손해를 입는 셈이다. 많은 사람들이 이러고 산다면 사회적 손실은 말할 필요가 없을 것이다.

공선주는 몸매로 여성을 평가하는 세상의 편견을 바꾸지는 못했으나, 자신의 있는 그대로의 모습을 받아들이고 사랑함으로써 외모 콤플렉스로부터는 벗어날 수 있었다. 이처럼 '그래! 이것이 나다' 라는 당당함은 외모의 결함을 보상해주고도 남음이 있다. 자기발견, 이것 이야말로 껍질을 깨고 다시 태어나는 계기이자 세상을 바꾸는 첫 걸음이기도 하다.

재미있는 것은 여성이 남성의 매력을 판단하는 기준이 과거와는 많이 달라져서 여성도 남성의 외모를 점점 더 중시하고 있다는 점이다. 키만 크면 만족하던 여성들이 이제는 꽃처럼 예쁜 꽃미남을 선호하고 있다. 외모라는 남성의 잣대에 시달려온 여성의 보복이랄까 바야흐로 남성도 잘생겨야 여성의 눈길을 받는 시대가 되었다. 남성들이 여성들에게 씌웠던 코르셋의 멍에를 이제는 남성이 물려받게 된 것이다.

인형의 집으로 오세요(Welcome to the Dollhouse)

생사람 잡지 마세요

1996년 미국 작품
감독: 토드 솔론즈(Todd Solondz)
주연: 헤더 마타라쪼(Heather Matarazzo) 브랜든 섹스턴 주니어
(Brandon Sexton Jr.)
심리학 키워드: 집단따돌림

줄거리

　　못생기고 뚱뚱한 여중생 돈 위너는 학교친구늘로부터 레즈비언이라고
따돌림과 괴롭힘을 받고 선생님으로부터도 골치 아픈 존재로 인식된다.
게다가 집에서도 여동생 미씨만 싸고도는 부모님과 컴퓨터에만 매달려
있는 오빠로부터 핀잔을 듣기 일쑤다. 외톨이 돈에게는 이웃에 사는 초등

학생 랄프만이 유일한 친구이
다. 돈은 학교에서 당한 대로
미씨를 괴롭혔다가 미씨는 엄
마에게 일러바치고 돈은 벌을
받는다. 그 후 돈은 동생을 증
오하면서 인형의 목을 칼보 사
른다.

　　돈은 오빠 친구인 바람둥이

스티브를 짝사랑해서, 그를 위해 마당에 작은 클럽하우스를 만들고 호감을
사려고 하지만 스티브는 돈이 안중에도 없다. 불량기가 있는 동급생 브랜든
은 돈을 강간하겠다고 위협하다가 둘은 점차 친해진다. 돈의 엄마는 결혼
20주년 파티를 위해 너저분한 클럽하우스를 없애려 하고, 돈이 이를 거부하
자 밥을 굶긴다. 클럽하우스는 강제로 헐리고 많은 사람들의 축하 속에 즐
거운 파티가 열린다. 그 날 돈은 스티브에게 애인이 있다는 것을 알고 울적
해진다. 돈은 파티장면을 녹화한 비디오테이프를 부숴 버린다.

미씨에게 무용연습을 마치면 친구네 차를 타고 오도록 전하라는 엄마
의 부탁을 돈이 깜박하는 바람에 미씨가 실종된다. 경찰이 수사에 나서고
돈의 아버지는 충격으로 쓰러진다. 이 일로 돈은 가족들로부터 더욱 미운
털이 박힌다. 브랜든을 만나러 간 돈은 그가 마약거래혐의로 소년원에 가
게 되었음을 알게 되고, 브랜든은 소년원에 가기 싫어 도망친다.

미씨의 무용복이 뉴욕에서 발견되자, 돈은 미씨를 찾으러 무작정 뉴욕
으로 간다. 거리를 헤매다 쓰러져 잠이든 돈은 미씨를 찾는 꿈을 꾼다. 오
빠와 통화한 돈은 미씨가 무사히 돌아왔다는 것을 알고 집으로 돌아온다.
돈은 학교 강당에서 모든 사람들이 염려해준 덕분에 동생을 찾을 수 있었
다고 감사의 연설을 한다. 강당을 메운 급우들은 그 순간에도 돈을 조롱
하고, 반대로 미씨는 더욱 귀여움을 받는다.

우리는 그녀를 '왕따' 라 부른다

학교폭력과 집단따돌림이 사회문제화 되면서 〈인형의 집으로 오세요〉는 내가 학생들에게 부과하는 '심리학적 관점에서 영화 읽기' 과제의 단골 리스트에 들어 있다. 이 영화를 보고 난 학생들의 첫 마디는 대체로 "분노가 치밀어 오른다" 거나 "가슴이 답답하다" 라는 말이다. 자식의 심정을 헤아리지 못하고 동생만 편애하는 돈의 엄마에게 분노를 터뜨리는 것이며, 되는 일없이 당하기만 하는 돈에게 답답함을 느끼는 것이다.

이 영화는 절망적인 10대를 통과해 가고 있는 한 소녀의 성장기로서 학교와 집에서 집단따돌림, 이른바 왕따 당하는 소녀의 비참한 일상을 사실적으로 보여주고 있다. 집단따돌림이란 한 학생이 다수의 다른 학생들로부터 반복적이고 지속적인 언어적, 신체적 폭력 및 소외를 당하는 현상을 말한다. 돈은 왕따돌림의 피해자이고, 돈 주변의 모든 인물들, 즉 부모형제, 급우들, 선생님 등은 가해자이다. 영화에서는 돈이 따돌림당하는 원인을 주변 인물들에게 돌리는 듯이 보이나, 돈을 주변머리 없고 못생긴 소녀로 설정함으로써 은근히 돈 자신의 문제도 있음을 비치고 있다.

사실 돈은 귀여운 구석이라곤 별로 없는 인물이다. 무뚝뚝하고 융통성 없는 성격에다 아줌마처럼 뒤뚱거리는 걸음걸이. 거기다가 뚱뚱한 몸매에 안 어울리는 꽉 끼는 꽃무늬 옷 그리고 알이 큰 안경까지.

사춘기 소년 소녀답게 갖가지 멋을 부리는 친구들이나 귀엽고 예쁜 동생 미씨에 비하면 확실히 돈은 촌스러워서 친구들이 좋아할 리 없고 부모 마음에 차지 않을 수도 있다.

그러나 문제 학생 뒤에는 언제나 문제 부모가 있다. 돈이 집단따돌림의 희생자, 이른바 왕따가 된 데는 돈 자신의 외모나 성격적 결함보다는 엄마를 비롯한 가족들의 냉대와 차별이 근본적인 원인이다. 즉, 가족의 멸시로 말미암아 돈은 성격적으로 위축되어 환경에 적응하는 데 어려움을 느낀다. 친구들은 이런 돈을 외면하며 놀리게 되고, 이럴수록 돈은 더욱 위축되고 가족의 냉대도 계속되는 악순환이 반복된다. 의지할 데라고는 없는 사면초가의 사춘기 소녀 돈이 탈선하거나 자살하지 않은 것이 기특하다는 생각이 들 정도다.

"선생님! 왜 생사람을 잡으세요? … 여러분들 저의 억울함을 풀어주세요." 1998년 11월 18일 경남 진주의 한 초등학교 6학년 여학생이 2달간 선생님과 친구들로부터 선생님의 핸드폰을 훔친 누명을 쓴 채 따돌림을 당하다 감기약 50알을 삼키고 자살하며 남긴 유서이다. 욕하고 놀리는 쪽에서는 재미로 그럴 수도 있고 금방 잊어버릴 수 있겠으나, 당하는 사람에게는 당시의 괴로움은 물론이거니와 평생 지울 수 없는 상처로 남는 것이다.

이렇게 한 인간을 죽음으로까지 내모는 집단따돌림에 대한 국내의 여러 조사연구를 종합해보면 30 ~ 40%의 청소년이 왕따 당한 경험이 있으며, 35 ~ 45%의 청소년이 왕따 시킨 경험이 있는 것으로 나타나고 있다. 그리고 70% 이상의 학생이 자기 반이나 학교에 왕따가 있다

(그러나 교사의 75%는 자기 반에 왕따가 없다)고 응답하여 교육현장에서 집단따돌림이 심각한 수준에 이르렀음을 보여준다. 동아일보(2000년 12월 9일자)의 조사에 의하면 초 · 중 · 고생들이 학교생활에서 겪는 가장 큰 문제로 학교폭력과 함께 집단따돌림을 꼽고 있다.

사실 어느 집단이나 조직에도 왕따현상은 발견된다. 군대에서 어리 벙벙하고 나약한 병사를 소위 '고문관'이라고 부르며 놀리는 일이나 직장이나 주변에서 '괜한 사람 바보 만들기'는 흔히 겪는 일이다. 그러나 성인은 이런 일을 감내할 수 있을 정도로 자아가 성숙한 데 비해서 청소년은 그렇지 못하기 때문에 왕따의 피해는 청소년들에게 더욱 치명적일 수밖에 없다. 그리고 우리나라에서는 대부분 같은 지역 내에서 초 · 중 · 고등학교를 계속 다니기 때문에 한 학생이 초등학교 때 따돌림을 당했다면 청소년기 전반에 걸쳐 그런 패턴이 그대로 유지될 위험이 매우 크다.

누가 왜 그리고 어떻게 당하나?

"사람들은 어린 시절이 행복했다고 한다. 하지만 지금은 그 지옥에서의 시절을 잊을 수 있기에 그렇게 말하는 것이다." 이 영화의 마지막을 장식하는 자막이다. 그리고 해피엔딩을 보여주지 않음으로써 우리의 가슴을 더욱 아프게 한다. 이런 피해를 당하고 있는 피해자가 얼마나 분하고 고통스러울지 과연 우리는 어느 정도 공감할 수 있을까?

집단따돌림 행위는 상대 안하고 무시하기(이를 청소년들의 은어로 '생깐다'라고 한다), 욕하거나 놀리기, 시비 걸기, 학용품이나 숙제 숨기기, 장난을 빙자한 차거나 때리기, 약점 들추기, 거짓 소문 퍼뜨리기 등 다양한 형태로 나타난다. 어린 학생이 이런 일들을 여러 명으로부터 매일 매일 숨돌릴 틈 없이 무차별적으로 당하고 있다고 생각해 보라. 아마 어른들도 견디기 어려울 것이다.

누구나 왕따가 될 수 있다. 그렇지만 여러 조사결과를 보면 왕따가 되기 쉬운 학생들의 특징으로 내성적이고 자기주장을 못한다, 놀리거나 괴롭혀도 가만히 있다, 어벙해 보인다, 외모나 목소리가 특이하다, 잘난 척하고 이기적이다, 교사가 편애하거나 고자질을 잘한다, 잘 씻지 않거나 복장이 지저분하다, 옷차림이나 유행어와 같은 또래집단의 문화에 잘 어울리지 못한다 등 다양하게 나타나고 있어서 어떤 학생이 왕따가 될지 예측하기는 쉽지 않다.

집단따돌림의 발생원인으로는 다음과 같은 세 가지를 들 수 있다.

첫째, 또래들과의 비유사성이다. 청소년들은 아동기의 무조건적 교우관계에서 벗어나 선택적으로 친구를 사귀는데, 친구선택의 중요한 기준은 유사성이다. 따라서 외모, 가정형편, 학업성적 또는 여러 행동이나 관심사 등에서 자신들과 유사하지 않은 친구에게는 거부반응을 보이고 심하면 따돌리게 된다.

둘째, 집단의 동조압력이다. 청소년들은 죽이 잘 맞는 또래와 응집력이 강한 집단을 형성하고, 이 또래집단은 각 구성원들에게 자기정체감을 부여하는 중요한 원천이 됨과 동시에 구성원들에게 강력한 동조압력을 행사한다. 따라서 집단규범에 동조하지 않고 독자성을 고집하는 구성원은 따돌림의 표적이 된다.

셋째, 희생양 만들기로서 사람들은 자신의 부족감이나 불안을 경감시키고 자존심을 보호하려는 방안으로 흔히 만만한 약자를 골라서 비방하고 공격한다. 이러한 행위가 집단적으로 이루어질 때 왕따가 발생하는 것이다.

왕따 벗어나기

청소년폭력예방재단(1999)에서 펴낸 '왕따 극복하기 지침서'에는 이 문제를 해결하기 위한 유용한 방안들이 제시되어 있어 몇 가지를 소개한다.

먼저, 자녀가 다음과 같은 행동을 보인다면 학교에서 집단따돌림으로 괴로움을 겪고 있을 가능성이 있으므로 부모들이 주의깊게 보살필 것을 권유하고 있다.

① 전학을 보내달라고 하거나 자퇴하고 검정고시를 보겠다고 한다.

② 말수가 적어지고 혼자 있는 시간이 많아진다.

③ 등교하는 것을 매우 힘들어하며 지각을 자주 한다.

④ 학용품이나 소지품이 자주 없어지거나 파손되는 경우가 많다.

⑤ 전화가 자주 오고 전화에 민감하며, 전화 받은 후 우울해하거나 안절부절 한다.

⑥ 예전보다 용돈을 자주 요구하거나 예전에 없던 도벽이 생겼다.

⑦ 노트나 연습장에 '학교 가기 싫다', '죽고 싶다' 등의 낙서가 보인다.

⑧ 친하게 지내던 친구들과 교류가 끊어진다.

⑨ 화를 내지 않아도 될 상황에서 화를 내거나 공격적인 행동을 보인다.

자녀가 왕따 당하고 있다면 다음과 같은 방법으로 지도하는 것이 바람직하다.

① 자녀를 비난하지 말고 용기를 준다.

② 피해 사실을 알았을 때 당황하지 말고 침착하게 행동하며 문제를 해결해 줄 수 있다는 믿음을 준다.

③ 따돌림을 하는 문제 학생이나 부모를 직접 만나지 않는 것이 좋다. 가해자나 부모를 만날 경우 감정적인 대응을 하기 쉽고 그렇게 되면 문제해결은 더 어려워진다.

④ 담임을 통해서 사실 확인을 하고, 가해자와 부모로부터 사실을 인정하고 사과하도록 하며 다시는 따돌리지 않겠다는 각서를 받는다.

⑤ 자녀가 등교를 거부하고 강력하게 전학을 요구할 경우는 문제가 해결된 후 전학을 고려하는 것이 좋다.

⑥ 문제가 해결된 후 상담전문가나 의사로부터 전문적 치료를 받아서 빨리 적응할 수 있도록 도와주어야 한다.

한편, 청소년 스스로 왕따를 극복하는 방법도 다음과 같이 제시하고 있다.

① 나의 언행을 돌이켜보고 왜 따돌림을 당하게 되었는지 생각해본다.

② 원인을 알 수 없는 경우 따돌리는 학생에게 이유를 물어본다.

③ 자신도 모르게 실수했을 경우 먼저 사과한다.

④ 따돌리는 친구가 욕하거나 괴롭힐 때 울거나, 화를 내거나 힘들어하는 표정을 짓지 말고 웃으며 상냥하게 대한다.

⑤ 따돌리는 친구들에게 지속적으로 편지나 전화로 힘든 상황을 전달하여 마음의 문을 열도록 끈기 있게 노력한다.

⑥ 지속적으로 따돌림을 당할 경우 나에게 호의적인 친구나 반에서 인기 있는 친구를 찾아 친해지도록 한다.

⑦ 친구들과 유사하게 행동하고 생각하도록 노력한다.

⑧ 자신의 힘이 부족할 경우 주변의 믿을 만한 사람에게 도움을 청한다.

집단따돌림에 관한 광범위한 조사를 통해 이춘재·곽금주(2000) 교수는 왕따 현상을 근절하기 위한 방안으로 장기적이고 심층적 연구를 위한 정부의 지원, 집단따돌림 예방프로그램 개발, 학교·교사·부모를 대상으로 교육 실시, 매스컴의 자율적 보도제한, 각 분야 전문가로 연구팀을 구성할 것 등을 제시하였다.

정글 피버(Jungle Fever)

잡을 수 없는 손, 흑과 백

1991년 미국 작품
감독: 스파이크 리(Spike Lee)
주연: 웨슬리 스나입스(Wesley Snipes) 애나벨라 시오라(Annabella
　　　Sciorra) 스파이크 리 (Spike Lee) 존 터투로(John Turturro)
　　　사무엘 잭슨(Samuel Jackson)
심리학 키워드: 편견, 내집단 편애, 인종차별, 지역감정

줄거리

　　뉴욕의 흑인 거주지역 할렘에서 행복한 가정을 이루고 사는 흑인 플리
퍼는 이른 아침 아내와 섹스를 즐기고 그의 딸 밍은 엄마의 신음소리에
잠을 깨지만 자는 척 한다. 건축회사의 유능한 간부인 그는 밍을 학교에
데려다 주고 출근한다. 이태리계 백인인 앤지가 새 비서로 들어오자 플리
퍼는 왜 흑인 비서를 채용하지 않았냐며 사장에게 항의하지만 그대로 쓰
기로 한다. 앤지는 홀 아버지와 두 남동생을 부양하며 어렵게 산다. 플리
퍼와 앤지는 점점 가까워지고 어느 날
밤 그들은 사무실에서 정사를 나눈다.

　　앤지의 남자친구 폴리의 잡화점에
모인 친구들은 흑인에 대한 편견을 줄
줄이 늘어놓고 폴리는 반박한다. 회사
에 큰 기여를 해 온 플리퍼는 사장에게

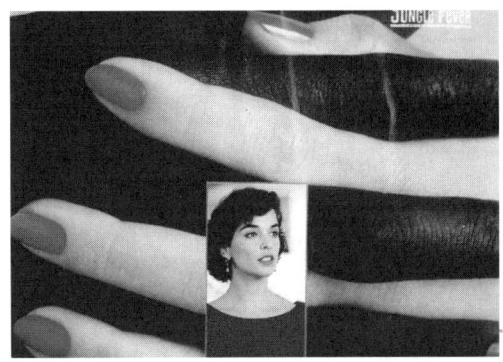

승진시켜줄 것을 요구하지만 거절당하자 사표를 낸다. 그 날 밤 그는 친구인 고교교사 사이러스를 공원으로 불러내 사직한 사실과 백인 여자와 정을 통한 사실을 고백한다. 그 시간에 앤지 역시 친구들에게 흑인 남자를 사귄다고 밝히자 친구들은 기겁한다.

플리퍼는 식당에서 흑인 웨이트리스로부터 백인과 사귄다고 핀잔을 듣는다. 그의 집 앞에는 바람피우는 사실을 안 아내가 그의 소지품을 밖으로 집어던지며 한바탕 소동이 났고, 그는 부모가 사는 집으로 쫓겨온다. 그는 아내의 직장으로 찾아가 이해를 구하지만 아내의 단호한 태도는 변함이 없다. 폴리를 찾아가 작별을 고하고 집으로 돌아온 앤지는 흑인과 만나는 것을 알게된 아버지로부터 심한 폭행을 당한다.

플리퍼와 앤지는 아파트를 구해서 동거한다. 그는 앤지를 부모에게 데려와 인사를 시키지만 목사였던 아버지는 그녀를 냉정하게 외면한다. 폴리는 가게에서 매일 신문을 사는 인텔리 흑인여성 오린에게 매력을 느끼고 데이트 신청한다. 오린을 만나러 가던 폴리는 욕을 하며 따라오는 친구들과 싸움을 벌이고 그녀는 그를 따뜻하게 맞아준다.

깊이 살면서도 넘지 못힐 어떤 벽이 있음을 점점 느끼던 플리퍼와 앤시는 사랑이 아니라 단지 서로에 대한 호기심이었을 뿐이라고 하면서 헤어진다. 플리퍼의 형이자 마약중독자인 게이터는 엄마에게 돈을 내 놓으라고 행패를 부리다 아버지가 쏜 총에 맞아 숨진다. 플리퍼는 아내와 화해의 섹스를 나누고 밍은 그 소리를 들으며 빙그레 미소를 짓는다.

흑인 영화의 기수, 스파이크 리

이 영화를 관통하는 주제는 인종편견이다. 미국 영화에서 흑인과 백인간의 사랑은 금기시 되고 있으나 이를 정면으로 들고나와 인종차별의 문제를 고발하고 있다. 이 영화에서 다루고 있는 백인여자와 흑인남자간의 정사는 흑인여자와 백인남자간의 정사보다 특히 더 강하게 거부된다. 이 영화를 제외하고 흑인과 백인이 사랑에 빠져 성관계를 갖는 영화를 본 기억이 있는가?

아마도 없을 것이다. 흑백 남녀 케빈 코스트너와 휘트니 휴스턴이 나온 〈보디가드 Bodyguard〉나 줄리아 로버츠와 덴젤 워싱턴이 공연한 〈펠리칸 브리프 The Pelican Brief〉를 돌이켜 보자. 두 영화에서 남녀 주인공들은 함께 죽음의 위기나 난관을 힘겹게 극복한다. 이럴 경우 우리가 익히 보아온 헐리웃 영화들에서는 두 남녀가 사랑에 빠지고 뜨거운 정사를 갖는 것이 공식이다. 그러나 피부색이 다른 두 남녀가 짝을 이룬 이 영화들에서는 고작해야 가벼운 키스나 포옹으로 끝을 맺음으로써 규범적으로 금지된 선을 넘지 않는다.

흑인과 백인간의 사랑을 영화로 다루어선 안 된다는 법은 없지만 거의 제작되지 않는 이유는 간단하다. 흥행이 안되기 때문이다. 이런 영화가 흥행이 안 되는 이유는 말할 것도 없이 미국사회의 뿌리깊은 인종편견 때문이다. 흑인을 천시하고 자기들끼리만 교류하는 백인들이 이런 영화를 달가워할 리가 없는 것이다. 더구나 천한 흑인남자가 백인여자를 데리고 노는(?) 영화를 보기 위해 백인들이 지갑을 열 리는 만무하다.

〈정글 피버〉의 감독이자 플리퍼의 친구 사이러스로 출연한 스파이크 리는 이런 금기에 정면으로 맞서고 있다. 그는 흑인 입장에서 흑인문제를 본격적으로 다룬 최초의 영화인으로서 영화계 블랙 파워의 기수라고 할 수 있다. 중산층 가정에서 태어나 엘리트 코스로 영화교육을 받은 그는 백인 중심의 영화제작 및 배급시스템을 거부하고 주로 흑인자본으로 영화를 만들었다. 대표작이라고 할 만한 〈똑바로 살아라 Do The Right Thing〉, 〈말콤 X Malcolm X〉를 비롯해 그가 만든 대부분의 영화는 흑인과 백인간의 편견과 불평등구조를 직설적으로 표현하고 흑인사회 자체의 문제점을 꼬집는다.

스파이크 리는 그의 영화를 통해 인종편견의 문제를 비타협적인 자세로 풀어나간다. 〈정글 피버〉에서 그는 플리퍼와 앤지로 하여금 결국 사랑한 것이 아니고 호기심이었을 뿐이라는데 동의하고 서로 갈라서게 함으로써 백인과 손을 맞잡기를 유보한다. 그리고 플리퍼의 완고한 아버지가 마약에 찌든 부랑자인 장남을 죽임으로써 단죄하는 장면은 그가 플리퍼의 백인 애인을 받아들이지 않는 것이 옹졸한 처사가 아니라 정당하고 흑인의 자존심을 지키는 일이었다는 메시지를 우회적으로 전해준다.

다수이자 더 강한 힘을 지닌 백인이 손을 내밀지 않는데 구차하게 흑인이 먼저 손을 내밀 필요가 없다고 생각하는 것이다. 흑인 지도자 말콤 X의 전기 영화 〈말콤 X〉의 마지막 자막에는 또 다른 흑인 지도자 마틴 루터 킹 목사의 말과 말콤 X의 말이 함께 뜬다. 킹 목사는 비폭력 정신으로 흑인들을 이끌어 온 반면에 말콤 X는 선동가였다. 스파이크 리는 자신의 입장을 명시적으로 밝히진 않았지만 그가 만든 일련의 영화에는 아래 글과 같은 말콤 X의 사상이 짙게 배어 있음을 쉽게 알 수 있다.

"세상에는 두 종류의 인간이 있다. 하나는 선인이고, 하나는 악인이다. 악인이 선인을 해치려고 폭력을 행사할 때 그것을 용인한다면 세상은 악의 세계가 되고 말 것이다. 우리는 폭력에 대해서 자기방어를 해야 한다. 나는 자기방어를 위한 폭력은 반대하지 않으며, 폭력이 자기방어를 위한 것일 때 나는 그것을 지혜라 부른다."

Chocolate City, Vanilla Suburbs!

우리나라에서는 지역편견이 고질병으로 남아 있지만 인종편견은 여성편견과 더불어 지구상에 존재하는 가장 심각한 편견이다. 편견이란 어떤 집단이나 그 구성원에 대해서 근거 없이 부정적으로 평가하는 것을 의미한다. 편견을 지니게 되면 그 사람의 사고나 행동에 지대한 영향을 준다. 예를 들어, 흑인에 대한 편견을 지닌 백인은 흑인과 백인이 싸울 때 흑인의 잘못이라고 판단하며, 흑인과 사귀거나 혼인하기를 꺼린다.

미국에서 인종편견은 1954년 흑백분리학교가 불법이라는 대법원의 혁명적 판결이래 꾸준히 감소되어 왔으나, 백인들 사이에 여전히 잠재해 있다. 백인들은 편견이 없어지고 흑인도 백인과 동등한 대우를 받아야 한다는 일반원칙에는 대체로 동의하지만 이를 위해 구체적 방안을 실천하는데는 미온적이다. 〈정글 피버〉에서도 플리퍼의 백인상사들은 평소에는 그와 친하게 지내다가 결정적인 순간에는 등을 돌리며, 폴리의 가게에 모인 백인남자들은 예쁘고 섹시한 흑인여자에게 흥미를 느끼지만 남의 이목에 신경이 쓰여 접근하지 못한다.

그리고 백인들은 아직도 흑인들과 거리를 유지하고 자기들끼리 어울린다. 그러나 보니 도시 내에서 흑인거주지역과 백인거주지역이 확연히 구분된다. 몇 년 전 지붕 없는 2층 버스를 타고 뉴욕시내를 관광한 적이 있다. 대표적인 흑인거주지인 할렘에 이르렀는데 낡고 보기흉한 건물들이 죽 늘어서 있고 생기가 없이 무거운 분위기가 감도는 거리가 세계경제와 문화예술의 중심지 맨해턴의 한 가운데에 있다는 사실이 믿어지지 않을 정도였다. 버스기사가 구경할 사람은 내리라고 했지만 아무도 꿈쩍하지 않자 버스는 곧바로 다른 행선지로 향했다.

흑인과 백인의 거주지역이 달라지는 과정을 조사한 흥미로운 연구가 있다. 사회심리학자 팔리(Farley)와 그의 연구팀은 미국 디트로이트 시민들을 대상으로 조사한 결과, 백인들은 대체로 자기들끼리 살기를 원하는 반면에 흑인들은 백인이 사는 동네에 함께 섞여 살기를 원한다는 것을 알았다. 그리고 자기 동네에 한 가구라도 흑인이 이사 오면 다른 동네로 이사가겠다는 백인이 7%이었고, 흑인이 세 가구가 되면 집을 옮기겠다는 백인은 무려 30%로 늘어났다.

결국 흑인들은 백인과 같은 동네에 살기를 원하므로 기를 쓰고 백인동네로 올 것이고, 백인들은 자기들끼리 살기를 바라기 때문에 흑인이 이사오면 다른 동네로 나가게 된다. 이런 과정으로 애초에 도심에 자리잡고 살던 백인들이 흑인이 점차 유입되자 하나둘씩 교외로 옮기게 된 결과, 팔리의 지적대로 이제 대부분의 미국 대도시에는 도심은 초콜릿색깔의 흑인들이, 교외는 바닐라색깔의 백인들이 살게 되었다.

생기기는 쉬우나 없애기는 어려운 편견

편견은 당시의 문화적 현실을 반영하는 일종의 사회적 규범으로서 사회화과정을 통해서 생애 초기에 학습된다. 부모나 또래친구 또는 대중매체는 편견을 전파하는데 가장 중요한 영향원이다. 아버지가 무심코 내뱉는 특정지역 주민에 대한 부정적인 말은 자녀에게 지역감정을 가르치는 셈이고, 친구들이 여자를 얕보고 무시한다면 자신도 여성편견을 갖기 쉽다. 그리고 TV 드라마에서 여성은 주로 가사에 전념하는 역할로 등장한다든지, 경상도 사투리를 쓰는 인물들은 모두 비슷한 성격을 지닌 것으로 묘사한다면 여성이나 경상도 사람에 대한 고정관념을 심어주게 되는 것이다.

편견이 생기는 원인은 여러 가지다. 팔레스타인과 이스라엘의 영토 싸움과 같이 한정된 자원이나 공유할 수 없는 어떤 목표를 놓고 두 집단이 경쟁하게 되거나, 제국주의 일본이 조선 침략을 합리화하기 위해서 조선 민족은 자립능력이 없다고 우리 국민성을 왜곡한 것처럼 편견은 그럴듯한 이유가 있으면 생긴다.

그러나 아무 이유가 없어도 심각한 편견이 생길 수 있다. 사람들은 다른 사람들을 볼 때 개인별로 구분하기보다는 집단이나 범주로 한데 묶어 지각한다. 거리에 한 무리의 사람들이 걸어가고 있다면 우리는 자동적으로 남자와 여자, 또는 잘생긴 사람과 못생긴 사람 등으로 범주화한다. 이렇게 타인들을 범주화하며 개개인의 특징을 보지 못하고 그 범주에 포함된 모든 구성원을 획일적으로 지각하게 된다. 만일 그 범주가 부정적으로 지각된다면 편견이 조장되는 것이다.

특히 타인들을 '우리'와 '남들', 즉 내집단과 외집단으로 구분하면 애향심이나 애국심의 경우에서 보듯이 자신이 속한 집단을 다른 집단보다 무조건 더 좋아하게 된다. 초등학생들에게 물어보더라도 옆 동네의 초등학교보다 자기가 다니는 학교가 무조건 더 좋다고 대답한다. 이 현상을 내집단편애(Ingroup Favoritism)라고 한다. 팔은 안으로 굽는다고 내집단을 편애하면 자연히 외집단을 차별하게 되고 내-외집단 간에 갈등과 편견이 생길 수밖에 없다. 이와 같이 편견은 인간의 범주화 경향으로 인해 특별한 이유 없이도 발생한다.

미국의 심각한 인종갈등은 편견을 감소시킬 수 있는 방안에 관한 연구에 엄청난 투자를 하도록 만들었다. 그러나 그토록 오랜 세월동안 수많은 연구자들이 천문학적인 경비를 들여 연구했건만 인종편견은 여전하다. 혹자는 인종문제는 아프리카에서 노예를 끌고 온 미국인의 원죄로서 영원히 풀리지 않을 것이라고 경고하기도 했다.

그렇지만 포기하거나 물러설 수는 없지 않은가? 지금까지 편견과 갈등을 해소하는데 가장 효과적이라고 알려진 방법은 적대적인 두 집단 간에 접촉을 늘이는 것이다. 왜냐하면 두 집단이 자주 만나게 되면 상대집단에 대한 부정적인 고정관념과 일치하지 않는 정보들을 접할 수 있기 때문에 고정관념이 희석되고 호감이 증가될 수 있다.

과거 미 대법원이 흑백 아동이 함께 학교에 다니도록 결정하자 백인부모들은 흑인과 백인을 분리해 놓아도 문제가 많은데 합치면 훨씬 더 골치아픈 문제가 생길거라면서 강력하게 반대하였다. 그러나 우려와는 달리 자유로이 접촉하게 한지 수 십 년이 지난 지금 인종편견은 남아 있긴 하지만 상당히 감소한 건 사실이다.

하지만 편견을 지닌 두 집단이 접촉한다고 무조건 편견이 줄어드는 것은 아니다. 사회심리학자들은 접촉하되 다음과 같은 네 가지 조건이 충족되어야 한다고 강조한다. 첫째, 일회성이나 형식적인 접촉보다는 지속적이고 긴밀한 접촉이 되어야 한다. 둘째, 공동 목표를 달성하거나 공동 위협에 대처하는 형식으로 협동적 상호의존이 이루어져야지 친선축구대회와 같은 경쟁적 접촉은 금물이다.

셋째, 두 집단이 동등한 지위를 가지고 접촉해야 한다. 군대에서는 팔도 사나이들이 다 모여 긴밀하고 협동적인 생활을 하지만 지역감정이 쉽게 사라지지 않는 이유 중 하나는 군대가 엄격한 계급사회여서 대등한 위치에서 접촉하는 것이 어렵기 때문일 것이다. 넷째, 사회의 전반적 분위기도 평등이나 편견타파를 지지해야 효과적이다. 학교에서는 흑인과 사이좋게 지내라고 하지만 부모나 주변 사람들은 한결같이 흑인과 같이 놀지 말라고 말린다면 편견은 없어지기 어렵다.

우리가 남이가?

우리 나라로 눈을 돌려 지역감정, 즉 지역편견 얘기를 좀 해보자. 지역감정은 정치인들에 의해 정략적으로 악용되면서 갈수록 심화되어 국민화합의 걸림돌이 되고 있다. 선거철만 되면 더욱 극심해서 여야를 막론하고 '지역감정 책임 공방'에서부터 '영남정권 재창출', '곁불 쬐는 충청도', '경기도는 정치식민지'까지 치졸한 원색발언들이 쏟아지곤 한다.

두 집단 간에 갈등이 있으면 각 집단구성원들로 하여금 개인적 이해와 관계없는 사항에 대해서도 관계 있는 것으로 오판하게 만들며, 상대 집단의 행위가 자신의 불이익을 목표로 하는 것 같은 착각에 빠지게 한다. 이러한 착각은 상대 집단에 대한 적대감과 차별 행동을 불러일으키고, 적대적 차별을 당한 상대 집단은 동일한 적대행위로 대응하면서 집단 간의 갈등은 확대 재생산된다.

지역감정이 심화된 과정도 이와 유사하다고 볼 수 있는데, 그 책임
은 거의 전적으로 정치인에게 있다. 대선에 출마한 후보자들이나 총
선에 나선 정당들은 서로 다른 지역적 지지기반을 가지고 있으며, 이
를 무기로 다른 지역 연고를 가진 인물이 당선되면 지역 주민들이 마
치 큰 손해를 입을 것처럼 선동하여 타지역 출신 후보나 타지역 지지
기반을 가진 정당에 대한 적대감을 부추기곤 했다.

이제까지 국민들이 지역감정을 부추긴 정치권의 농간에 끌려 다닌
근본적인 이유는 바로 자기 지역출신 후보나 자기 지역을 기반으로
하는 정당후보가 당선되지 않으면 자신과 지역에 뭔가 불이익이 가해
질 것 같은 근거 없는 피해의식 때문이었다.

냉정하게 따져보면 어느 정당후보가 당선되더라도 일반 대중의 삶
은 크게 달라질 게 없다. 단지 지역감정에 편승하여 권세를 잡으려는
정치잡배들이나 그들에게 아부하여 목숨을 부지하려는 일부 탐관오
리들의 인생은 경쟁자가 당선되면 큰 타격을 받는다. 그렇기 때문에
그들은 필사적으로 지역감정에 매달리는 것이다.

IMF 위기를 맞았을 때 YS의 기반인 부산지역의 경제도 함께 몰락
한 예를 보더라도 오늘날 어느 지역은 성하고 어느 지역은 망한다는
식의 논리는 설득력이 없다. 온 나라가 지역감정에 휘말릴 때 수혜자
는 썩은 정치인들이고, 피해자는 언제나 악취풍기는 정치판을 구경해
야 하는 국민일 수밖에 없다. 썩어빠진 정치인들을 솎아내기 위해서
는 국민들의 자각이 무엇보다 중요하다.

이와 같이 지역감정의 폐해를 줄이려는 노력과 별도로 근본적인 해

결방안도 검토되어야 한다. 사회과학자들은 사회병리의 해결이 신체병리의 치료와 같은 이치임을 강조한다. 신체병리의 치료와 마찬가지로 사회병리의 해결에도 풍부한 지식과 다양한 경험이 요구되기 때문이다. 지식과 경험이 없이 사회문제를 해결하자는 것은 원인도 증상도 모르는 질병을 치료하겠다고 나서는 것과 다를 바 없다.

지역감정을 망국병이라 부르며 걱정하는 소리는 요란하지만 이에 관한 체계적인 연구와 대책은 놀랄 만큼 부족하다. 앞에서 언급했듯이 미국의 흑백갈등이 학계의 과학적 연구와 정부의 지원으로 상당히 감소된 사실은 우리에게 교훈을 준다. 앞으로 정부차원에서 지역감정의 실태와 원인을 객관적으로 파악하고 그 바탕에서 실현 가능한 해결책들을 수립·시행해야 하며 시행된 방안들의 효과를 평가하는데 투자를 아끼지 말아야 한다.

오늘날 시민단체의 힘도 세상을 바꾸는데 큰 힘을 발휘한다. 2000년도 총선에서 '총선시민연대'의 낙선운동은 선거문화에 큰 변화를 몰고 왔으며, 환경이나 경제 또는 소비자 분야의 많은 시민단체들은 힘없는 대중의 권리를 찾아주고 삶의 질을 높이는데 기여하고 있다. 지역편견 역시 시민운동을 통해서 폐해를 줄이기에 효과적일 것이다. 그러나 우리나라에서 활동중인 시민단체들을 소개하는 ngokorea.org라는 인터넷 싸이트에 등록되어 있는 260여 개의 시민단체 중 지역감정타파를 표방하고 있는 시민단체는 이십게도 단 하나도 없다.

파리대왕(Lord of the Flies)

개인은 온순하고
군중은 난폭하다

1990년 미국 작품
감독: 해리 훅(Harry Hook)
주연: 발타자 게티(Balthazar Getty) 크리스 퍼(Chris Furrh)
　　　대뉴얼 피펄리(Danuel Pipoly)
심리학 키워드: 집단극화, 몰개인화, 사회적 정체감, 인간 본성

줄거리

　　군사학교 소년들을 태우고 가던 비행기가 바다에 추락하고 20여명의
소년들은 혼수상태의 기장과 표류 끝에 열대의 무인도에 도착한다. 신망
이 두터운 랄프가 나이가 가장 많은 비행소년 잭보다 더 많은 지지를 받
아 대장이 된다. 소년들은 움막을 짓고, 피기의 돋보기 안경으로 불을 지

펴 구조신호를 보낸다. 고동을 가진 사람에게 발언권을 주도록 하는 등 집단의 민주적 규칙을 만들고, 소년들은 서서히 안정을 찾아간다.

곧 구조될 것이라는 신념을 가진 랄프와 구조에 회의적인 시각을 가진 잭 사이에는 미묘한 틈이 벌어진다. 이들은 나무를 깎아 창을 만들어 돼지 사냥을 하기도 한다. 잭과 몇몇 소년들은 원시 부족처럼 얼굴에 진흙을 바른다. 정신이 이상해진 기장은 어디론가 사라지고 소년들은 그가 바다에 빠져 죽은 것으로 생각한다. 잭의 제안으로 돼지 사냥에 나서는 바람에 불을 지키지 못해 불이 꺼지고, 구조대의 헬기는 이들을 발견하지 못하고 돌아가 버린다. 이 일로 랄프와 잭은 한바탕 싸우고 잭은 자기를 따르는 무리를 이끌고 나가서 다른 캠프를 차린다.

잭 일행은 사냥을 하다가 동굴 속의 괴물을 만나고, 랄프 일행에게 괴물이 있다고 겁을 준다. 겁에 질리고 배도 고픈 랄프 캠프의 소년들은 하나 둘씩 잭의 캠프로 넘어간다. 잭은 한밤중에 랄프 캠프를 습격하여 칼을 탈취해간다. 잭은 동굴 앞에서 돼지 목을 막대에 꽂아 괴물에게 바치고, 돼지 목에는 파리가 득실거린다. 그의 일행은 점점 야만적이고 난폭해진다. 그들은 밤에 랄프 일행을 불러놓고 광란의 파티를 벌인다. 한편 기장을 간호하던 사이먼은 동굴 속의 괴물이 기장임을 확인하고 이를 알리려고 달려온다. 잭 일행은 달려오던 사이먼을 괴물로 오인하고 무참히 살해하고 만다.

랄프 캠프에는 이제 랄프와 피기만 남았다. 잭은 점점 포악해져 잘못을 저지른 부하에게 린치를 가하고, 괴물에 대비해야 한다고 강조한다. 그들은 불을 피우기 위해 피기의 안경을 빼앗아간다. 안경을 돌려 받기 위해 잭의 캠프에 가서 구조되기 위해선 서로 협동해야 한다고 외치던 피기는 잭의 부하가 절벽에서 떨어뜨린 바위에 맞아 즉사한다. 광기가 극에 달한 잭 일행은 숲에 불을 질러 랄프마저 죽이려고 한다. 쫓기던 랄프 앞에 드디어 구조대가 나타난다.

인간 본성이냐, 상황이냐?

〈파리대왕〉은 윌리엄 골딩(William Golding)의 노벨 문학상 수상 소설을 영화화한 작품이다. 작가의 의도도 그랬는지 모르지만 이 소설이나 영화를 두고 평론가들은 한결같이 '무인도에 표류한 소년들을 통해 인간 내면에 잠재한 사악한 본성을 묘사하고 있다'고 말들 한다. 〈파리대왕〉에는 많은 상징들이 배치되어 있으며, 보는 관점에 따라 여러 가지 해석이 가능하겠지만 '본성'과는 다르게 분석되어야 할 이유가 너무나 많다.

현대 심리학에서 인간의 행위, 특히 사회적 행위를 본능 또는 본성으로 설명하는 입장은 설자리를 잃은 지 한참 된다. 살인자가 왜 사람을 죽였느냐는 물음에 공격성이 인간 본성이기 때문이라고 대답한다면 사람들마다 천차만별로 나타나는 개인차를 설명할 도리가 없다. 공격본능 때문이라면 왜 모든 사람이 다 살인자가 되지 않으며, 잭은 왜 광기의 폭력을 휘두르는 반면에 랄프는 왜 평화적이고 계속 당하기만 하나?

물론 심리학에서 본능설이 소멸된 것은 아니다. 본능을 기초로 하는 프로이트의 정신분석학이나 로렌쯔(Lorenz)의 동물행동학(Ethology) 그리고 근래에 대두된 사회생물학(Sociobiology)의 주요 개념들은 심리학의 여러 분야에서 일정한 설명력을 지니고 있다. 다만 사람들은 제각기 다른 환경아래서 성장하고 생활하기 때문에 인간의 본성은 (착하든 악하든 간에) 개인마다 독특한 성격으로 형성되어 나타난다고 봐야 할 것이다. 그래서 인간에게 사악한 본성이 있음을 인정한다 하더라도 후천적 요인에 의해서 어떤 사람은 파렴치한 사기꾼이 되고 다른 사람은 선의의 거짓말만 하는 정도로 사람마다 차이가 생기는 것이다.

그러나 사람의 성격만이 그 사람의 행위를 다 설명해 주지는 못한다. 난폭한 성격을 가진 사람이라도 언제나 난폭하게 행동하진 않으며, 온순한 사람도 때로는 난동을 피우기도 한다. 즉 우리의 행동은 상황에 따라서 달라진다. 이와 같이 인간의 행위는 인간 본성으로 논하기보다는 성격이나 상황의 함수로 파악하는 것이 보다 더 합리적이고 정확하다.

〈파리대왕〉에 나온 소년들의 행위도 본성보다는 개인의 성격이나 소년들이 처한 상황 조건들에 의해 더 잘 설명된다. 순수한 소년들을 피비린내 나는 살육의 광란으로까지 몰고 간 데는 집단 내에서 일어나는 특유의 다이내믹이 크게 작용했음을 영화 곳곳에서 쉽게 찾아볼 수 있다.

군중의 파워

이 영화는 집단행동(또는 군중행동)에 대한 교과서 같은 영화로서 집단에서 나타나는 다양한 현상을 보여주고 있는데 보는 이의 관점에 따라 어느 한가지 현상에 초점을 맞추거나 둘 이상의 현상을 복합적으로 분석해 볼 수도 있겠다. 여기서는 집단극화(Group Polarization)와 몰개인화(Deindividuation) 현상을 중심으로 설명하고자 한다. 이 밖에도 집단의 형성과 분화, 집단간 갈등, 리더쉽 스타일, 소수와 다수의 영향 등 사회심리학의 여러 다른 주제의 측면에서 접근할 수도 있을 것이다.

사람들은 혼자서는 도저히 할 수 없는 비이성적이고 극단적인 행동을 무리 속에 섞여있을 때는 서슴없이 하기도 한다. 시위 군중들 틈에서 경찰을 향해 돌을 던지거나, 경기장의 관중들이 상대팀 선수에게 야유를 보내는 행위는 혼자일 때는 엄두도 못 낼 일이다. 이와 같이 집단 속에서 개성이 상실되어 집단행위에 민감해지는 현상을 몰개인

화(또는 탈개인화)라고 한다. 이렇게 되는데는 크게 두 가지 이유를
들 수 있다.

첫째, 집단 속에서는 자신이 집단에 묻혀 드러나지 않는 익명성이
보장되기 때문에 자신의 행위에 대해서 책임감을 덜 느끼고 행위 결
과에 대해서도 걱정을 덜하게 된다. 대규모 군중일수록 익명성은 더
욱 더 강화되어 책임감이 모든 군중에게 분산되기 때문에 극단적 정
서가 표출되기 더 쉽다. 복면을 쓴 레슬러가 맨 얼굴의 레슬러보다 일
반적으로 더 난폭하고 반칙을 잘하는 것도 익명성의 효과로 볼 수 있
다. 잭의 일당이 동물의 피와 진흙으로 얼굴을 위장하고, 밤중에 습격
하며, 동조자가 많아져서 규모가 커질수록 더욱 잔혹해지는 현상도
모두 같은 이치로 설명된다.

둘째, 개인이 어떤 집단에 소속하게 되면 자신의 아이덴티티를 그
집단과 결부시켜서 정의하게 된다. 즉 집단 속에서 사람들은 자신을
독특한 개성을 지닌 개인적인 존재로 지각(이를 개인적 정체감이라고
한다)하기 보다는 한 집단의 멤버라는 인식(이를 사회적 정체감이라
고 한다)이 앞서서 집단에 동일시하게 된다.

사회적 정체감을 가지고 집단에 동일시하면 집단 멤버들은 자신이
소속한 집단을 무조건 좋아하게 되고 그들의 행동은 집단규범의 영향
을 크게 받는다. 잭 일당은 괴물에 대비하고 굶지 않으려면 집단에 동
일시하여 똘똘 뭉치시 않을 수 없다. 그리하여 랄프 일행보다 자신들
이 더 우월하다고 당연히 생각하게 되고, 호전적인 집단의 분위기는
모든 멤버로 하여금 창칼을 들고 랄프 일행을 핍박하는데 기꺼이

동참시킨다.

천사 같은 '붉은 악마'

사회학자 르봉(Le Bon)은 유명한 저서 〈군중〉에서 군중 속에서는 원초적 인간의 정서가 쉽게 표출되며, 한 사람의 정서가 집단 전체로 퍼져나가서 모두가 동일한 정서를 느끼게 되는 이른바 사회적 전염 현상이 나타난다고 주장했다. 익명성이 확보되고 집단에 동일시한 몰개인화된 상황에서 흥분한 누군가가 "죽여라!"라고 소리치면 군중들은 무엇에 홀린 것처럼 순식간에 끔직한 일을 저지르게 된다. 이 영화에서도 어둠 속에서 달려오던 사이먼이 "괴물이다!"라는 잭의 외마디에 일행의 창 세례를 받고 무참히 죽는다.

그런데 몰개인화된 상태에서는 항상 비이성적이며 폭력적인 일만 일어나는가? 그렇지 않다. 몰개인화 현상은 당시의 사회적 맥락의 영향을 받기 때문에 반드시 부정적 결과만을 초래하지는 않는다. 집단의 목표가 친사회적이거나 전반적인 분위기가 건전하다면 긍정적 결과를 유발할 수도 있다.

지난 월드컵 축구대회를 돌이켜 생각해보자. 한국팀 경기가 있던 날 경기장이나 서울시청 일대를 비롯하여 전국 방방곡곡은 온통 붉은 셔츠를 입은 '붉은 악마'의 함성으로 가득했다. 특히 한-미전을 앞두고 우리 팀이 만일 패할 경우에 생길지도 모르는 군중들의 난동과 같은 불상사를 우려하는 분위기가 드높았다. 전형적인 몰개인화 상황에서 미국 동계올림픽 쇼트트랙의 이른바 금메달 도난사건을 생생하게 기억하고 있는 군중이 흥분했다하면 걷잡을 수 없는 불행한 결과가 빚어질 것임은 자명한 일이었기 때문이다.

그러나 우리의 길거리 응원군중과 붉은 악마는 악명높은 '홀리건'과는 달랐다. 붉은 악마와 군중들 사이에서 반미감정과 스포츠를 연결시켜서는 안 되며 성숙한 응원문화를 보여줘야 한다는 의식이 확산되면서 세간의 우려는 기우로 끝났다. 군중 틈에서 반미구호가 외쳐지면 어느 샌가 "대~한민국" 구호가 더 큰 소리로 눌러버렸다. 한-미 전 다음 날 모든 일간신문은 일제히 붉은 악마 응원단이 앉았던 자리가 휴지하나 없이 깨끗했으며, 미국 응원단과 약간의 충돌도 없었음을 보도하였다.

더욱이 이런 성숙한 응원 정신은 우리 팀의 경기가 계속될수록 너욱 빛을 발해서 한국팀이 패배한 독일전이나 터키전이 끝난 후 상대팀에 아낌없는 박수를 보내고 양 팀 선수와 응원단이 함께 어우러져 축제를 벌이는 아름다운 모습에 전 세계는 감동하였다.

이와 같이 대규모 군중이 동일한 복장을 하고 승부에 집착하여 흥분되어 있는 상황에서도 이처럼 이성적이고 건전한 집단행위가 이루어 질 수 있는 것이다. 붉은 악마 그들의 이름은 악마이지만 마음씨나 행동은 천사와 다름없었다.

집단은 개인보다 더 극단적이다

김 양은 A여대 탁구팀 주장이자 가장 실력이 뛰어난 선수이다. A여대 탁구팀은 전국대학탁구대회 단체결승전에 진출해 있으나 김 양은 준결승전에서 입은 부상으로 출전이 불투명한 형편이다. 그러나 김 양이 출전하지 않으면 전력에 큰 공백이 생기고 다른 선수들의 사기도 저하되어 창단 후 최초의 우승과 국제대회 출전기회를 놓치기 쉽다. 김 양의 부상을 치료한 의사는 결승전에 출전해서 만일 또 다시 부상을 입게 되면 선수 생명이 위태로워진다고 경고했다.

여러분이 김 양이라고 가정해 보라. 또다시 부상을 당하지 않을 확률이 최소한 어느 정도라면 결승전에 출전하겠는가? 김 양은 출전할 수도 안 할 수도 없는 딜레마에 빠져 있다. 이런 유형의 딜레마에 대해서 개인적으로 판단할 때와 여럿이 모여 토의를 한 후 집단 판단을 할 때의 결정은 달라진다. 이 딜레마의 경우 대학생들에게 물어보면 대체로 개인적으로는 부상당하지 않을 확률이 비교적 높아야 출전하겠다는 방향으로 신중한 판단이 이루어지고, 집단 결정은 개인결정보다 더 신중한 방향으로 이동하는 경향을 보인다.

집단의 태도나 행동은 개인의 그것보다 더 극단적인 경향이 강한데, 이를 집단극화라고 한다. 몰개인화 현상과 더불어 잭 일당의 행위를 설명할 수 있는 현상이 집단극화이다. 즉, 개인들이 모여서 어떤 문제에 대해 토의를 하거나 공동활동을 하는 등 상호작용 하게되면 집단 전체의 성향은 애초의 개인들의 평균적 성향보다 더 극단적으로 된다.

예를 들어, 어떤 문제에 대해서 의사결정을 할 때 집단구성원들의 전반적 성향(개개인 입장들의 평균)이 보수적이라면 집단상호작용 후에는 더 보수적인 결정을 내리게 되고, 반면에 전반적으로 모험적 성향을 지닌 사람들이 모인 집단이라면 상호작용 후의 집단 결정은 더 모험적이게 된다.

집단극화가 일어나는 과정을 간략히 살펴보자. 만약 집단멤버들의 성향이 전반적으로 모험적이라면 다소 신중한 입장을 가진 멤버는 소수가 될 것이고, 다수가 지닌 모험적 입장이 집단의 규범으로 형성될 것이다. 이 때 소수는 일반적으로 다수의 의견에 설득되거나 동조하게 된다. 따라서 집단상호작용 후 신중한 소수는 모험을 지지하는 다수 쪽으로 입장을 바꾸게 되므로 전체적으로는 상호작용 전보다 더 모험적 성향을 띠게 되는 것이다.

몇 년 선 세상을 떠들썩하게 했던 이른바 '지존파'의 끔찍한 살인 행각도 난폭한 성향을 지닌 불량배들이 끼리끼리 몰려다니다 보니 난폭한 성향이 더욱 증폭되어 빚어진 결과로 볼 수 있다. 잭의 집단 역시 공격적이고 호전적인 입장이 대세를 이루는 분위기였기 때문에 쌍둥이 형제 샘과 에릭같은 온건파는 위축될 수밖에 없었고, 로저와 같은 강경파가 득세하여 급기야 살인까지 저지르게 된 것이다.

처음의 물음으로 다시 돌아가 보자. 무엇이 순진했던 소년들을 광기에 휩싸여 살인을 자행하는 폭도로 만들었나? 인간의 사악한 본성은 몇 겹을 벗겨내야 드러나는 먼 원인에 불과하고, 집단의 역동성이 만들어 내는 상황적 단서들을 직접적인 원인이라고 봐야 한다.

쉘로우 그레이브(Shallow Grave)

돈 앞에 허물어진 우정

1994년 영국 작품
감독: 대니 보일(Danny Boyle)
주연: 이완 맥그리거(Ewan McGregor) 크리스토퍼 엑클레스톤
(Christopher Eccleston) 케리 폭스(Kerry Fox)
심리학 키워드: 균형이론, 배신, 죄수의 딜레마, 경쟁과 협동

줄거리

세 명의 20대 남녀친구들, 즉 말많고 외향적인 기자 알렉스, 나약한 회계사 데이빗 그리고 영악한 의사 줄리엣이 한 아파트에서 살고 있다. 그들이 엄격한 심사를 거쳐 받아들인 룸메이트 휴고는 며칠만에 약물 과다복용으로 사망하고 그의 방에서 거액이 든 여행가방이 발견된다. 돈을 착복하자는 알렉스의 제의에 줄리엣은 쉽게 동의하나 데이빗은 마지못해 동의한다. 그리고 그들은 신분을 알 수 없도록 휴고의 시체를 토막내어 묻기로 하고, 셋이서 제비뽑기를 한 결과 데이빗이 토막내는 작업을 맡게 된다. 비가 퍼붓는 밤에 그들은 숲 속에 시체를 묻는다.

현금가방을 다락에 숨기고 나서 알렉스와 줄리엣은 평정을 찾고 돈을 쓰기 시작한다. 반면 데이빗은 계속 불안해한다. 그러던 중 두 명의 괴한이 나타나 돈 가방의 행방을 쫓고, 아래층에선 도난 사건이 나서 경찰이 들락거린다. 이에 더욱 불안해진 데이빗은 아예 다락으로 거처를 옮긴다. 어느 날 두 괴한이 돈 가방을 찾으러 아파트를 급습하고 데이빗이 괴한들을 칼로 찔러 죽인다. 이들의 시체는 역시 토막내어 숲에 유기된다.

극도로 예민해진 데이빗은 다락 바닥에 구멍을 여러 개 뚫어 두 사람을 감시한다. 줄리엣은 데이빗과 동침하면서도 도피하기 위해 리오행 비행기를 은밀히 예약하고, 알렉스는 만일에 대비해 유서를 쓴다. 마침내 그들이 파묻은 세 구의 시체가 모두 발견되어 신문에 대서특필되고 경찰은 냄새를 맡은 듯 이들을 찾아온다.

위기를 느낀 알렉스는 수사관에게 전화를 걸다가 돈 가방을 들고 혼자 도망치려던 데이빗에게 발각된다. 세 사람간의 격투가 벌어진다. 데이빗은 알렉스의 어깨를 찔러 쓰러뜨리고, 줄리엣은 데이빗을 찔러 죽인 다음 알렉스의 어깨에 꽂힌 칼을 더 세게 눌러 박고 돈 가방을 챙겨 떠난다. 공항에 도착한 줄리엣은 돈 가방에 휴지만 가득함을 알게 되고, 알렉스의 어깨에서 흘러내린 피는 마루바닥을 흥건히 적시고 바닥 아래 그가 숨겨둔 지폐위로 뚝뚝 떨어진다.

삼자관계에 작용하는 보이지 않는 힘

평범한 영화팬의 입장에서 보면 영화평론가들이 극찬하는 영화는 대체로 하품만 나며, 반대로 공전의 히트작은 평론가들로부터 호되게 두들겨 맞기 일쑤다. 이러고 보면 한 영화가 작품성과 상업성을 고루 갖추는 것은 그 유명한 스필버그 감독도 제대로 해내지 못했듯이 두 마리 토끼를 잡는 일만큼 어려운 일이다.

〈쉘로우 그레이브〉는 치밀한 이야기 구조와 절묘하게 조합되어 긴장을 배가시키는 빛과 음향으로 평론가들의 찬사와 관객들의 폭발적인 호응을 함께 누린 흔치 않은 작품이다. 데뷔작인 이 영화가 대성공을 거둠으로서 대니 보일 감독은 90년대의 히치콕이라는 찬사를 받으며 일약 스타감독 대열에 합류하였고, 영화계는 그의 다음 작품을 기다리게 되었다(그는 마약에 찌든 젊은이들의 정신세계를 그린 수작 〈트레인스포팅 Trainspotting〉으로 기대에 보답했다).

돈 앞에서 허물어지는 신뢰와 우정을 섬뜩하게 그린 이 영화는 세 주인공들간의 관계의 흐름을 통해서 인간관계의 역동성을 잘 보여준다. '얕은 무덤'이라는 제목이 암시하듯 그들이 살해하여 암매장한 시체들이 발견되면서부터 정이 넘치던 그들 사이의 관계는 급 물살을 타듯이 아슬아슬한 변화를 거듭한다.

사회심리학자 하이더(Heider)는 균형이론(Balance Theory)을 통해서 삼자(자신, 상대방 및 제3자)관계는 심리적으로 균형을 이루려는 경향이 있으며, 균형이 깨지면 이를 다시 회복하려는 힘이 작용한다고 주장하였다. 자신이 좋아하는 사람과 의견이 같으면 삼자간의 관계는 균형을 이루고, 의견이 다르면 불균형 상태가 된다.

균형 상태와 불균형 상태의 예를 그림으로 나타내면 아래와 같다. 양자간에 좋아하는 관계를 +로 표시하고 싫어하는 관계를 −로 표시한다면 (a)와 (b) 경우는 균형 상태로서 안정적이고 편안한 관계이다. (a)에서 자기도 핑클을 좋아하고 친구도 핑클을 좋아하기 때문에 심자간에는 심리적으로 균형을 이룬다. 반면에 (c)는 불균형 상태로서 자신은 마약을 싫어하는데 친한 친구가 마약을 즐기고 있어 삼자간에 심리적 균형이 깨졌으며 친구와 불편한 관계가 조성된 상태이다.

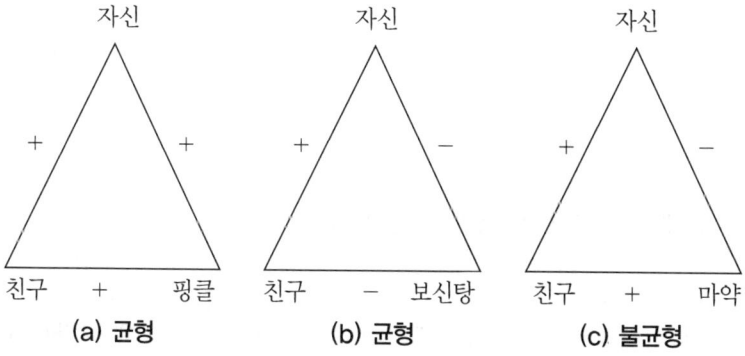

삼자관계가 불균형을 이룰 때 사람들은 세 가지 양자관계 중 어느 한가지 관계를 수정함으로써 균형을 되찾으려고 한다. (c)의 경우에 자신과 친구가 결별하거나, 친구로 하여금 마약을 끊도록 설득하거나 또는 자신이 마약에 대한 태도를 바꿔서 마약을 복용하는 방법 중 한 가지가 선택됨으로써 균형이 회복된다. 하이더는 세 가지 양자관계 중 가장 변하기 쉬운 관계, 즉 가장 힘을 덜 들이고 변화시킬 수 있는 관계가 변해서 심리적 평정을 되찾는다고 하였다.

균형이론은 인간관계 뿐 아니라 국가간 관계의 흐름도 효과적으로 설명할 수 있다. 한국, 미국 그리고 중국간의 관계를 살펴보자. 과거에 한국과 미국은 우방이었고, 양국은 모두 중국과 적대 관계였으므로 균형을 이루었었다. 그러던 중 우리나라는 중국과 여전히 적대적 관계를 유지했으나 미국이 핑퐁외교를 기화로 중국과 관계를 개선하게 되면서 3국 관계는 불균형 상태가 된다. 불균형의 불편함을 해소하기 위해서 한국이 취할 수 있는 입장은 미국과의 결별, 미국과 중국간의 결별 유도 또는 중국과의 관계 개선인데, 이 중 가장 쉽고 이득이 큰 방안은 중국과의 관계 개선임이 분명하다. 우리가 중국과 호혜적인 관계를 유지하고 있는 오늘날 3국간의 관계는 균형을 이루고 있다.

관계는 변해도 균형은 여전하다

〈쉘로우 그레이브〉에서 알렉스, 데이빗 그리고 줄리엣의 삼자관계를 균형이론의 분석 틀에 놓고 살펴보자. 이들의 관계는 영화 전편을 통해서 극적인 변화를 거듭하지만 오묘한 균형 관계를 계속 이어 나간다.

영화의 내용을 시간적 흐름과 세 사람의 관계의 변화에 따라 3개의 마디로 구분해 볼 수 있다: 시작부터 휴고의 사망까지의 첫째 마디, 휴고의 사망부터 괴한의 살해까지의 둘째 마디, 괴한 살해부터 결말까지의 셋째 마디. 이들의 파워구조와 관계구조는 아래의 표와 같이 변화한다.

마지막에 가서는 모든 관계가 '–'로 되어 삼자관계는 서로 죽고 죽이는 파멸로 치닫지만, 애증이 교차하는 가운데서도 이들의 관계는 줄곧 균형을 유지하고 깨지면 다시 회복한다.

	첫째 마디: 시작 ~ 휴고 사망	둘째 마디: 휴고 사망~괴한 살해	셋째 마디: 괴한 살해 ~ 결말
파워구조	삼자간 대등한 파워 협동과 조화가 잘 이루어 짐	알렉스가 주도권을 쥐고, 줄리엣은 알렉스에게 밀착됨. 데이빗이 약자	데이빗이 주도권을 쥐고, 줄리엣은 데이빗에게 밀착됨. 알렉스가 약자
관계구조	알렉스 + + 데이빗 + 줄리엣	알렉스 – + 데이빗 – 줄리엣	알렉스 – – 데이빗 + 줄리엣

〈쉘로우 그레이브〉에서 3자 관계의 변화

왜 그토록 균형이 중요하고 균형이 깨지면 균형을 회복하려는 압력
이 작용하나? 간단히 대답하면 불균형 상태가 되면 심리적으로 불편
하고 찜찜해지기 때문이다. 이런 경향은 겨울철 실내 온도가 낮아지
면 자동온도 조절기가 저절로 작동하여 가열함으로써 다시 적정 온도
로 높아지는 원리와 같다. 인간의 신체 내부환경 역시 이런 시스템을
지니고 있다. 예를 들어, 100미터 달리기를 한 후 심장박동이 급격히
빨라지면 체내에서 정상 박동으로 되돌리려는 에너지가 자동으로 방
출되고 얼마 지나지 않아 심장박동은 정상으로 회복된다.

이회창과 황수정의 경우

1997년의 제 15대 대통령 선거에서 신한국당의 이회창 후보는 청
와대 문턱에 거의 다 가서 주저앉고 말았다. 두 아들이 병역을 기피했
다는 의혹이 그를 지지하려고 했던 많은 유권자의 마음을 돌리게 만
들었기 때문이었다. 하이더의 삼각형을 한번 더 그려보자.

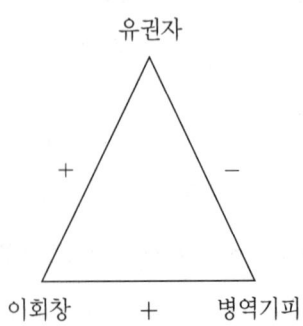

여러분도 이제 이 삼자관계는 불균형임을 알 것이다. 이회창을 지지하던 유권자는 이 후보 아들의 병역기피 의혹과 한국사람이면 병역의무를 다해야 한다는 자신의 소신이 상치되면서 마음이 불편해진다. 따라서 균형을 회복하고자 하는 동기가 유발되고 세 가지 양자관계 중 어느 하나가 변할 수밖에 없다. 실제로 어느 관계가 변했던가? 잘 알다시피 많은 유권자들이 이회창 후보에 대한 지지를 철회하고 다른 후보에게 표를 던짐으로써 심리적 불편함을 해소한 것이다. 즉, 유권자 자신과 이회창 후보간의 관계를 '+'에서 '−'로 바꿈으로써 균형을 회복하였다.

이와 대비되는 한가지 경우를 더 살펴보자. 황수정, 성현아, 싸이. 근래에 마약 복용으로 물의를 일으킨 연예인들이다. 마약 복용 뿐 아니라 음주 운전, 폭행, 매매춘, 뇌물 로비 등과 같은 연예인의 추문은 만인의 주목을 받는다는 점에서 일반인들의 경우보다 사회적 파장이 더 크다. 황수정의 어느 열성 팬의 입장을 생각해보자.

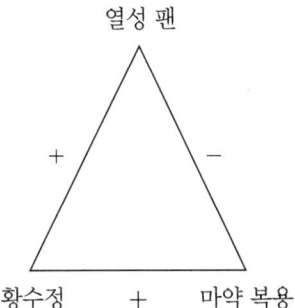

마약 복용에 대해서 부정적인 태도를 지니고 있던 이 열성 팬은 어느 날 마약 복용 혐의로 구속된 황수정의 보도 사진을 보고 충격을 받았을 것이다. 그는 이 불균형 상태를 어떻게 극복할까? 이회창 후보의 예에서처럼 황수정에 대한 애정이 식을까? 아마 그렇지 않을 것이다. 그보다는 마약 복용에 대한 자신의 태도를 바꿈으로써 불편함을 해소할 가능성이 더 크다. 그는 점차 이런 생각을 하게 될지도 모른다. "일반인은 몰라도 연예인은 연기에 몰입하자면 마약에 의존할 필요도 있어", "바쁜 스케줄과 철야 촬영을 하다보면 불가피하게 마약으로 원기를 찾아야 할 때도 있겠지", "중독이 아니고 가끔 복용하는 거야 어때."

그런데 이회창 후보 지지자는 이 후보에 대한 애정이 변하는데 황수정의 열성 팬은 어째서 그녀에 대한 애정이 변하지 않는 것인가? 그 이유는 애정의 강도가 다르기 때문이다. 97년 대통령선거 직전에 이회창 후보 지지자들 중 많은 사람들은 그가 유일무이한 대안이라고 생각했다기보다는 엇비슷한 후보들 중에서 가장 덜 싫은 후보 정도로 생각하고 있었다. 그래서 이 후보와 이런 생각을 가진 지지자들간의 심리적 유대는 비교적 약할 수밖에 없었고 이 후보에게서 불미스런 일이 터지자 지지의사를 미련 없이 거두어 들인 것이다.

반면에 황수정을 비롯한 인기 연예인들은 팬들로부터 우상화되고 있다. 이른바 오빠부대는 그들의 우상이 아무리 심한 잘못을 저질렀다 해도 흔들림 없는 애정을 과시한다. 오히려 더욱 단합된 모습을 보이면서 우상을 적극적으로 변호하기도 한다. 양자간의 심리적 유대가 이렇게 강하다 보니 심리적 균형을 회복하기 위해서 그것이 마약 복용이든 음주 운전이든 열렬히 숭배하는 우상이 저지른 잘못을 그럴 수도 있는 일이라고 생각하게 되는 것이다. 얼마 전 군대가겠다는 약속을 파기하고 미국시민권을 획득함으로써 병역을 회피한 인기가수 유승준의 경우도 그의 팬클럽 회원들은 그를 두둔하고 나선 바 있다.

결국 인기 스타가 잘못을 저지르면 그의 인기가 식기보다는 그가 저지른 잘못이 희석되는 방향으로 인식이 변할 가능성이 크다. 범법행위나 부도덕한 행위에 대한 거부감이 줄어드는 것이다. 인기 스타들의 오빠부대가 거의 감수성이 예민한 청소년들임을 감안하면 공인들의 바른 몸가짐의 중요성은 아무리 강조해도 지나치지 않은 것 같다.

의리와 배신의 심리

알렉스, 데이빗 그리고 줄리엣 세 사람은 막역한 친구사이였으나 돈 가방을 훔치게 되면서부터 우정의 틈이 벌어지고 급기야 돈 가방을 서로 차지하려는 음모와 칼부림으로 관계를 마감한다. 오랜 세월 쌓아올린 그들 사이의 우정은 돈 앞에서 물거품처럼 사라져버렸다. 신의와 의리를 져버리고 배신하게 되는 심리적 과정을 대인관계에서의 경쟁과 협동의 메카니즘을 통해서 살펴보자.

사람들은 대인관계에서 서로 돕고, 정보를 공유하며, 서로의 이익을 위해 합심하는 등 협동하기도 하고, 자신의 개인 목표를 우선하고 다른 사람들보다 앞서기 위해 경쟁하기도 한다. 이처럼 경쟁할 수도 있고 협동할 수도 있는 상황에서 사람들은 어떤 선택을 할까? 사회심리학자들은 인간의 경쟁과 협동 경향을 이해하기 위해서 재치 있는 실험방안들을 개발해왔는데, 대표적인 것이 죄수의 딜레마 게임(PDG; Prisoner's Dilemma Game)이다. 다음과 같은 가상적 상황을 생각해보자.

친구사이인 두 명의 범죄자가 경미한 범죄행위로 경찰에 검거된다. 수사관은 이들이 이전에 더 많은 범죄를 저질렀을 것으로 확신하고 있으나 증거는 없다. 실제로 이들은 여러 범죄를 저질렀으나 검거될 당시의 범죄 이외에 여죄는 절대 자백하지 않기로 서로 약속한 바 있다. 수사관은 두 범죄자를 격리시키고 각 범인에게 여죄를 자백할 경우와 자백하지 않을 경우의 형량을 알려준다. 만일 둘 다 여죄를 자백하지 않으면 1년형을 받으며, 둘 중 한사람만 자백하면 자백한 사람은 수사 협조를 이유로 석방되고 자백하지 않은 사람은 15년의 중형을 받게 된다. 그리고 둘 다 자백하게 되면 공히 징역 10년의 벌을 받게 된다(그림 참조).

		죄수 A	
		무자백(협동)	자백(경쟁)
죄수 B	무자백 (협동)	둘 다 징역 1년	A는 석방 B는 징역 15년
	자 백 (경쟁)	A는 징역 15년 B는 석방	둘 다 징역 10년

죄수의 딜레마 게임

만일 여러분이 죄수 중의 한 명이라면 어떤 결정을 하겠는가? 쉽게 알 수 있듯이 여죄를 자백하지 않는 것은 친구에게 신의를 지키는 일이고, 자백한다면 그것은 곧 배신행위이다. 친구를 믿지 못해서 그가 자백할 것으로 생각하면 자신도 자백하는 것이 유리하다. 최선의 방법은 둘 다 자백하지 않고 입을 꼭 다물어 징역 1년의 경미한 처벌을 받는 것이다. 그러나 친구가 자백하지 않을 것을 확신한다면 야비하지만 자신은 자백해서(즉, 경쟁을 택하여) 석방되는 것이 더 나은 길이다.

둘 다 신의를 지켜 협동할 때 모두에게 가장 유리한 결과가 돌아옴에도 불구하고 실험실의 피험자들은 강력한 경쟁경향을 보인다. 실제 실험에서는 현실성을 높이고 피험자들이 실험에 더 깊이 몰입하도록 하기 위해서 죄수의 형량 대신 주로 점수나 돈을 따거나 잃는 상황으로 변형해서 실시한다. 많은 연구에서 피험자들은 1/3 정도만이 협동을 선택하였으며, 게임이 계속될수록 협동을 선택하는 빈도는 더 줄어들었다.

협동보다 경쟁이 더 빈번하게 선택되는 가장 큰 원인은 단일 또는 단기 상황에서는 경쟁이 더 이익이 되기 때문이다. 앞의 그림에서 죄수 A는 B가 어떤 전략을 택하든 상관없이 자백하는 것이 더 유리하다. 즉 B가 자백하지 않을 경우, A는 무자백(1년형)보다 자백(석방)하는 것이 더 유리하며, B가 자백할 경우에도 A는 무자백(15년형)보다 자백(10년형)을 선택하는 것이 더 낫다. 그러나 장기적으로 보면 협동은 협동을 낳고 경쟁은 경쟁을 낳기 때문에 경쟁을 택하면 결과적으로 둘 다 경쟁을 택하는 상황이 되므로 협동할 때보다 항상 손해만 입게 된다.

그리고 배신이나 경쟁의 기저에는 두 가지 동기가 작용한다. 하나는 다른 사람은 신의를 저버리는데 자신만이 신의를 지키다가(협동하다가) 손해보지나 않을까 하는 '불안' 이며, 다른 하나는 자신이 유일한 배신자(비협조자)가 되어 이득을 보려는 '탐욕' 이다. 불안과 탐욕은 협동보다 경쟁을 더 매력적으로 보이게 만들며, 의리를 지키기보다는 배신하는 쪽으로 사람들을 내몬다.

브로드웨이를 쏴라(Bullets Over Broadway)

I am OK, you are not OK

1994년 미국 작품
감독: 우디 알렌(Woody Allen)
주연: 존 큐잭(John Cusack) 다이언 위스트(Dianne Wiest)
　　　채즈 팔민테리(Chazz Palminteri) 제니퍼 틸리(Jennifer Tilly)
심리학 키워드: 자기고양 편파, 자기도취

줄거리

　　1920년대 청운의 꿈을 안고 피츠버그에서 뉴욕으로 온 극작가 데이빗 쉐인은 두 번의 흥행실패를 경험했지만 자기가 쓴 희곡의 문제가 아니라 배우들의 형편없는 연기 탓이라고 믿고 있다. 암흑가 보스 닉 발렌티는 데이빗의 세 번째 작품 제작비를 지원하는 대신에 그의 정부인 올리브에

게 비중 있는 역을 맡길 것을 제안하고 제작자 줄리안 막스는 이를 수락한다.

한때 브로드웨이의 프리마돈나였으나 지금은 한물간 헬렌 싱클레어를 여주인공으로 캐스팅 했지만 그녀는 자신의 명성에 비해 캐릭터가 너무 평범하다며 투덜거린다. 줄리안과 함께 올리브를 만난 데이빗은 그녀가 무식하고 천박하기 짝이 없는 삼류 쇼걸이며 연기경험도 전혀 없음을 알고 절대로 그녀를 기용할 수 없다고 화를 낸다. 줄리안은 잘 다듬어 보자며 그를 달랜다.

우여곡절 끝에 캐스팅이 마무리되고 연극연습이 시작되는데 올리브는 대사의 의미조차 잘 이해하지 못한다. 헬렌은 자기의 역할이 돋보일 수 있는 방향으로 대본을 고쳐달라고 데이빗에게 은근히 주문한다. 헬렌에게 매력을 느끼는 데이빗은 그녀의 대사를 수정하는 문제로 동거녀 엘렌과 다투고, 올리브의 대사를 줄이려다 올리브와 마찰을 빚는 등 대본을 놓고 서로의 의견이 충돌한다. 데이빗은 공원에서 헬렌에게 사랑을 고백한다.

닉의 부하이자 올리브의 보디가드인 치치가 연습을 지켜보다 답답해서 한가지 아이디어를 내자 모두가 만족스러워한다. 그 후 데이빗은 치치의 의견대로 계속 대본을 고쳐 나가고, 치치는 자신도 모르게 연극에 점점 애정을 갖게 되고 자신의 작품인양 착각하게 된다.

보스턴에서의 첫 공연이 성황리에 끝난다. 치치는 올리브 때문에 자신의 작품이 손상된다고 생각해서 그녀를 살해한다. 올리브의 대역을 세우고 드디어 브로드웨이 공연의 막이 오른다. 공연장에 있던 치치는 닉의 지시를 받은 갱들의 총격을 받고 죽는다. 다음날 신문에는 걸작이라는 격찬 기사가 실리고 데이빗은 천재작가로 칭송 받는다. 그러나 데이빗은 극작가로서의 자신의 재능이 부족함을 깨닫고 엘렌을 찾아가 결혼해서 피츠버그로 돌아가자고 한다. 데이빗과 별거하던 엘렌은 그의 청혼을 받아들인다.

뉴욕, 뉴요커 그리고 우디 알렌

깡마르고 왜소한 체구에 검은 테 안경이 트레이드미크인 이 영화의 감독 우디 알렌은 각본, 연출, 연기까지 모두 소화해내는 걸출한 영화인 중의 한사람이다. 동거녀였던 여배우 미아 패로우의 한국계 양녀인 순이라는 여인과 결혼함으로써 화제를 뿌리기도 했던 그는 헐리웃과 일정한 거리를 유지하며 고향인 뉴욕에서 뉴요커들의 일상과 그 내면을 예리한 관찰력으로 스크린에 담아내고 있다.

뉴욕은 세계경제의 중심지이자 문화예술의 한 축을 이루는 도시이다. 무역센터 테러사건으로 지금은 상처를 입었지만 이 도시에 사는 천만명의 시민들은 초현대, 최첨단 그리고 초일류의 문명과 문화를 향유하면서 세계 최고의 시민이라는 자부심을 갖고 산다.

그러나 우디 알렌은 뉴욕 시민, 특히 중산층 엘리트들의 크고 작은 일상 뒤에 숨은 불안, 욕망, 갈등, 사랑, 음모 등을 특유의 풍자와 익살로 잡아 낸다. 그의 많은 영화들은 코미디로 포장되어 있지만 음미할수록 슬픔이 배어 나오고 페이소스(Pathos)를 느끼게 되는 것은 최고의 도시 뉴욕에 살지만 결코 행복하지만은 않은 시민들 그리고 고도로 발전된 사회이지만 스트레스에 찌들어 있는 현대인에 대한 그의 성찰 때문일 것이다.

그냥 봐서 그의 영화들은 별로 재미가 없다. 등장인물들이 쉴새없이 쏟아내는 대사로만 가득 차 있다보니 관객들은 자막을 읽느라고 화면을 놓치기 일쑤다. 이런 이유 때문에 아카데미 작품상, 감독상 등 4개 부문을 수상한 〈애니 홀 Annie Hall〉이나 〈한나와 그 자매들 Hannah and Her Sisters〉, 〈우디 알렌의 부부일기 Husbands and Wives〉와 같은 그의 걸작들이 모조리 극장으로부터 외면당하고 〈브로드웨이를 쏴라〉 이 영화가 우리 나라 극장에서 상영된 그의 최초의 작품이라는 사실은 놀라움과 동시에 아쉬움을 준다.

그의 영화는 씹을수록 맛이 난다. 특히 〈브로드웨이를 쏴라〉는 위선과 가식으로 가득 찬 인간세상을 특유의 현란한 수사학으로 조롱하고 있다. 그는 꿈의 무대 브로드웨이에 올릴 한 연극을 둘러싼 인간군상의 비열함과 뻔뻔함을 갱스터와 코미디 장르를 혼합하여 꼬집는다. 데이빗과 치치의 처지가 역전되는 장면에서 그의 통쾌한 코미디는 절정에 달한다.

이 영화에 등장하는 주요 인물들은 하나같이 자기중심적이고 우월감에 젖어 있으며, 과대망상에 빠져 있기도 하다. 데이빗은 비록 나중에 제대로 깨닫기는 하지만 자기는 뛰어난 재능을 가진 작가인데 배우들의 연기가 시원찮아서 계속 실패했다고 생각하며, 치치는 뜻밖에 자신의 작가적 능력을 인정받자 자기도취되어 맘대로 대본을 뜯어고치고 자기의 작품인양 생각하며 급기야 연기력이 부족한 올리브를 살해해 버린다.

그리고 왕년의 스타 헬렌은 주제파악을 못하고 아직도 자신을 대스타로 착각하고 있으며, 다른 연기자들을 과소평가하고 데이빗을 꼬드겨 자기 취향에 맞게 대본을 수정한다. 무식하기 짝이 없는 삼류 댄서 올리브는 자신이 스타가 될 수 있다고 착각하고 있으며, 대사가 너무 관념적이라서 연기가 잘 안 된다고 불평한다.

이들 뿐만 아니라 사람들은 누구나 제 잘난 맛에 산다. "잘난 사람 잘난 대로 살고, 못난 사람 못난 대로 산다"는 노랫말처럼 남녀노소, 빈부귀천 가릴 것 없이 누구는 잘생긴 멋에 살고, 누구는 주먹질 잘하는 맛에 살며, 또 다른 누구는 돈 잘 버는 재미로 산다.

내가 하면 로맨스, 남이 하면 스캔들

나의 어머니(아마 다른 어머니들도 그렇겠지만)는 가족들에게 불만이 있을 때 가끔 이런 말을 하시곤 했다. "우리 집이 이만큼이나마 사는 것은 다 내가 알뜰히 살림한 덕분이다." 이런 말과 같이 대부분의 사람들은 자신을 호의적으로 지각하는 경향이 있는데, 사회심리학자들은 이런 현상을 자기고양 편파(Self-Enhancing Bias) 또는 자기기여 편파(Self-Serving Bias)라고 한다. 미국 호프대학의 마이어스(Myers) 교수(1999)는 네 가지 유형의 자기고양 편파를 지적하고 있다.

먼저, 잘되면 내 탓이요 못되면 조상 탓이라는 속담처럼 우리는 자신의 성공은 자기 탓으로, 실패는 남이나 운과 같은 환경 탓으로 돌리는 경향이 크다. 시합에 승리한 운동선수는 열심히 훈련한 덕분이라고 대답하는 반면에 교통사고를 낸 운전자는 울퉁불퉁한 도로를 탓한다.

데이빗도 자신의 대본은 훌륭했으나 배우들의 연기가 뒷받침되지 않아 연극 흥행에 실패했다고 생각한다. 이와 같이 사람들은 자신에게 일어난 긍정적 사건과 부정적 사건에 대해서 원인을 다르게 지각하는 경향이 있는데, 특히 게임이나 시험과 같이 능력과 우연이 동시에 작용하는 상황에서 이런 경향은 더욱 빈번하게 관찰된다.

둘째, 사람들은 다른 사람들에 비해서 자신이 평균 이상은 된다고 생각한다. 이런 경향은 여러 면에서 두루 발견할 수 있는데, 예를 들어 사람들은 자신이 다른 사람들보다 더 도덕적이라고 생각하거나, 일을 더 잘한다고 생각한다. 한물 간 스타 헬렌은 아직도 화려했던 전성기의 환상에 젖어 산다.

한 연구에 따르면 자신이 나이보다 더 젊다고 생각하는 노인은 66%에 이르렀으나, 나이보다 더 늙었다는 노인은 12%에 불과했다. 사람들은 자신이 잘하거나 자신있는 분야를 중요하게 생각하고 판단 기준으로 삼는 경향이 있기 때문에 다리 힘은 **빠졌지만** 아직 검은 머리카락을 유지하고 있는 노인은 머리카락 색깔을 기준으로 젊음을 판단하고, 백발이지만 매일 운동하는 노인은 청년 못지 않은 체력을 기준으로 젊음을 판단한다.

셋째, 자신의 장래에 대해서 뚜렷한 근거 없이 낙관하는 이른바 '비현실적 낙관론'이다. 여러분 스스로 자신의 미래에 일어날 여러 가지 일에 대하여 자문 자답을 해보시기 바란다. "나는 어떤 배우자를 만날까?" "나의 결혼생활은 행복할까?" "난 어떤 직장을 얻게 될까?" "나는 건강하게 살 수 있을까?"

아마 대부분 긍정적인 대답이 나왔을 것이다. 미국의 한 연구결과는 미국인의 실제 이혼율이 50%에 육박하지만, 자신이 이혼할 것이라고 예상하는 사람의 비율은 0%에 가까웠다. 그러나 자신감이 넘치는 사람은 준비성이 부족하다. 자신의 건강을 낙관해서 무방비 상태에 있는 사람과 건강을 염려해서 운동과 섭식 조절을 한 사람 중에 누가 더 건강하고 오래 살 것인지는 물어볼 필요가 없을 것이다.

넷째, 사람들은 자신의 실패나 약점은 누구나 다 지니고 있는 일반적인 것이고, 자신의 성공이나 장점은 다른 사람들에게서는 찾아보기 어려운 것이라고 생각한다. 담배를 피우는 사람은 흡연인구를 실제보다 더 많게 판단하며, 반면에 안전벨트를 착용하고 운전하는 사람은 안전벨트 착용비율을 실제보다 더 낮게 판단한다. 시험에 100점 받은 학생은 만점자가 몇 명되지 않을 거라고 생각하며, 50점 받은 학생은 낙제자가 수두룩할 거라고 믿는다. 그래야만 자신의 자존심이 유지되기 때문이다.

이와 같이 자신의 의견이나 약점의 보편성을 과대 평가하는 경향을 거짓 일치성 효과(False Consensus Effect)라고 하며, 이와 반대로 자신의 능력이나 장점의 보편성을 과소 평가하는 경향을 거짓 특이성 효과(False Uniqueness Effect)라고 부른다.

자기가 그런 대로 괜찮은 존재이며 나름대로 세상에 기여하고 있다는 인식은 개인의 정신건강에 이롭고 대인관계에서도 자신감을 갖게 하여 남들과 안정된 관계를 형성하고 유지하는데 도움이 된다. 우울증 환자들의 한가지 특징이 자신을 긍정적으로 왜곡하여 평가하는 능력이 부족하다는 점에서 비추어보면 자기 스스로 잘 낫다고 지각하는 자기고양 편파는 적응적 가치를 지니는 일종의 생활의 지혜가 되기도 한다.

그러나 자기고양 편파는 자신을 과대 평가하게 만듦으로써 상대적으로 타인을 무시하고 과소 평가하게 되는 우를 범하게 한다. 역사상 많은 독재자들이 자신이 아니면 나라가 망할 것이라는 착각에 빠져 있었던 것처럼 극단적인 경우에는 파국적인 결과를 초래하기도 한다. 또한 자기고양 편파는 집단갈등의 원인을 제공하기도 한다. 수행결과가 성공적인 집단에서는 모든 구성원이 자신의 기여도를 과대 평가하는 반면에 실패집단에서는 각자 자신의 과오를 과소 평가하게 되므로 집단내의 갈등이 심화되곤 한다.

자긍심과 자기도취

제 잘난 맛에 사는 사람들은 두 가지 유형으로 구분될 수 있다. 하나는 자기가치감에서 우러나오는 자긍심(Self-Esteem, 자기존중감 또는 자존심이라고도 한다)이 행위의 바탕을 이루고 있는 사람들로서 개인적으로나 사회적으로 바람직한 경우이다. 반면에 얼핏 봐서는 이와 유사하지만 반드시 구별해야 하는 유형으로서 개인과 사회에 전혀 도움되지 않으며 때로는 병리적 수준으로 나타나기도 하는 자기도취(Narcissism)에 빠진 사람들이 있다.

자긍심이 높은 사람들은 자신이 가치 있는 존재라고 느끼고 자신을 사랑하며, 아울러 다인도 존중하고 사랑한다. 또한 주변 상황이나 타인으로부터 크게 영향 받지 않고 소신대로 행동하며 개성을 추구한다. 이들은 심리적으로 안정되어 있으며, 드러내놓고 자기를 과시하는 속칭 튀는 행동을 잘 하지 않는다. 따라서 사회구성원들의 전반적 자긍심 수준은 그 사회의 건실함의 지표가 됨과 동시에 발전의 에너지원이 된다.

이와 달리 자기도취는 정신분석학적으로 자기사랑의 결여에 대한 무의식적인 과잉보상행위로 해석된다. 다시 말해서 자신이 부족하다는 생각에 늘 허전해하며, 자신에 대한 불만으로 가득 차 있는 사람들의 자기방어행위가 역설적으로 나타난 결과가 자기도취라는 것이다. 이들은 자긍심이 낮고 자신을 사랑하지 않으며 타인을 배려하고 존중할 여유는 더더욱 없다.

〈브로드웨이를 쏴라〉의 건달 치치는 연극에 대한 자신의 조언이 뜻밖에 인정을 받자 연극에 점점 더 깊이 개입하게 되고 자신의 예술적 재능에 도취되어 연기력이 떨어지는 올리브를 죽이고도 되레 당당하다. 결과적으로 자신에 대해서 긍정적 가치감을 가지고 있지 못한 사람들이 백일몽을 꾸는 상태가 자기도취인 셈인데, 한 사회의 자기도취 수준이 높다면 그 사회는 일탈된 모습을 나타낼 수밖에 없을 것이다.

나르시스의 후예들

불행하게도 오늘날 우리 사회 곳곳에서 집단적 자기도취 현상으로밖에 볼 수 없는 여러 가지 부정적인 현상들이 관찰되고 있다. 이들을 한데 묶어 '자기도취 신드롬' 이라고 부를 만하다.

먼저 과소비 풍조를 들 수 있다. 과소비는 소수의 부유층에서부터 비롯되었으나 이제는 일부 극빈 계층을 제외한 사회전반에 일반화되었다. 대형차와 대형 아파트는 없어서 못 팔고 백화점 매출액은 신기록 행진을 계속 중이다. 명품을 사기위해 아르바이트 하는 대학생들도 수두룩하다. 말이 아니라는 우리 경제를 이 꼴로 만드는데 혁혁한 공(?)을 세운 과소비 풍조는 졸부들의 비뚤어진 과시욕, 다리가 찢어져도 모르는 불쌍한 중산층의 뱁새 근성 그리고 "귀부인과 사장님에게는 이 정도는 되야"라고 꼬드기는 간교한 상술의 합작품이다.

사실 과소비를 통한 자기도취는 품위유지 또는 자기만족이라는 허울좋은 탈을 쓰고 있다. 그러나 물질적 풍요가 내면적 행복을 보장해 주지는 못한다. 나르시시스트의 비애라고나 할까, 물질적 만족에도 불구하고 그들 가슴 한 곳의 공허함은 채워지지 않으며 영원히 채워 지지 않을지도 모를 그 곳에 오늘도 계속해서 황금을 부어넣는 악순 환을 반복하고 있다. 반면에 자긍심을 가진 사람들은 버스를 타고 다 녀도 존경받고 있으며, 소주 한잔으로도 안분자족(安分自足)한다.

어른들이 과소비로 흥청댈 때 청소년과 청년들은 스타의 꿈을 안고 방송국과 연예 프로덕션의 언저리에 문전성시를 이루고 있다. 화려함 과 가벼움을 숭배하는 신세대들이 한번쯤 꿈꿀만한 직업이라고 이해 가 되기도 하지만, 그들이 스타 되기를 원하는 중요한 이유는 스타가 어느 날 갑자기 별로 힘 안들이고 탄생하는 것 같아 운 좋으면 나도 될 수 있다는 한탕주의 사고 때문이어서 안타까울 따름이다.

그러나 스타탄생에 우연은 없으며, 한 명의 스타 뒤에는 수천 명의 낙오자들이 있음을 알아야 한다. 많은 젊은이들이 삶에 대한 치열한 인식과 철저한 준비 없이 어설픈 자기도취에 빠져 아까운 청춘을 소진 시키고 있다. 공부가 제일 쉬웠다는 어느 수재의 말이 문득 떠오른다.

이른바 '공주병 신드롬' 역시 자기도취의 한 유형이다. TV 코미디 에서 잘난 체하고 곱게 자란 티를 내는 어떤 여주인공으로부터 대중 화되었지만 공주병은 현대인들의 무의식적 열등감을 교묘하게 파고 들었나. 사람들은 공주의 왕자의 선풍에 동참하고 자신도 모르게 자 기최면에 빠져듦으로서 잠재된 열등감을 대리적으로 해소하는 것이 다. 자위행위 뒤의 허전함같이 아무리 그래도 진짜 왕자나 공주가 될 수 없다는 것이 이 병의 아픔이다.

또 하나의 자기도취 현상으로 십 수년 전 당시 대우그룹 김우중 회장의 자전적 스토리 '세상은 넓고 할 일은 많다'가 폭발적인 호응을 얻은 이후로 기업인, 정치인, 연예인 등의 전기(傳記)가 우후죽순처럼 출판되고 있다. 자타가 성공을 공인하는 사람이라 해도 인생의 만년에 가서야 조심스럽게 평생 체득한 삶의 지혜를 정리해서 후대에 남기는 게 상례였던 만큼 자신을 대중에 공개한다는 것은 부끄럽고 낯뜨거운 일이다. 입신출세를 하고 조금 유명해졌다고 해서 그것도 젊은 나이에 자랑하듯이 자신의 얘기를 출판하는 것은 어지간히 자기도취하지 않고서는 어려운 일인 것이다.

이 책들은 대부분 인생고백이라는 부제를 달고 있지만 자신의 삶의 여정을 진솔하게 기술하기보다는 자신을 미화하는데 치중하고 있다는 인상이 든다. 더욱이 다 그런 것은 아니지만 그 사람들이 장황하게 떠벌인 거부가 된 과정이나 인기를 얻고 권력을 손에 쥔 내력이 누구나 따라야 할 모범적인 길이었다고 보기는 어렵다. 이런 점에서 자기도취자의 만용은 그 사람만의 문제로 끝나는 것이 아니라 그의 책을 읽는 사람들에게 올바르지 못한 길로 인도하는 폐해를 유발할 수도 있는 것이다.

이 밖에도 선거철만 되면 이번에는 꼭 당선될 것 같아서 출마하고, 나라를 이끌 사람은 자신밖에 없으며, 이 길만이 국민을 잘 살게 할 수 있다는 과대망상에 사로잡힌 정치인들이나, 나라가 어지러울 때면 어김없이 나타나 천국과 영생을 운운하며 혹세무민하는 사이비 종교인들도 모두 자기도취와 무관하다고 할 수는 없을 것이다.

노인은 집 보는 중

2002년 한국 작품
감독: 이정향
주연: 김을분 유승호
심리학 키워드: 노인심리, 노년의 가족관계

줄거리

서울 사는 일곱 살 꼬마 상우는 비포장 산길을 돌고 돌아 생전 처음 보는 외할머니 댁에 도착한다. 일자리를 찾을 때까지만 상우를 돌봐달라며 엄마는 훌쩍 올라가 버리고 상우는 칠순의 꼬부랑 할머니와 단둘이 적막한 산골에 남는다. 도시의 영악한 악동 상우는 낯선 시골생활이 무료하고 답답하기만 하다. 거미줄이 너덜너덜 붙어 있는 깨진 유리창, 벌레가 기어다니는 방바닥, 고장난 TV, 그리고 지저분한데다 말도 못하는 할머니

까지 모든 것이 상우에겐 불만이자 시련이다.

상우는 엄마가 챙겨준 인스턴트 과자를 먹으며 전자오락기와 롤러 블레이드로 시간을 보낸다. 그리고 할머니를 병신이라 놀리며, 신발이라곤 하나뿐인 할머니의 고무신을 숨기고, 밤에 화장실 가기가 무서울까봐 넣어준 요강을 걷어차서 깨는 등 못된 짓만 골라서 한다. 급기야 오락기 배터리를 사기 위해 할머니 은비녀를 훔쳐 나갔다가 길을 잃기도 한다. 켄터키 치킨이 먹고 싶다고 하자 할머니는 장에서 닭을 사다가 백숙을 끓여주지만 상우는 이게 아니라고 투정을 부린다. 그런 상우에게 할머니는 손으로 원을 그리며 미안함을 전하고 끝없는 사랑을 베푼다.

하루 하루가 지나자 도저히 적응하지 못할 것 같던 상우도 점차 산골생활에 익숙해져 간다. 마을에 사는 비슷한 또래의 오누이에게 친근감을 느끼고, 할머니에게도 정이 들어간다. 할머니는 상우를 읍내에 데리고 가서 나물을 판 돈으로 자장면을 사 먹이고 버스를 태워보내지만 정작 당신은 차비가 없어 'ㄱ'자로 굽은 허리를 하고서 그 먼길을 걸어온다. 걱정이 된 상우는 정류장으로 나가서 할머니를 기다린다. 할머니가 몸져눕자 상우는 밥상을 차리고 병간호도 한다.

형편이 나아진 엄마가 상우를 데리러 온다. 할머니와 정이 듬뿍 든 상우는 할머니와의 이별이 아쉽기만 하다. 눈이 침침한 할머니가 바느질을 잘 할 수 있도록 모든 바늘귀에 실을 끼워주고, 글을 모르는 할머니에게 보고싶을 때 부치면 내려오겠다고 자기 주소를 적은 엽서를 남겨둔다. 딸과 손자를 태우고 갈 버스가 먼지를 일으키며 나타나고 할머니는 손을 흔들며 아쉬운 이별을 고한다. 버스를 탄 상우는 할머니가 그러했듯이 미안하다는 수화를 할머니에게 그려 보인다.

할머니, 우리 할머니

이름 있는 배우 한 명 나오지 않고 일흔이 넘은 말 못하는 시골노파와 철부지 꼬마가 거의 대부분의 장면을 차지하는 초라한 행색의 이 영화가 수백만 명의 국민들을 극장으로 불러 모아 뭉클한 감동을 안고 돌아가게 할 줄을 누가 알았겠는가? 직접 각본을 쓴 이정향 감독은 흥행성이 보이지 않는다고 여러 영화사로부터 연속 퇴짜를 맞은 끝에 겨우 제작할 수 있었다고 하니 그의 불굴(?)의 집념이 아니었으면 이런 수작을 만나지 못할 뻔했다.

도시 물이 한껏 배인 꼬마와 산골에서만 평생을 산 노인이 만났다면 앞으로 어떤 일이 벌어지리라는 것을 상상하기는 어렵지 않다. 그리고 영화보기를 약간이나마 즐기는 사람은 두 사람간에 충돌과 해프닝이 벌어지다가 결국엔 애틋한 정이 들고 화해한다는 결말까지도 쉽게 예상할 수 있을 것이다. 이렇게 스토리가 뻔히 내다보이는 영화가 전국을 감동의 물결에 싸이게 만들 수 있었던 중요한 이유는 관객들이 등장인물과 스토리에 공감하여 영화에 완전히 몰입했기 때문일 것이다.

〈집으로...〉는 도시인들이 한동안 잊고 살던 기억 속으로 우리를 데리고 간다. 할머니가 70 평생 지키고 사는 시골집은 우리의 고향이요, 상우는 다름 아닌 우리 모두였기에 관객들은 두시간 동안 유년시절로 돌아가 할머니의 품안에서 안겨 논다. 그리곤 불이 켜지자 아쉬움과 여운을 안고 극장을 나선다. "넓은 벌 동쪽 끝으로 옛이야기 지줄대는 실개천이 회돌아 나가고..." 정지용의 시가 되든 박인수·이동원의 노래가 되든 〈향수〉[5]가 떠올려지고, 앞만 보고 달리던 우리들에게 오랜만에 뒤를 한번 돌아보게 한 영화였다.

말 못하는 할머니의 캐릭터는 보이지 않고 내세우지도 않으며 퍼주기만 하는 할머니의 무조건적 사랑을 더욱 절절하게 느끼게 만들어 준다. 할머니의 말없는 사랑이 열 살도 안된 철부지 손자의 마음속에 녹아 내리는데는 며칠이 걸리지 않았고, 상우가 우리키만큼 자란 먼 훗날까지 그의 가슴속에 푸근한 기억으로 자리잡고 있을 것이다.

외로운 실버세대

〈집으로...〉를 본 사람이라면 누구나 노인들의 외로운 삶을 다시 한 번 느꼈을 것이고, 자기 부모님을 생각해보았을 것이다. 상우 외할머니의 삶은 외롭고 고달프다. 아마도 십 수년을 찾아오는 이 없는 두메 산골에서 그렇게 살았을 것이다. 얘기할 상대가 없다보니 말하는 능

---

5) 정지용의 생가가 있는 충북 옥천과 바로 인접한 충북 영동에서 〈집으로...〉가 촬영되었다는 점도 흥미롭다.

력이 퇴화되어 말을 못하게 되었는지도 모를 일이다. 비가 오나 눈이 오나 물지게를 해 날라야 하고, 장 모퉁이에 종일토록 쪼그려 앉아 나물 몇 가지를 팔아야 생활비를 충당할 수 있다. 우리 주변에 사는 일반 노인들의 삶도 정도의 차이는 있을지언정 외롭고 고독하기는 상우 외할머니와 별반 다를 게 없다.

고독은 건강악화, 빈곤과 더불어 사회복지전문가들이 지적하는 노인들이 당면하는 세 가지 큰 문제 중 하나이다. 노년의 고독은 청년의 그것과 다르다. 청년기의 고독은 아무리 깊다 해도 미래의 변화나 성취를 위한 밑거름이 될 수 있지만, 노년기의 고독은 건강 상실, 경제적 상실, 배우자와 친구의 상실 등의 상실감과 더 이상 새로운 변화를 기대할 수 없다는 절망감이 특징이다. 더구나 가족과 떨어져 살아서 얘기하거나 의논할 상대가 없는 노인들의 고독은 더할 것이다.

통계청 자료에 따르면 우리나라 전체 인구 중 65세 이상의 노인인구가 차지하는 비율은 1960년 3.3%에서 1990년에는 5.0%로, 그리고 2000년에는 7.1%로 증가하였다. 또한 2022년에 가면 무려 14.0%에 이를 것으로 전망되고 있다. 65세 이상의 인구비율이 7.0%가 넘는 사회를 고령화 사회로 규정하는 UN의 기준에서 볼 때 우리나라는 이미 고령화 사회로 진입하였음을 알 수 있다.

고령화 사회가 되면서 노인부양이나 노인복지의 문제가 국가의 중요한 과제로 부상하고 있지만 노인들의 생활은 노리어 어려움이 가중되고 있는 실정이다. 앞에서 지적한 노인들의 세 가지 문제 외에 우리 사회가 산업화, 도시화, 고령화되면서 노인들이 겪게 되는 어려움을 두 가지만 더 들어 보자.

먼저, 교육수준이 높아지고 직업이 전문화되면서 급변하는 기술환경과 노동시장의 요구에 대한 적응력이 약한 노인들의 지식과 경험 그리고 노동력의 가치는 떨어질 수밖에 없다. 따라서 노년층은 단순히 피부양인구로 전락하여 가족 내 지위와 위상이 현저하게 약화되었으며, 이는 결국 노인들의 삶의 질을 저하시키는 결과를 초래하였다.

다음으로, 최근의 사회조사결과들에 의하면 대부분의 노인들은 아직도 노후에 독립적으로 생활하기보다는 가족이 부양해주기를 바라고 있다. 그러나 핵가족화가 정착되고 개인주의 사고가 확산되면서 젊은 층에서는 전통적인 효 사상과 가족중심주의가 점차 퇴색하고 노인부양책임 의식이 약화되고 있다.

하기야 노인인구와 평균수명은 늘어나고 은퇴연령은 낮아지는 추세에서 30대 가장이 자식을 포함해서 60대 부모와 80대 조부모까지 세 세대를 함께 부양하게 된다면 여간 힘든 일이 아닌 것도 사실이다. 그러나 아직 사회에서 노인을 부양하는 시설이나 여건은 아주 미흡한 실정에서 가족들로부터도 소외당하는 노인은 오갈 데 없는 비참한 신세가 되고 있다.

요즘 실버세대는 더 이상 '안방 늙은이'로 머무르기를 거부한다. 초라하지 않을 정도의 경제력을 지니고 있으며, 집 보기나 손자 돌보기를 마다하고, 마음 맞는 친구들과 어울리며 즐겁고 안락한 노후생활을 보내고 있는 사람이 많고 또 누구나 그러기를 원한다. 그러나 이런 여유 있는 생활을 영위하고 있다 하더라도 자식이나 가족들이 반

겨주지 않고 찾아주지 않는 삶은 외로울 수밖에 없다. 더구나 자신은 전혀 그러고 싶질 않은데 가족들은 자신을 노인으로 취급하고 뒷전에 물러나 있기를 바란다면 더욱 원망스러울 것이다.

죽어도 좋아

노인들도 젊은이 못지 않은 왕성한 욕구를 가지고 있다. 건강이 허락하는 한 계속 일할 수 있기를 바라며, 여가활동이나 봉사활동에 참여하기를 원하고, 죽는 날까지 무언가를 배우고 싶어한다. 이렇게 함으로써 노인들은 즐겁게 시간을 보낼 수 있는 동시에 자신이 아직도 무엇인가를 할 수 있다는 가치감과 생의 의미를 느낄 수 있다. 그러나 젊은 세대는 흔히 노인들의 욕구를 이해하지 못하고 그 나이엔 으레 집안에 들어앉아 조용히 지내는 것을 당연시하는 경향이 있다.

미국인의 성생활을 조사한 유명한 킨제이(Kinsey) 보고서에 의하면 60세 남성의 95%, 70세 남성의 70%가 성적 활동을 하고 있는 것으로 나타나 노년기에도 성적 능력이 유지되며, 성적 관심이나 활동이 건재함을 알 수 있다. 꼭 성적인 이유 뿐만은 아니겠지만 우리 나라의 몇몇 조사에서도 배우자와 사별한 노인들이 혼자살기보다 재혼하기를 더 원하고 있다.

무명의 박진표 감독이 만든 영화 〈죽어도 좋아〉는 70대 노인부부의 적나라한 섹스를 다루었다는 점에서 세상 사람들의 입에 회자되고 있다.

외설적이라는 이유로 심의를 거듭한 끝에 겨우 개봉한 이 영화는 실제 나이가 73살과 71살의 두 노인이 만난 지 이틀만에 살림을 차리고 죽어도 좋을 만큼 열정적인 사랑을 불태운다는 내용이다. 한 영화 기자는 이들의 사랑행위를 이렇게 묘사하고 있다.

〈죽어도 좋아〉에서는 젊은 남녀의 싱싱한 육체가 뒤엉키는 대신 논바닥처럼 갈라진 손이 바람 빠진 타이어 같은 서로의 육신을 더듬는다. 와인 잔에 거품욕조가 아니라 막걸리에 화장실 구석 '다라이'에 몸을 구겨 넣고 서로를 희롱한다.

사실 이 영화가 노인의 성을 다루었다고 하지만 표면에 드러난 성행위 기저에 있는 노인의 외로움을 읽을 수 있어야 한다. 외로운 노인은 무료한 일상을 함께 나눌 벗이 필요했고 벗과 즐겁고 행복하게 지내는 방법에 섹스도 포함되는 것이다. 노인의 성생활이 건강에 이롭다 이롭지 않다는 논란이 있다지만 아무 문제가 되지 않을 것이다. 죽어도 좋다는 심정이니까.

노인의 성생활은 가능하지도 않거니와 불경스럽다는 고정관념을 갖고 있던 우리에게 노년의 성을 정면으로 다룬 이 영화는 충격요법으로 문제를 던진다. 〈집으로…〉가 모정과 향수를 자극하여 우리 가슴 속에 잔잔히 파고들었다면, 〈죽어도 좋아〉는 우리가 상상조차 못했던 사실을 영화를 통해 일깨워줌으로서 뒤통수를 한 대 맞고 정신이 든 것처럼 황급히 노인의 삶을 돌아보게 한다.

노년기의 바람직한 가족관계

성공회대학교의 김정석 교수(2001)는 다음과 같은 여섯 가지 기준으로 노년기 가족관계의 양호도를 가늠할 수 있다고 보았다. 첫째, 가족의 존재이다. 가족구성원은 노인의 정서적·물질적 지지망을 형성하며, 가족의 역할이나 기능이 미미하다고 해도 가족이 있다는 그 자체가 노인들에게 위안이 된다.

둘째, 가족과의 외형적 긴밀성이다. 가족과 동거하거나 지리적으로 근접해있어서 빈번하게 접촉하는 노인이 그렇지 못한 경우보다 심리적으로 더 안정감이 있으며 생활 만족도 역시 더 높아지는 등 긍정적인 효과가 크다.

셋째, 가족으로부터의 수혜이다. 경제적 지원 또는 신체부양과 같은 물질적 지원이나 정서적 지지와 같은 비물질적 지원이 필요할 때 가족들로부터 적절한 지원을 받는다면 아주 양호한 가족관계를 이루고 있다고 볼 수 있다. 여기서 중요한 점은 가족들의 지원내용과 정도가 노인의 욕구와 일치해야 한다. 예를 들어, 노인은 함께 사는 것을 원하는 상황에서 자식들이 떨어져 살면서 아무리 많은 생활비를 지원한다고 해도 노인의 욕구는 충족될 수 없을 것이다.

넷째, 가정에서의 역할이다. 노인이 가족관계에서 어떤 혜택(물질

적, 도구적 또는 정신적 도움)을 제공할 수 있는지, 그리고 의사결정
과정에서 어떤 역할을 하는지에 따라서 노인의 삶의 질은 달라질 것
이다.

다섯째, 노인과 가족 간의 태도 및 가치의 일치이다. 생활상의 주요
문제들에 대한 태도나 가치관 등이 가족구성원들간에 어느 정도 동의
가 이루어지고 유사성이 크다면 갈등의 여지가 줄어들고 조화로운 가
족관계를 형성할 수 있다.

마지막으로, 가족관계에 대한 노인의 주관적 평가를 들 수 있다. 앞
에서 언급한 다섯 가지 기준은 모두 객관적인 기준인데 비해 이것은
주관적인 기준이다. 예를 들어, 가족과 동거하고 있고, 충분한 지원을
받고 있으며, 가족의사결정과정에서 중요한 역할을 하고 있다 하더라
도 노인 스스로 자신의 가족관계에 만족하지 못한다면 가족관계의 질
이 높다고 볼 수 없다.

이동순 시인의 〈아버님의 일기장〉이라는 시는 마음만 있지 자식된
도리를 제대로 못하는 내 마음을 한없이 부끄럽게 만든다.

> 아버님이 돌아가신 후
> 남기신 일기장 한 권을 들고 왔다
> 모년 모일 「終日 本家」
> 「종일 본가」가
> 하루 온종일 집에만 계셨다는 이야기이다
> 이 「종일 본가」가
> 전체의 팔할이 훨씬 넘는 일기장을 뒤적이며

해 저문 저녁

침침한 눈으로 돋보기를 끼시고

그 날도 어제처럼

「종일 본가」를 쓰셨을

아버님의 고독한 노년을 생각한다

나는 오늘

일부러 종일 본가를 해보며

일기장 빈칸에 이런 글귀를 적어 넣던

아버님의 그 말할 수 없이 적적하던 심정을

혼자 곰곰이 헤아려 보는 것이다

제4부

남과 여

첨밀밀(甛蜜蜜)

우리 만남은 우연이 아니야

1996년 홍콩 작품
감독: 진가신
주연: 장만옥 여명 증지위
심리학 키워드: 욕구위계이론, 대인매력

줄거리

　　1986년. 돈벌기 위해 홍콩 행 열차를 탄 중국 '촌놈' 여소군은 누군가
의 머리를 기대고 자다가 홍콩에 도착하자 허겁지겁 내린다. 고모 집에서
기거하면서 그는 자전거로 생닭 배달 일을 하고 밤이면 중국에 있는 애인
소정에게 편지를 쓴다. 그는 맥도널드에서 아르바이트하던 이교를 만나

점점 친해진다. 이교 역시 중국에서 홍콩으로 왔으나 여소군보다는 좀더 세속적이고 돈벌어서 화려한 생활을 하겠다는 야무진 꿈을 가진 처녀다.

1987년. 이교는 그동안 모은 돈으로 대만출신 인기가수 등려군의 앨범과 사진을 파는 가게를 시작하지만 실패하고 빚만 지게 된다. 구정 전날 외로움이 더했던 그들은 함께 밤을 지내면서 깊은 사이가 되고 여소군이 소정에게 보내는 편지는 점점 뜸해진다. 이교는 빚을 갚기 위해 수입이 좋은 안마시술소에 나간다. 그녀는 단골손님인 암흑가 보스 표형을 만나게 되면서 애인도 아니고 친구도 아닌 여소군과 헤어진다.

1990년. 표형의 부인이 된 이교는 여소군과 소정의 결혼식에서 여소군과 재회한다. 이교와 여소군은 둘 다 형편이 좋아져서 윤택한 생활을 즐기고 있다. 세월이 흘렀지만 여전히 사랑하고 있음을 확인한 두 사람은 각자 배우자에게 사실을 고백하고 함께 떠날 계획을 세운다. 그러나 표형이 경찰에게 쫓기며 도피생활을 하게되자 이교는 헤어지자는 말을 차마 하지 못하고 표형과 함께 떠나버린다. 여소군은 소정에게 이교와의 관계를 고백하고 이혼한다. 고모마저 사망하자 그는 뉴욕으로 이주한다.

1993년. 여소군은 뉴욕에서 보조 요리사로 자리를 잡아가고, 이교 부

부는 3년 간의 도피생활을 청산하고 뉴욕에 정착하기로 결정한다. 그러나 표형이 흑인 불량배들에게 뜻하지 않게 살해되고 비자 시한이 만료된 이교는 강제출국 당할 처지가 된다. 공항으로 가는 차안에서 자전거를 탄 여소군을 발견한 이교는 뛰어내려 그를 쫓아가지만 복잡한 뉴욕거리에서 그들은 엇갈리고 만다.

1995년. 여행가이드로 활동 중인 이교는 미국생활을 청산하고 홍콩으로 돌아갈 계획이고 여소군은 미국생활에 익숙해져 있다. 라디오에서 등려군의 사망소식을 접하고 각자는 옛일을 생각하며 거리를 거닌다. 두 사람은 우연히 한 전자상가의 TV에 나오는 등려군의 모습을 바라보다 눈이 마주친다. 영화는 다시 처음으로 돌아와 홍콩 행 열차에서 두 사람이 서로 등지고 앉아 머리를 맞대고 자고 있는 장면을 보여준다.

사랑도 식후경(?)

여소군과 이교는 중국-홍콩-미국을 넘나들며 10년 간의 반복되는 엇갈림 끝에 맺어진다. 두 연인이 이런 저런 갈등과 장애물을 극복하고 사랑을 이룬다는 내용의 영화는 식상할 정도로 흔해빠졌으나 〈첨밀밀〉은 우리나라의 젊은이들로부터 열광적인 호응을 받았으며 아직도 여러 장면을 아련한 기억으로 간직하고 있는 사람들이 많다.

이렇게 된 이유는 아마 영화가 개봉될 당시의 홍콩영화는 무협이나 갱스터영화가 대부분이었기 때문에 이 영화와 같은 잔잔한 멜로드라마가 상대적으로 더 돋보일 수 있었던 데다(이 영화 이후에 소개된 비숫한 유형의 홍콩 멜로물들은 그다지 성공적인 흥행을 기록하지 못했다), 대만의 국민가수 등려군이 부른 서정적인 삽입곡들이 흥행에 큰 영향을 준 것으로 생각된다.

홍콩 드림을 안고 중국의 고향 땅을 떠나온 이교와 여소군에게 삶은 전쟁 그 자체이다. 북경어를 쓰는 본토에서와는 달리 홍콩에서는 광동어를 쓰는 데다 영어까지 구사해야 하며, 자본주의 제도나 생활방식 등 모든 것이 낯설고 서툴기만 한 그들에게 사랑은 사치스런 일인지도 모른다. 서로의 가슴속에 자리잡기 시작한 사랑을 꽃피우는 일보다 삭막한 세상에서 살아남아 돈버는 일이 더 시급한 지상과제였기 때문이다. 그들의 사랑은 세월이 흘러 새로운 세상에 익숙해지고 주변을 돌아볼 여유가 어느 정도 생긴 후에야 비로소 맺어진다.

사랑도 식후경인가? 저명한 인본주의 심리학자 매슬로우(Maslow)의 이론에 따른다면 대답은 "그렇다"이다. 그는 이른바 욕구위계이론을 통해서 사람들의 기본적 욕구는 크게 다섯 가지로 구분할 수 있으며, 이 욕구들은 위계적으로 배열되어 있어서 낮은 단계의 욕구가 충족되어야만 높은 단계의 욕구가 활성화된다고 주장하였다.

매슬로우가 제시한 다섯 욕구는 가장 낮은 단계부터 차례로 생리적 욕구, 안전 욕구, 소속 및 애정 욕구, 자기존중 욕구, 자기실현 욕구이다. 생리적 욕구란 배고픔, 목마름, 성욕 등과 같이 인간의 가장 근본적인 욕구로서 대개 생존과 직결되어 있어서 다른 모든 욕구보다 최우선적으로 충족되어야 한다. 금강산도 식후경이라고 먹을 게 없어 굶주린 사람에게 사랑이나 존경 따위는 사치스러운 일일뿐이다.

생리적 욕구가 충족되면 안전 욕구가 주된 욕구로 활성화된다. 먹고살기 위해서 닥치는 대로 아무 일이나 하던 사람이 경제적으로 어느 정도 안정되고 나면 위험하거나 힘든 일은 피하고 보다 편한 일을 찾으면서 신체적 안전을 도모하게 된다. 나아가서 저축이나 보험 등으로 앞날에 대비하고 심리적 안정을 꾀하기도 한다.

삶이 안정을 찾게 되면 그동안 잊고 지내던 사람들이 그리워진다. 즉, 타인들과 함께 어울리고 애정을 주고받고자 하는 소속 및 애정 욕구가 분출하는 단계로서 이 욕구가 활성화되면 친구나 애인 등 타인과의 만남이 잦아지며, 마음 맞는 사람들끼리 모임을 만들고 또 자신의 꿈을 펼칠 수 있는 단체에 가입하면서 다양한 인간관계를 맺게 된다. 앞만 보고 달려가던 개인의 삶은 이런 인간관계를 통해서 비로소 쏙이 넓어지고 여유가 생겨 인생의 즐거움을 맛보게 된다. 어소군과 이교의 사랑도 두 사람의 생활이 이 단계에 이르러서야 본격적으로 꽃을 피우게 된다.

처음엔 즐겁기만 하던 동창회나 동호회는 시간이 흐를수록 밋밋해지고, 사람들은 소모적이기만 한 이런 모임보다 뭔가 더 생산적이고 뜻 있는 일이 없을까 찾아보게 된다. 나이가 들어 개인의 생활이 더 윤택해지면서 사회적으로 인정받고 싶은 욕구인 자기존중 욕구가 지배적인 욕구로 부상한 것이다. 따라서 사람들은 사회봉사를 통해서, 장학금이나 기부금을 기탁하면서, 또는 자신의 능력이나 부를 과시하면서 남과 자신으로부터 인정받고자 한다.

마지막에 이르는 최상의 욕구는 자기실현 욕구이다. 이 욕구는 자신의 잠재력을 실현하고 자기답게 되고자 하는 욕구를 말한다. 매슬로우는 대부분의 사람들은 자기존중 욕구 수준에서 멈추고 우리가 흔히 위인이라고 부르는 극소수의 사람만이 자기실현 욕구를 충족시킬 수 있다고 보았다.

열 번 찍어 안 넘어가는 나무 없다

사람들은 아름다운 사랑이나 우여곡절 끝에 맺어지는 사랑의 이야기를 들으면 언제나 천생연분이니 운명적 사랑이라고 말들 한다. 그러나 사회심리학적으로 보면 맺어지는 사랑은 그럴만한 이유가 있고 깨지는 사랑도 다 이유가 있다. 운명이나 연분말고 다른 이유 말이다. 여소군과 이교는 왜 서로 좋아하게 된 걸까?

대인매력을 연구하는 사회심리학자들은 동성간이던 이성간이던 두 사람이 좋아지게 되는 데는 네 가지 요인이 결정적인 작용을 한다고 믿는다.

첫 번째 요인은 근접성이다. 즉, 한 동네에 살거나 같은 학교에 다니는 것처럼 지리적으로 가까이 있는 사람과 좋아질 가능성이 크다. 갑돌이와 갑순이, 성춘향과 이몽룡, 로미오와 줄리엣은 모두 한 마을에 살았다. 서양의 격언인 'Out of sight, out of mind(눈에서 멀어지면 마음도 멀어진다)'는 이 사실을 역설적으로 뒷받침하고 있다. 여러분도 주변에서 군대간 애인을 버리고 다른 남성과 사귀는 '고무신 거꾸로 신는' 행위를 흔히 봐왔을 것이다. 여소군 역시 중국에 두고 온 약혼녀와 관계가 점차 소원해지고 이교와는 영어학원에 같이 다니는 등 자주 만나게 되면서 사랑하게 된다.

가까이 있는 사람과 왜 좋아지게 되는 것일까? 자주 만나면 친숙해 지고 정들기 때문이다. 열 번 찍어 안 넘어가는 나무 없다는 우리 속 담도 이런 경우를 두고 한 말이다. 그리고 가까이 있는 사람과는 만남 에 따르는 부담이 적다. 예를 들어, 캠퍼스 커플이라면 학교 자체가 데이트 장소가 되므로 시간적 · 경제적 절감효과가 있어 서로 부담 없 고 편하게 만날 수 있는 반면에, 서울과 대구에 떨어져 있는 커플은 한 번 만나기 위해서 많은 대가를 치러야 할 수밖에 없다.

또 한가지 이유는 가까이 있는 사람은 좋던 싫던 앞으로 계속 만나 게 될 사람이므로 다시 볼 가능성이 없는 사람보다는 더 정중하게 대 하기 때문에 상대 역시 정중하게 반응하게 되어 서로 호감을 갖게될 가능성이 커진다.

그런데 자주 본다고 무조건 좋아지나? 열 번 찍어… 속담에 대해서 우스개 소리로 "그것도 도끼 나름"이라고 대꾸하기도 한다. 사회심리 학 연구에 따르면 도끼 나름이라는 말이 의미하는 대로 근접성-매력 효과는 사람에 따라 달라지는데 첫인상이 부정적인 사람에게는 일반 적으로 근접성 효과가 나타나지 않는 것, 다시 말해서 자주 만나도 좋 이지지 않는 것으로 밝혀지고 있다.

또 어떤 사람들은 애인이나 배우자와 떨어져 있으니 더 그립고 사 랑이 깊어진다고들 한다. 떨어져 있는 기간이 단기간이라면 그렇다.

그러나 안타깝게도 사람들의 적응력은 대단해서 오래 떨어져 있게 되면 그 사람이 없는 생활에 점차 익숙해지게 된다. 애인과 늘 붙어 다니던 생활에 적응되어 있다가 애인과 떨어지니 허전했던 것처럼 애인이 곁에 없는 상태에 적응되다 보니 애인이 돌아오면 오히려 불편해질 수도 있는 것이다.

유유상종

두 번째 요인은 유사성이다. 유유상종이라는 말이 있듯이 사람들은 자신과 비슷한 사람을 좋아하는 경향이 있다. 취미, 가치관, 종교, 연령, 고향, 학벌 등 같거나 유사한 특징이 많을수록 상대를 더 좋아하게 된다. 그리고 사소한 특징보다는 가치관이나 종교와 같은 중요한 특징의 유사성이 호감에 더 큰 영향을 미친다. 여소군과 이교는 둘 다 중국출신이고, 돈벌기 위해 홍콩으로 건너왔으며, 친구가 없어 외롭고, 게다가 등려군을 좋아하는 점까지 닮았다.

사기꾼은 자기와 같은 사기꾼을 만나면 반가워할까? 그렇지 않다. 사기꾼은 자신이 사기꾼이라는 사실을 아마 좋아하지는 않을 것이다. 유사성-매력 효과에도 예외는 있어 이와 같이 자신이 싫어하는 특징과 유사한 특징을 가진 사람에게는 매력을 느끼지 못한다. 사기꾼은 다른 사기꾼을 싫어할 것이고, 자신이 수줍음이 많다는 점에 불만인 사람은 똑같이 수줍음이 많은 사람을 별로 좋아하지 않는다.

유사한 사람을 좋아하는 한가지 이유는 자신과 유사한 사람은 자신의 의견이나 행동이 타당하다는 것을 확인시켜주는 셈이어서 보상적 가치가 크기 때문이다. 고교평준화에 관한 토의에서 대부분이 평준화 유지를 주장하는 반면에 독자 혼자서 고교 입시부활을 주장한다고 생각해 보라. 자신과 반대되는 주장을 하는 사람들에게 섭섭하기도 하고 한편으로는 자신의 주장이 잘못된 것은 아닐까 하는 의문도 들어 외로움을 느낄 것이다. 그 때 토의에 새로 참가한 누군가가 고교 입시부활을 지지한다면 그 사람으로 인해서 자신의 주장이 엉터리가 아님을 확신하게 되고 그 사람이 당연히 좋아질 것이다. 이를 사회심리학에서는 합의적 타당화라고 한다.

여기서 한가지 짚고 넘어가야 할 부분이 있다. 성격에 관한 문제로서 성격 역시 유사한 사람들끼리 더 잘 어울릴 것인지 여부에 관한 것이다. 한 때 성격은 유사성보다는 서로 보완해준다는 의미인 상보성이 매력을 촉발한다는 가설이 상당한 힘을 얻었었다. 즉, 소극적 성격의 소유자는 적극적인 사람을 좋아하고, 외향적인 사람은 내성적인 사람에게 끌린다는 것이다.

영국 영화 〈네 번의 결혼식과 한번의 장례식 Four Weddings and a Funeral〉의 주인공 찰스(휴 그랜트 분)와 캐리(앤디 맥도웰 분)에게서 상보성 효과를 찾아볼 수 있다. 노총각 찰스는 보수적이고 소극적이며 우유부단해서 야간의 결혼공포증(Fear of Connubial Commitment, FCC)을 지니고 있다. 반면에 캐리는 적극적이고 대담하며 자유분방한 여성으로 찰스를 만난 첫날 그를 유혹하여 잠자리로 데려간다. 서로 사랑하면서도 망설이는 찰스 때문에 캐리는 다른 남자와 결혼해버리고, 찰스는 자신의 결혼식 날 하객으로 온 캐리가 이혼했다는 말을 듣자 마음이 흔들려 결혼을 파기하게 된다.

그러나 최근의 많은 연구 결과들은 성격도 유사한 사람들끼리 조화가 잘 된다는 점을 지지하고 있다. 어떤 학자는 성(性)을 제외하고는 극과 극이 어울린다는 증거는 찾아볼 수 없다는 급진적 주장을 펴기도 하였다. 다만 상보성─매력 효과는 서로가 상대의 욕구를 만족시킬 수 있는 경우에만 나타나는 것으로 보인다. 예를 들어, 소극적인 사람은 자신의 소극성에 불만이 있어 적극적인 사람을 필요로 한다면 적극적인 사람에게 매력을 느낄 것이지만, 자신의 소극성에 불만이 없다면 소극적인 사람을 더 좋아할 것이다. 그렇다면 새디스트(Sadist)에게는 매조키스트(Masochist)가 천생연분일까?

이왕이면 다홍치마

애석하게도 매력의 세 번째 결정요인은 외모(이에 관해서는 '코르셋' 부분을 참고하라)이다. 동서고금, 남녀노소를 불문하고 사람들은 잘 생긴 사람을 좋아한다. 여소군과 이교 역시 상대의 잘 생긴 외모에 서로의 마음이 끌렸을 것이다.

서구에서는 전통적으로 배우자를 고를 때 남성은 여성의 외모를 가장 중요한 기준으로 삼는 반면에 여성은 남성의 성격을 우선적으로 본다는 이른바 이중 기준이 존재했으나 근래 들어 이 기준은 와해되어 남녀 모두 이성의 외모를 가장 중시하는 경향을 보여주고 있다. 다시 말해서 오늘날 남성의 경우에도 외모가 점점 더 중요시되고 있는 것이다.

외모는 관계가 시작되는 시점에는 가장 중요한 요인이 된다. 그러나 두 사람의 관계가 진전될수록 다른 요인들에 비해서 상대적 중요성이 떨어진다. 영화배우 뺨치는 미모를 지닌 부인을 둔 남성이 부인보다 더 못생긴 여성과 바람피우는 경우를 보면서 이해할 수 없다고 고개를 갸우뚱거린 적이 있나? 그렇다면 오랜 세월을 함께 한 부부간에는 외모가 더 이상 중요한 요인이 되지 않음을 알면 이해가 될 것이다.

좀더 깊이 들여다보면 외모-매력 효과는 유사성-매력 효과와 상충되는 부분이 있다. 잘생긴 사람이 잘생긴 사람을 좋아하는 경우는 두 효과로부터 공히 잘 예측되지만, 못생긴 사람은 어떤 사람을 좋아할까? 여기서 두 효과의 예언이 엇갈리는데, 외모 효과가 맞는다면 못생긴 사람도 잘생긴 사람을 좋아할 것이고, 유사성 효과가 맞는다면 못생긴 사람은 못생긴 사람을 좋아할 것이다. 독자 여러분의 생각은 어떤가?

외모와 유사성 효과가 부딪칠 때 유사성이 더 우세한 힘을 발휘한다. 너 자신을 알라는 소크라테스의 경구를 갖다대면 너무 거창할지 몰라도 사람들은 자신의 처지를 감안하여 자신과 비슷한 수준의 외모를 지닌 사람들에게 매력을 느낀다. 자신과 걸맞는 상대를 찾게 된다는 점에서 이를 걸맞추기 현상(Matching Phenomenon)이라고 부른

다. 오르지 못할 나무는 쳐다보지도 말라는 속담처럼 사람들은 자신
보다 뛰어난 외모를 지닌 사람에게는 거절당할 것 같은 두려움 때문
에, 그리고 자신보다 더 못한 외모를 지닌 사람에게는 손해본다는 생
각 때문에 프로포즈하기를 망설인다.

가는 말이 고와야 오는 말이 곱다

마지막 네 번째 요인은 보상성이다. 사람들은 자신을 좋아하거나
자신에게 관심을 보여주는 사람, 즉 보상을 주는 사람을 좋아하게 된
다. 새 옷을 한 벌 사 입고서 회사에 나갔을 때 알아보지 못하는 무신
경한 동료보다는 빈말이라도 잘 어울린다고 칭찬해주는 동료에게 호
감이 가는 것은 너무나 당연한 이치가 아닌가?

홍콩 생활에 어리둥절한 여소군은 영어학원을 소개해 주는 등 이교
의 자상한 배려와 관심에 호감을 느끼게 된다. 그리고 전 재산을 털어
마련한 등려군 레코드점이 생각보다 잘 안되어 의기소침해 있는 이교
에게 여소군의 따뜻한 말 한마디는 그녀의 마음을 사로잡는다.

호감은 이처럼 상호 교환적이어서 누군가로부터 호의를 받으면 보
답해야 한다는 일종의 의무감을 느껴 자신도 상대에게 호감을 보여주
게 된다. 가는 말이 고와야 오는 말도 고운 법이다.

그런데 동일한 보상이라도 예상하고 있던 보상보다는 예상치 못한
보상이 호감에 미치는 효과가 훨씬 더 크다. 밤낮 따라다니며 데이트

신청하던 남학생이 좋아한다고 고백하면 그냥 담담하거나 오히려 짜증나겠지만 자기에게 관심이 없을 것 같았던 남학생이 다가와 애정을 고백하면 가슴이 설렐 것이다. 처벌의 경우도 마찬가지여서 평소에 싫어하던 사람이 자신을 비난할 때(예상된 처벌)보다 사랑하는 사람의 비난(예상못한 처벌)이 훨씬 더 가슴을 아프게 한다.

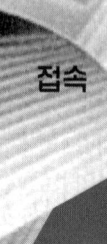

접속

E-Mail은 사랑을 싣고

1997년 한국 작품
감독: 장윤현
주연: 한석규 전도연 추상미 김태우
심리학 키워드: 사이버 공간에서의 인간관계

줄거리

홈쇼핑 전화상담원 수현과 라디오 방송 음악 PD 동현은 각자 영화를
보고 나오다 비가 오자 문 앞에서 주춤한다. 잠시 후 둘은 차례로 비를 맞
으며 뛰어 간다.

옛 사랑을 잊지 못해 늘 마음에 담고 사는 동현에게 그녀로부터 한 장

의 낡은 음반이 우편으로 오고 그는 그 음반을 방송한다. 수현은 룸메이트인 희진의 애인 기철을 짝사랑한다. 희진과 기철이 집에 함께 오자 수현은 자리를 비켜주려고 혼자 드라이브를 한다. 그러던 중 동현이 방송한 바로 그 음악을 듣다가 교통사고를 당할 뻔 한다.

수현은 PC통신을 통해서 그 음악을 신청하고, 동현은 신청자가 옛 애인 영혜일 거라고 생각하고 이메일을 보낸다. 수현은 동현과 채팅을 하면서 영혜를 안다고 거짓말을 한다. 거짓임을 안 동현은 화가 나서 거리를 배회하다가 자신을 짝사랑하는 방송국 작가 은희를 찾아가 성관계를 가진다.

동현이 방송한 음반을 사려고 중고 레코드점을 찾은 수현은 마침 친구의 가게에 들린 동현과 서로를 모른 채 스쳐 지나간다. 수현은 동현에게 거짓말한 것을 사과하고 둘은 차츰 공감을 느끼며 채팅을 계속한다.

방송국 선배가 은희와 관계가 있음을 알고 동현은 시프를 낸다. 동현의 충고로 기철을 찾아간 수현은 그와 키스한 후 후회하면서 돌아온다. 동현은 수현에게 영화입장권을 보내고 수현은 설레는 마음으로 만나러

나간다. 그러나 동현이 영혜의 자살 소식을 듣고 병원으로 달려가는 바람에 수현은 그를 만나지 못한다.

둘은 우연히 지하철에서 마주 앉았으나 서로를 알지 못한다. 수현은 방송국을 찾아가 동현의 연락처와 그가 호주로 이민 간다는 사실을 알게 된다. 그녀는 그에게 수 차례 전화하지만 응답이 없다. 수현의 메시지를 확인한 동현은 그녀가 기다리는 극장 앞으로 가지만 그녀 앞에 나서지 않고 카페에서 그녀를 보고만 있다. 밤새 기다린 수현은 카페로 들어와 동현의 뒤에 있는 공중전화에서 동현에게 전화로 메시지를 남기고 나간다. 동현은 발길을 돌리는 그녀를 바라보다 뛰어 나가고 두 사람은 마주 보고 선다.

접촉에서 접속으로

신세대는 면대면으로 '접촉' 하는 대신에 컴퓨터를 가운데 놓고 타인과 '접속' 한다. 그들은 사이버 공간(Cyberspace)에서 사람을 만나는 사이버 세대이다. 사이버 공간이란 컴퓨터 네트워크를 통해서 개인간의 상호작용이 이루어지는 가상의 공간으로서 컴퓨터와 인터넷이 보편화된 지금 신세대는 물리적 공간보다 사이버 공간에서의 교류에 점점 더 의존하고 있다.

이 영화는 새로운 인간관계 수단으로 자리잡은 컴퓨터 통신이라는 신세대의 교류방식을 감성적이고 세련된 분위기로 연출함으로써 상업적으로 큰 성공을 거두었지만 그리 짜임새 있는 영화라고 보기는 어렵다. 관객들은 특히 밤새 기다리는 수현을 지켜보기만 하는 동현의 새디즘(?)에 질리고, 기다리다 돌아가는 그녀를 달려가서 돌려세우는 마지막 장면에서는 "이게 뭐야?"라는 탄식이 나온다.

그러나 이 영화는 이메일과 채팅을 비롯하여 홈쇼핑, 노트북 컴퓨터, 원룸아파트, 24시간 편의점, 자동응답기, 여성의 적극적 구애 등 시대변화를 상징하는 각종 코드들을 요소 요소에 배치하고 있으며, 기존의 생활양식과 새로운 변화양식을 등장인물들을 통해 잘 대비시킴으로써 현실감을 더해주고 있다.

이수현은 홈쇼핑회사의 전화접수원으로 컴퓨터와 함께 생활한다. 그녀는 감성적이고 고독하지만 적극적이어서 동현과의 관계를 주도해 나간다. 이러한 수현의 캐릭터는 신세대의 특징을 고스란히 반영하고 있다. 반면에 수현의 룸메이트이자 도서관 사서인 희진은 애인과 만남과 헤어짐을 반복하는 통상적 사랑방식을 보여줌으로써 시대변화에 동승하지 못하는 인물이다.

그리고 권동현이 라디오 방송의 음악PD로서 LP레코드에 집착하는 점이나, 실연의 상처를 안고 살며 이민으로 현실을 도피하고자 하는 수동적이고 내성적인 성격의 소유자라는 사실은 모두 구시대 또는 구세대 특징들이다. 그렇지만 그는 오피스텔에 혼자 살며 컴퓨터 통신을 즐기는 현대 도시남성의 이미지도 갖고 있어 신세대도 아니고 구세대도 아닌 신구세대 사이에서 혼란스러워하는 이른바 '낀세대'의 면모를 보여준다.

사이버 공간에서 친해진 동현과 수현은 서로를 잘 알지만 얼굴은 모른다. 극중에서 그들은 하나의 물리적 공간(극장 앞, 레코드 가게 및 지하철)에서 세 번 조우하지만 서로 알지 못한 채 스쳐간다. 이 대목에서 관객들은 안타깝다.

그들은 마지막 네 번째 마주침에서 드디어 '접촉'하는데, 이는 관객의 안타까움을 보상하려는 감독의 배려인가 아니면 시대가 아무리 변해도 진정한 만남이란 '피부로 와 닿아야 한다'(?)는 작가의 메시지인가? 정작 그들을 맺어주는 매개물은 초현대식 컴퓨터가 아니라 구시대를 상징하는 록 그룹 벨벳 언더그라운드의 LP판이다.

네티즌의 인간관계

인간의 상상력과 하이 테크놀로지의 결합으로 창조된 인터넷은 유사이래 그 어떤 발명이나 변화보다도 인류의 삶에 더 막강하고 급진적인 영향을 미치고 있다. 얼마 전까지만 해도 생소하게 들리던 네티즌이나 N세대라는 용어는 이제 일상화되었고, 그들은 도서관대신 인터넷을 통해 정보를 건져 올리며, 원고지보다 키보드가 훨씬 더 편하고, 편지보다는 이메일이나 메신저를 선호하며, 도심의 카페에서보다는 사이버 대화방에서 미팅을 즐긴다. 미래의 세상을 그린 영화 〈데몰리션맨 Demolition Man〉과 〈론머맨 Lawnmower Man〉에서는 섹스조차 실제의 신체접촉 없이 사이버 공간에서 이루어진다.

이제 사이버 공간은 단순한 정보검색을 위한 데이터베이스로서

'정보의 바다'에 머물지 않는다. 네티즌들은 사이버 공간에 모여 공동체를 형성하고 그들만의 문화를 창조하고 있다. 만남과 헤어짐이 끊임없이 만들어지는 교류의 장으로서 제 2의 생활공간으로 자리잡고 있다. 그러나 사이버 공간은 현실에 뿌리를 두고 있기는 하지만 현실세계와는 다른 규범과 규칙에 의해 움직이고 있기 때문에 사이버 문화는 현대인이 몸담을 새로운 환경인 셈이다.

우리는 환경이 바뀌면 새로운 환경에 적응해야 하는 과제를 안게 된다. 적응이란 곧 우리의 삶이 어떤 형태로든 달라져야 함을 의미한다. 환경변화의 정도가 오늘날의 정보화 추세와 같이 혁명적일수록 삶에 미치는 영향도 클 수밖에 없고, 따라서 적응하기는 그만큼 더 힘들어진다.

그러나 정보화 사회가 인간의 삶에 미치는 영향이나 사이버 공간에서의 인간관계에 관한 과학적 연구는 아직 초보적 수준에 머물러 있는 실정이어서 21세기 벽두의 심리학의 중요한 과제라고 하겠다.

이메일, 채팅 그리고 메신저로 대표되는 사이버 공간에서의 접촉은 이미 젊은이들 사이에 가장 중요한 의사소통 수단중의 하나로 자리 매김하고 있어 긍정적이든 부정적이든 그들의 대인관계 전반에 깊은 영향을 주고 있다. 〈접속〉이나 〈유브 갓 메일 You've Got a Mail〉에서는 이메일을 통한 온라인상의 교류가 오프라인에서 남녀의 사랑을 맺어주게 만든다.

광운대 산업심리학과 김성일 교수(1997)는 사이버 공간을 통한 의

사소통의 특징을 다음과 같이 정리하고 있다.

- 시간적 · 공간적 제약으로부터 자유롭다.

- 상대의 표정이나 음성정보 등 비언어적 단서를 알 수 없어서 의
  사소통의 효율성이 떨어진다(이 문제는 ^_^(웃는 표정)과 같은
  이모티콘(Emoticon)을 사용해서 어느 정도 해결할 수 있으나 한
  계가 있다).

- ID나 별명을 사용하므로 자신의 정체를 감출 수 있어 익명성이
  보장된다(이로 인해 스토킹이나 원조교제 등 일탈 행위가 증가한
  다).

- 익명성으로 인해서 더 깊은 자기노출이 가능해지는 반면 자신의
  의견이나 감정을 면대면 상황에서 보다 더 강하고 과장되게 표현
  하는 탈억제 현상이 일어난다.

- 누구나 동등한 참여기회를 가지며, 수평적 관계가 이루어진다.
  따라서 메시지를 보낸 인물보다는 메시지 내용 자체에 큰 의미가
  부여된다.

- 사람들은 사이버 공간에서 타인에게 더 우호적이고 협동적인 경
  향이 있다.

- 면대면 상황에 비해서 관계를 더 쉽게 형성하고 반면에 관계의
  결속력은 더 약하다.

- 대화내용, 상대 및 시간 등의 의사소통 기록이 영구적으로 보존
  된다.

이와 같이 사이버 공간에서의 인간관계는 현실세계에서의 대면 인간관계보다 더 많고 다양한 계층의 사람들과 폭넓은 교류를 할 수 있으며, 개인의 익명성이 보장되기 때문에 보다 진솔한 의견을 표현할 수 있다는 장점이 있다. 그러나 정서적 교감이 어려워서 친밀한 관계로의 진전이 더디고, 집단으로서의 응집력 형성에도 문제가 있으며, 글에 의해서만 상대를 파악할 수밖에 없어서 경우에 따라서는 가식으로 위장된 상대와 관계하는 위험도 내포하고 있다.

많은 연구자들은 사이버 공간에 오래 머물러 있을수록 면대면 상호작용을 덜 하므로 사회로부터 고립되고 현실세계로부터 멀어지게 됨을 우려한다. 인터넷을 과도하게 사용하여 생활에 지장을 받을 정도로 신체적, 정신적 이상을 보이는 경우를 '인터넷 중독증'이라고 하는데, 한 조사에 의하면 인터넷 중독자들은 현실 도피하여 컴퓨터에만 몰입하고, 가상적 인물과 자신을 동일시하며 주변 일상사에 대해서 흥미를 상실하는 것으로 나타났다.

국내의 여러 조사를 종합한 조선일보(2002. 5. 16)의 보도에 따르면 인터넷 이용자의 6 ~ 7%에서 많게는 30%까지 중독증상을 보이고 있다. 인터넷 중독은 수면부족, 체력저하, 대인기피 등 가벼운 증상부터 우울증, 강박증, 충동조절장애, 사회공포증 등 정신장애를 초래할 수 있어 예방과 치료를 위한 교육이나 프로그램의 마련이 절실하다.

그러나 인터넷 중독자와 단순히 즐기는 자를 구분해서 생각해야 할 필요가 있음이 제기되고 있다. 중독은 아니지만 인터넷을 즐기는 사람과 인터넷을 즐기지 않는 사람을 비교한 여러 연구들은 소극적이고 내성적인 사람들이 인터넷에 빠져들 것이란 일반적인 인식과는 달리, 인터넷을 즐기는 사람들이 오히려 사회활동에 더 적극적인 결과를 보여주고 있다.

그리고 설문조사 결과들은 대체로 사이버 공간을 찾는 목적이 오락을 하거나 정보를 얻기 위해서라는 응답보다는 폭넓은 대인관계나 진지한 토론과 대화를 하기 위해서라는 응답이 더 많아서 사이버 공간은 이제 새로운 친구나 이성을 만나는 기회를 제공하는 역할을 하고 있다. 온라인 만남이 오프라인 만남으로 이어지는 경우도 실제로 많다.

사이버 공간에서의 사랑의 법칙

〈첨밀밀〉에 대해 논하면서 상대에 대한 매력을 결정하는 요인이 근접성, 유사성, 외모 및 보상성이라고 제시한 바 있다. 사이버 공간에서 맺어지는 남녀간의 낭만적 관계에도 이런 요인들이 그대로 작용할까? 아니면 다른 요인들이 더 중요할까? 그리고 대화방에서 여럿이 대화를 나누다가 어떤 두 사람이 따로 분리되어 그들끼리만 지속적인 대화를 나누게 되는데 영향을 미치는 요인은 무엇인가?

아래 내용은 사이버 공간에서 낭만적 관계가 형성되는 과정을 고찰한 한국가족상담교육연구소의 천혜정 연구원(2002)의 흥미로운 논문을 주로 참고로 했다.

가상 공간에서는 시간적, 공간적 제약이 없기 때문에 물리적 근접성은 낭만적 관계의 형성에 그리 중요한 역할을 하지 못한다. 외모에 신경 쓰지 않고, 만나는데 많은 비용이 들지도 않으며, 원할 때마다 편하고 안전하게 접촉할 수 있어서 그야말로 국경을 초월한 사랑도 얼마든지 가능하게 되었다. 다음 사례는 근접성의 중요성이 상대적으로 약화되고 있음을 보여준다.

> 아랫동네로 시집가고 윗동네로 장가들던 것 같은 만남의 지역적 제한성에 더 이상 구속받지 않게 되었음은 물론이다. 인터넷 안에서는 제주도 처녀와 서울 총각도 비행기 삯 없이 시간에 구애받지 않고 자연스럽게 만난다. 실제로 사이버 미팅을 통해 8명의 부부를 탄생시킨 천리안 만남 동호회의 두 번째 커플은 대구에 사는 남자와 성남에 사는 여자였다(동아일보, 2000. 5. 22).

가상공간에서는 (화상대화가 일반화되면 달라지겠지만) 외모를 비롯하여 사회경제적 지위나 연령 등 외적 조건의 영향력도 감소한다. 오프라인 만남에서는 외모가 첫인상을 결정하고 관계 지속 여부를 결정하는 가장 중요한 요인이다. 반면에 온라인 만남에서는 첫 인상은 주로 상대가 자신에 대해서 어떻게 기술하는지에 기초한다. 그리고 사이버 공간에서는 자신에 관한 정보를 언제 어떤 식으로 노출할 것인가를 스스로 통제할 수 있기 때문에 긍정적인 정보만을 먼저 제시함으로써 우호적인 관계를 형성하기가 상대적으로 더 유리하다.

현실 세계에서는 두 사람이 우선 만나고 나서 서로를 알아 가는데 비해서 사이버 공간에서는 두 사람이 서로 잘 알게된 다음에 만나게 된다. 두 사람이 만나기로 결정했을 때는 상대에 대해서 이미 친밀한 유대감과 매력이 형성된 후이므로 상대의 외모가 매력적이지 않다는 사실을 확인하게 되더라도 관계에 치명적인 악영향을 줄 가능성은 적어진다. 다음 사례는 이런 경향을 뒷받침한다.

최인우씨(34 · 회사원)와 10월 결혼하는 서초우체국 이신호 주임 (31 · 여). 3월 통신으로 처음 만나 통신으로만 사귀어 오다가 두 달 전 처음으로 서로의 실체를 보았다. 이 주임은 그만 그 자리에서 비명을 지르고 도망칠 뻔했다. 최씨는 한 살이라도 젊어 보이려는 일념에 검정색 쫄티와 바지를 입고 머리는 노랗게 염색한, 영락없는 건달 차림으로 나온 것. 디지털 연인과 실제 연인과의 괴리를 확인하고 쇼크를 받은 이 주임. 그러나 그는 최씨의 눈빛에서 보았다. 힘들고 지칠 때마다 5개월을 하루같이 시집과 수필집에서 찾은 아름다운 문구를 배달했던 그 남자의 진실을(동아일보, 1999. 9. 21).

경우에 따라서는 부정적인 정보를 미리 노출하는 것이 유리하게 작용할 수도 있다. 예를 들어, 뚱뚱한 외모 때문에 대인관계에 자신이 없는 여성이 자신이 가입한 동호회의 수십 명 회원들에게 자신의 체중을 밝힌다면 적어도 그 중의 한 명은 "당신의 체중은 우리의 관계와 아무 상관이 없습니다"라고 말할지 모른다.

동호회나 대화방의 메뉴는 주로 유사성을 기초로 형성된다는 점에서 유사성은 가상공간에서의 인간관계에도 중요한 영향을 미치고 있다. 동호회의 경우, 취미, 가치관, 관심 분야, 출신학교나 출신지역 등

과 같은 요소들로 구분되고 있으며, 대화방 역시 나이나 관심분야별
로 나누어진다.

국내 최대의 컴퓨터 통신 산악 동호회 〈산사랑〉에서는 산뿐 아니라
동호인들 사이의 사랑도 뜨겁게 타오르고 있다. 산을 좋아하고 통신을
즐기는 사람들이 모여있는 〈산사랑〉의 회원은 3백 여명으로 많은 동호
회 중에서도 회원 커플이 많기로 소문난 곳이다. 김정배 · 김정은씨를
시작으로 이미 대여섯 쌍의 컴퓨터통신 커플을 배출했다(경향신문,
1995. 7. 19).

한편, 보상을 주거나 보상과 연합된 사람을 좋아하게 된다는 보상
성의 원리도 사이버 공간에서 그대로 적용될 수 있다. 상대에게 여러
가지 유용한 정보를 제공하거나 칭찬, 위로 또는 격려의 말이나 카드
를 전하는 일 등이 사이버 공간에서 이루어 질 수 있는 보상들이다.
다음 사례를 보자.

온라인 게임 〈영웅문〉에서 만난 이상호(32) 부소정(29) 커플은 만난
지 5개월만에 울산에서 결혼식을 올렸다. 이상호씨의 사용자 이름(ID)
은 '영웅본색', 부소정씨는 '겐나'. 영웅본색과 겐나는 스승과 제자 사
이다. 둘이 처음 만났을 때 영웅본색은 500점이 넘어선 게임 서버 내 랭
킹 1위의 고수였다. 겐나는 부산에서 PC방을 운영하고 있지만 그때까
지 80점 정도밖에 안 되는 초보. 영웅본색과 겐나의 만남은 게임 내 채
팅으로 시작됐다. 영웅본색이 겐나에게 무공을 쓰는 법, 아이템을 활용
하는 법 등을 차례로 가르쳤다. 만난 지 5개월이 지난 지금 소정씨는

500점이 넘는 고수가 됐고 영웅본색도 1위 자리를 여전히 지키고 있다. 이씨가 부씨를 게임 밖에서 직접 만난 건 한 달 전쯤이지만 사이버 공간에서 쌓아온 애틋한 정 때문인지 두 사람은 한 달만에 결혼식을 올렸다 (동아일보, 2000. 6. 4).

내 남자친구의 결혼식(My Best Friend's Wedding)

놓친 고기가 더 크다

1997년 미국 작품
감독: 피 제이 호간(P J Hogan)
주연: 줄리아 로버츠(Julia Roberts) 카메론 디아즈(Cameron Diaz)
　　　더모트 멀로니(Dermot Mulroney) 루퍼트 에버렛(Rupert Everett)
심리학 키워드: 인지부조화이론, 태도와 행동의 관계

줄거리

　　요리잡지 기자인 줄리안은 옛 애인이자 절친한 친구인 스포츠잡지 기
자 마이클이 재벌의 외동딸 키미와 결혼한다는 말을 듣고 충격을 받는다.
지금까지 자기의 이상형이 아니라고 생각해 왔던 마이클을 사랑하고 있
음을 깨달은 것이다. 나흘 뒤 결혼식 때까지 같이 있어달라는 마이클의

부탁을 받은 줄리안은 그들을 갈라 놓기 위해서 뉴욕에서 시카고로 날아간다.

줄리안은 마이클이 키미를 싫어하도록 유도하는 한편 자신에게로 마음을 돌리도록 애를 쓴다. 키미가 음치임을 알고 주점에서 그녀에게 억지로 노래를 시키자 음정과 박자가 엉망이지만 씩씩하게 노래하는 그녀를 마이클은 더욱 귀엽게 바라본다. 마이클의 독립적인 성격을 잘 아는 줄리안은 키미에게 아버지께 부탁해서 그의 자리를 하나 마련해 주도록 조언한다. 키미가 마이클에게 아버지 회사에서 일해줄 것을 제의하자 그는 줄리안의 계략대로 키미에게 화를 벌컥 낸다. 그러나 키미의 사죄로 둘은 곧 화해한다.

줄리안은 게이인 친구 조지에게 연락하여 도움을 청한다. 둘은 약혼한 사이인 것처럼 가장하나 마이클의 질투심을 유발하지 못한다. 그녀는 최후의 수단으로 키미 아버지의 E메일을 이용하여 마이클이 직장에서 해고되도록 조작하고, 그의 직장상사로부터 키미 아버지의 소행을 전해들은 마이클은 분노하고 드디어 결별을 고한다.

결혼식 날 마이클과 키미는 서로의 눈치를 보며 전전긍긍한다. 줄리안은 마이클에게 사랑을 고백하고 이제까지의 소동이 모두 자기가 꾸민 일이라는 것을 실토한다. 그리고는 그에게 키스하는데, 마침 이 장면을 목격한 키미는 충격을 받고 달아난다. 그녀를 쫓아가는 마이클을 보고 줄리안은 그가 키미를 진정으로 사랑하고 있음을 확인한다. 줄리안은 키미를 찾아 마이클의 진심을 전달하고 결혼하도록 설득한다. 마침내 마이클과 키미는 결혼하고 줄리안은 조지와 춤을 춘다.

귀여운 여인과 발랄한 여인

로맨틱 코미디에 가장 잘 어울리는 여배우를 꼽으라면 아마 남녀를 불문하고 줄리아 로버츠와 멕 라이언을 1, 2 순위로 들 것이다. 최근 멕 라이언이 다소 노쇠한(?) 기미를 보이는 가운데, 줄리아 로버츠는 〈귀여운 여인 Pretty Woman〉을 통해 일약 은막의 신데렐라로 떠오른 이래 〈사랑을 위하여 Dying Young〉, 〈노팅 힐 The Knotting Hill〉 그리고 〈에린 브로코비치 Erin Brockovich〉에 이르기까지 변함 없는 귀여움을 발산하며 팬들을 매료시키고 있다.

줄리아 로버츠와 멕 라이언의 아성에 강력한 도전장을 내민 여배우가 바로 신세대 카메론 디아즈이다. 그녀는 〈마스크 The Mask〉, 〈이완 맥그리거의 인질 A Life Less Ordinary〉 등에 이어 〈메리에겐 뭔가 특별한 것이 있다 There's Something About Mary〉를 통해 팬들의 주목을 한 몸에 받는 스타로 발돋움했다.

두 배우는 귀밑까지 이르는 특유의 큰 입이 공통점이다. 그러나 줄리아 로버츠가 귀엽고 섹시하며 당찬 여인의 이미지를 구축하고 있다면 카메론 디아즈는 다소 맹하면서도 발랄한 이미지를 지니고 있다. 그리고 줄리아 로버츠가 넉넉지 못한 가정에서 험하게 자라 산전수전을 다 겪으면서 일어서는 여성의 캐릭터를 잘 소화하고 있는 반면에 카메론 디아즈는 부잣집에서 태어나 고생을 모르고 편안하게 살아온 이른바 '있는 집 자식'의 전형을 잘 보여준다.

이 영화는 로맨틱 코미디 장르에 재능을 갖춘 감독과 최고 수준의 두 여배우 그리고 남자친구의 결혼을 막으려고 온갖 수단을 다 동원한다는 줄거리 등 관객의 구미를 당길만한 요소를 두루 갖추고 있다. 그럼에도 불구하고 이 영화가 중반 이후에 다소 맥빠진 느낌을 주는 것은 잘 생긴 점 외에는 별 특징이 없는 남자 주인공 더모트 멀로니 때문일 것이다. 리처드 기어 정도라면 모를까 여인을 사로잡을 만한 강력한 카리스마를 지니지 못한 그에게 너무나도 매력적인 두 여인이 왜 그렇게 집착해야 하는지를 관객들은 납득하기가 쉽지 않았다.

친구의 자장면이 더 맛있어 보이는 심리

줄리안은 마이클이 결혼한다는 전화를 받는 순간 그 자리에서 넘어질 정도로 쇼크를 받는다. 한때 열렬하게 연애를 했지만 배우자로는 맞지 않는다고 서로 생각해서 친구로만 지내던 터였는데 그가 막상 다른 여자와 결혼한다니까 한 대 맞은 듯 멍해진 것이다. 마이클이 옆에 있을 때는 느끼지 못했으나 그가 이제 영영 자신의 곁을 떠나 남의 남자가 된다는 것을 알게 되자 갑자기 그가 더 좋아지고 놓치기 아깝다는 생각이 들어 줄리안의 피눈물나는 결혼방해공작이 시작된다.

사람들은 자신의 수중에 있는 것의 가치를 망각하거나 평가 절하하는 경향이 있다. 애타게 바라던 것이지만 그것을 얻고 나면 얼마 안 가서 그것은 그저 평범하고 익숙한 것이 되고 만다. 사람이나 물건 또는 다른 어떤 것이든 소유하지 못하고 멀리 있을 때만이 소중하게 느껴지고 욕망의 대상이 된다. 연애 시절엔 깨물어주고 싶도록 사랑스럽던 여인이 아내가 되면 애틋하고 낭만적인 감정이 퇴색하는 이치도 이런 이유 때문이다. 그러나 만일 다른 남자가 아내를 넘보면 불같은 질투심과 함께 애정이 다시 타오른다.

이런 메카니즘을 잘 설명하는 사회심리학 이론이 레온 페스틴저(Leon Festinger)의 인지부조화이론(Cognitive Dissonance Theory)이다.

1957년에 발표되어 수십 년 간 사회심리학을 풍미한 이 이론은 한 개인의 태도와 행동이 일치되지 않으면, 즉 부조화 상태가 되면 심리적으로 불편해지고 태도와 행동을 일치(조화)시키려는 동기가 생긴다고 가정한다. 그리고 개인이 어떤 조치를 취하여 태도와 행동이 일치되면 불편감은 사라지고 심리적 안정을 되찾게 된다.

실제로 우리는 하루에도 몇 번씩 인지부조화를 경험한다. 예를 들어, 중국음식점에서 친구가 시킨 자장면이 내가 시킨 짬뽕보다 더 맛있게 느껴진 경우가 허다하며, 내 애인보다 친구의 애인이 더 멋있어 보여서 안타깝기도 하다. 즉, 자장면을 주문한 나의 행위와 짬뽕이 더 맛있게 느껴지는 나의 태도는 부조화를 이루어 마음이 편치 않은 것이다. 부조화를 해소하여 다시 평온한 상태로 돌아가기 위해서는 친구와 음식을 바꿔 먹거나 아니면 자장면도 먹을 만하다고 자위하는 수밖에 없다.

'놓친 고기가 더 크다', '구관이 명관이다' 또는 '남의 떡이 커 보인다'와 같은 속담들은 모두 행동과 태도가 상반되어 인지부조화 상태에 놓인 심정을 나타내는 좋은 예다. 이런 예에서와 같이 인지부조화는 의사결정이 이루어진 후에 다른 대안이 더 매력적으로 느껴지는 경우 또는 자신이 하는 일이 지겹고 따분하다고 생각하는 사람이 친구 앞에서는 재미있는 일을 하고 있다고 거짓말하는 경우처럼 자신의 태도와 상반되는 행동을 한 경우에 흔히 경험된다.

처녀가 임신해도 할 말이 있다

인지부조화를 겪을 때 이를 경감시키기 위해서 우리는 태도와 행동 중 어느 한 쪽을 다른 쪽과 일치하도록 변화시키거나, 태도와 행동이 조화될 수 있도록 그럴듯한 구실(이를 '조화인지'라고 한다)을 만들어 내야 한다. 그럼으로써 심리적 불편감은 해소되고 마음은 평정을 되찾게 된다.

예를 들어, 한 여대생이 백화점에서 국산 청바지와 외제 청바지 중 어느 것을 살까 고민하다 국산 청바지를 샀는데, 집에 와보니 외제가 더 나을 것 같다는 생각이 계속 머리를 맴돌아서 괴로워하고 있다고 하자. 이 여대생이 마음의 평정을 되찾는 길은 백화점에 다시 가서 외제 청바지로 교환하거나(행동변화), 자신이 구입한 국산 청바지가 더 좋을 것이라고 마음을 고쳐먹거나(태도변화), 아니면 "외제에 비해 품질이나 디자인이 다소 떨어질 수도 있으나 애국하는 마음에서 국산품을 샀다"고 좋은 구실을 생각해내면(조화인지 추가) 된다.

페스틴저는 행동은 엎질러진 물과 같아서 다시 되돌릴 수가 없는 경우가 대부분이기 때문에 사람들이 주로 태도를 변화시켜 인지부조화를 경감한다고 주장했다. 즉, 사람들은 자신의 태도와 행동이 일치하지 않을 때 행동을 합리화할 수 있는 방향으로 태도를 수정하는 강력한 경향이 있다. 페스틴저에게 있어서 태도는 행동을 합리화한 것에 지나지 않는데, 이런 경향을 강조하기 위해서 그는 '인간은 합리적인 동물이 아니라 합리화하는 동물'이라고도 하였다.

그는 또 태도와 행동의 관계는 마차와 말의 관계와 같다고 했다. 말이 움직이는 대로 마차가 가듯이 자신이 행동한대로 생각은 따라가게 된다는 이치를 말한 것이다. 태도와 행동간의 인과관계를 생각할 때 일반적으로 사람들은 페스틴저의 주장과는 반대로 태도가 행동을 결정한다고 믿는 경향이 있지만, 따지고 보면 우리는 자신의 생각대로 행동하지 않거나 못하는 경우가 허다하다. 따라서 어떤 사람의 태도를 안다고 해서 그 사람이 어떻게 행동하리라고 예측하기는 그만큼 쉽지 않다.

그러나 일단 어떤 행동을 하고 난 뒤에는 행동을 합리화하려는 경향으로 인해서 그 행동과 일관되는 태도를 지니게 된다. 다시 말해서 행동에 따라서 태도가 달라진다. 결국 어떤 사람의 행동을 보면 그가 어떤 태도를 지니게 될지는 비교적 알기 쉽다.

사이비 종교에 전 재산을 갖다 바친 사람은 그 종교야말로 구원의 종교라고 굳게 믿게 되며, 임신한 처녀도 할 말이 있는 법이다. 그래야 마음이 편안해지기 때문이다. 그렇지만 전 재산을 바쳐가며 신봉한 종교가 사이비 종교라는 생각이 들면 얼마나 허탈하겠으며, 아차 실수로 임신한 처녀가 부도덕한 처녀들이나 임신한다는 신념을 계속 유지하고 있다면 얼마나 괴롭겠는가?

이 영화에서 줄리안은 마이클에게 말로는 결혼을 축하한다고 했으나 그 결혼을 뜯어말리고 싶은 것이 솔직한 심정이어서 인지부조화를 심하게 겪고 있다. 이런 괴로움을 해소하기 위해서 그녀가 택한 방법은 마이클과 키미를 갈라놓고 자기가 마이클을 차지하는 것이다. 그녀는 곧바로 작전에 돌입한다.

마이클에게 은근한 추파를 던지는 한편, 키미에게는 마이클에 대한 험담을 늘어놓는다. 그래도 별 효과가 없자 키미가 음치임을 알고 마이클과 대중이 보는 앞에서 억지로 노래를 시켜 망신을 주려고 하고, 키미 아버지 회사에 마이클의 자리를 마련해 주도록 그녀를 부추겨 자존심 강한 그의 분노를 사게 만들기도 한다. 그리고 자신은 친구 조지와 약혼한 사이라고 거짓말하여 마이클의 질투심을 유발해 보려고 시도한다.

그러나 그녀의 필사적인 노력에도 불구하고 마이클과 키미의 사랑은 변함이 없고, 따라서 그녀의 괴로움도 가시질 않는다. 이제 그녀가 할 수 있는 방법은 마이클을 포기하는 일 뿐이다. 마침내 줄리안은 마이클이 자신보다 키미를 더 사랑한다는 점을 스스로 인정하고, 그가 자신보다 키미와 더 잘 어울린다고 생각함으로써 인지부조화를 해소하고 자신을 짓누르던 고통으로부터 해방된다.

백만불 주고도 살 수 없는 것

1993년 미국 작품
감독: 애드리안 라인(Adrian Lyne)
주연: 데미 무어(Demi Moore) 로버트 레드포드(Robert Redford)
　　　우디 해럴슨(Woody Harrelson)
심리학 키워드: 사랑, 열정, 사랑의 삼각형이론

줄거리

　　건축회사에 다니는 데이빗과 부동산 중개인 다이아나는 고교시절부터 만나 부모의 반대를 뿌리치고 도망 나와서 결혼하였다. 그들은 산타 모니카 해변에 집을 짓기 위해 대출 받았으나 경제불황으로 수입이 격감해서 대출금을 상환하지 못하는 위기에 빠진다. 그들은 고민 끝에 도박을 해서 필요한 5만 불을 벌고자 라스베가스로 향한다.

　　남편이 도박을 하는 동안 다이아나는 윈도우쇼핑을 한다. 그녀가 고급 드레스를 걸쳐 보는 모습에 반한 억만장자이자 호색가인 존은 그녀에게 옷을 사 주겠다고 제안하지만 다이아나는 거절한다. 데이빗은 첫날 2만 5천불을 땄으나 다음날 본전까지 몽땅 잃는다. 빈털터리가 된 그들은 카지노를 나가다 존이 만 불 짜리 칩으로 도박하는 장면을 구경한다. 다이아나를 발견한 존이 행운을 위해서 그녀와 같이 도박을 하기를 요청하고, 다이아나가 주사위를 던져서 존은 100만 불을 판다. 그는 감사의 표시로

최고급 객실을 잡아주고 다이아나가 걸쳐 봤던 드 레스를 선물로 보낸다.

돈으로 사랑도 살 수 있 다고 생각하는 존은 데이 빗 부부를 파티에 초대하 여 다이아나와 하룻밤을 함께 지내는 대가로 100만 불을 주겠다고 제의한다. 거절했지만 그들은 그날 밤 잠을 이루지 못한다. 돈이 아쉬운 그들은 결국 존의 제안에 응하고, 다이아나는 존의 호화 요트에서 그와 하룻밤을 보낸 다. 데이빗은 밤새 괴로워한다.

집으로 돌아온 그들은 한동안 그 일에 대해서 서로 얘기하질 않았으나 데이빗은 계속 생각이 나서 괴롭기만 하다. 다이아나의 지갑에서 존의 명 함을 발견한 데이빗은 그녀를 의심하고 그들은 말다툼한다. 데이빗은 그 날밤 일을 자세히 알려고 하고, 다이아나는 사랑이 없는 섹스였을 뿐이라 고 하지만 데이빗은 믿지 않는다. 그들은 드디어 별거한다.

다이아나가 일하는 회사에 나타난 존은 그녀를 자기 집으로 데리고 가

서 청혼한다. 둘은 점점 가까워지고, 데이빗은 그녀와의 추억을 떠올리며 방황한다. 어느 날 다이아나는 변호사를 통해서 이혼을 청구한다. 농물보호난체에 백만 불을 기부한 네이빗은 다 이아나를 만나 이제는 그녀가 떠나는 게 두렵 지 않다며 이혼서류에 서명한다. 마음이 흔들

린 다이아나는 존에게 작별을 고하고, 그녀의 마음을 이해한 존은 붙잡지 않는다. 7년 전 데이빗이 자신에게 청혼했던 해변을 찾은 다이아나는 벤치에 앉아있는 데이빗을 발견한다. 그들은 사랑을 다시 확인하고 손을 잡는다.

영원한 오빠 로버트 레드포드

이 영화가 개봉될 즈음 미국의 많은 주부들은 "당신은 낯선 남자와의 하룻밤 섹스에 100만 불을 벌 수 있다면 어떡하겠느냐?"라는 의견 조사에 시달려야 했다. 그리고 조사기관의 전화를 받지 않은 주부들도 한 번쯤 동일한 질문을 자신에게 던져봤을 것이다. 당시의 외신에 의하면 응답자의 70% 이상이 제안에 응하겠다는 긍정적 대답을 했으며, 일부는 상대가 로버트 레드포드라면 무료봉사(?)도 불사하겠다는 의지를 보였다고 한다.

존 역을 맡은 로버트 레드포드는 30년째 세계 여성의 우상으로 군림하고 있는 부러운 남자다. 미남 배우의 계보를 잇는 준수한 용모 때문에 그는 어떤 영화에서나 가장 멋진 역할을 맡아왔고, 감독까지 겸하고 있는 근래에는 너무 폼을 잡아서 영화를 망친다는 혹평까지 들을 정도이다.

한가지 재미있는 일은 그가 근래에 출연한 영화에서는 한 번도 사랑을 이루지 못한다는 점이다. 〈업 클로스 앤 퍼스널 Up Close And

Personal〉에서는 사랑하는 여인과 결혼하지만 죽음으로 관계를 마감해야 했고, 〈하바나 Havana〉와 〈호스 위스퍼러 Horse Whisperer〉 그리고 이 영화 〈은밀한 유혹〉에서는 사랑하는 여인을 떠나보내야 하는 역을 맡았다. 이는 로버트 레드포드를 사모하는 뭇 여성 팬을 위한 감독들의 배려일까 아니면 질투일까?

이 영화를 만든 애드리안 라인 감독은 일탈된 사랑을 화려하고 에로틱한 분위기로 묘사하는데 일가견이 있으며, 그러다 보니 그의 영화는 늘 스캔들을 몰고 다닌다. 이런 주제를 다루는 것 자체가 근엄한 평론가들로부터 찬사를 듣기가 쉽지 않지만 이 영화를 비롯하여 〈나인 하프 위크 Nine Half Week〉, 〈위험한 정사 Fatal Attraction〉, 〈로리타 Lolita〉 그리고 최근작 〈언페이스풀 Unfaithful〉에 이르기까지 그는 저속하고 타락한 사랑을 아름다운 영상으로 미화한다는 비난을 감수해야만 했다.

불확실성 시대의 사랑

나는 '사랑의 심리학' 이라는 교양과목을 개설하여 사랑, 연애 및 성에 관한 심리학적 이론과 방법 등을 가르치고 토론한다. 그 덕분에 젊은이들과 보다 쉽게 어울리면서 그들의 사랑에 대한 생각과 경험을 심심찮게 듣는 편이다. 학생들은 자신의 교제 얘기를 한참 늘어놓고선 나에게 이렇게 묻곤 한다. "우리가 정말 사랑하고 있는 걸까요?"

많은 젊은이들은 늘 이성과 가까이 지내고, 함께 많은 일을 하며, 또 그리워하면서도 그가 자신을 진정으로 사랑하는지 불안해하고, 자신의 사랑에도 확신이 없다. 무엇이 사랑인지 확실하지가 않는 것이다.

젊은이들 사이에 유행하고 있는 '백일 째 만남'을 기념하는 의식은 여러 가지 의미를 시사한다. 하나는 남녀의 만남이 채 백일도 못 가서 끝장나는 게 일반적인 경향임을 역설적으로 나타내 주는 것이고, 다른 하나는 두 사람의 만남이 백일을 넘기면 어느 정도 안정적이고 확실한 관계로 접어든 것으로 서로가 인식함을 의미한다고 하겠다. 그래서 젊은이들은 이 험난하고 불확실한 시대에 그토록 오래(?) 잘 사귀어왔음을 대견스러워 하고 서로의 관계가 진정한 사랑으로 한 단계 더 업그레이드되었음을 자축하지 않을 수 없는 것이다.

그러나 아무리 불확실성의 시대라고 해도 돈은 확실하다. 억만장자 존은 사랑도 돈으로 살 수 있다는 신념을 가진 사람이다. 그러나 그의 뜻대로 될 뻔했지만 부와 사랑 사이에서 흔들리던 다이아나가 결국 사랑을 선택함으로써 그의 신념은 물거품이 된다.

사랑은 부와 명예 그리고 이념까지 초월한다. 돈은 형이하학적 문제이지만 사랑은 형이상학적 현상이다. 돈은 우리의 육신을 살찌우지만 사랑은 우리의 영혼을 살찌운다. 하고많은 사랑 영화 중에 이 영화를 통해서 사랑을 논하기로 결심한 이유는 돈과 비교함으로써 사랑은 더욱 빛나며, 사랑이 돈이나 그 무엇보다 더 가치 있는 것임을 강조하고 싶어서다.

불확실성의 시대에도 데이빗과 다이아나의 사랑처럼 확실한 사랑은 있다. 흔들리기는 했지만 다이아나는 왜 엄청난 부와 잘생긴 남자를 뿌리치고 변변치 못한 남편을 선택했나? 무엇이 그들로 하여금 사랑을 포기할 수 없도록 만들었나? 진정한 사랑이란 도대체 무엇인가?

사랑에 관한 심리학적 이해

30여 년 전만 하더라도 사랑은 시인이나 소설가 등 문인들의 전유물이었다. 심리학에서는 1970년대 초 사회심리학자 루빈(Rubin)이 대학생들을 상대로 조사하여 사랑과 호감은 질적으로 다른 감정임을 밝힌 이래 본격적으로 사랑에 관해서 탐구해 왔다. 사랑에 관한 심리학적 연구들 중에서 가장 유명한 스턴버그(Sternberg)의 사랑의 삼각형이론(Triangular Theory of Love)을 중심으로 사랑의 본질을 이해해 보자.

스턴버그는 사랑이 친밀감(Intimacy), 열정(Passion) 및 의사결정/관계몰입(Decision/ Commitment)이라는 세 가지 구성요소로 이루어지며, 각 요소가 하나의 변이 되어 삼각형을 형성하는 것으로 비유하였다.

친밀감은 서로가 가깝고 맺어져 있다는 느낌으로서 사랑의 따뜻한 측면을 일컫는다. 친밀감을 느끼면 상대가 편안하기를 바라고, 상대와 같이 있으면 행복하며, 상대를 존중하고 의지하며, 상대와 정서적 지원을 주고받는다. 친밀감은 두 사람이 가까워짐에 따라 서서히 증가하다가 종국에는 있는지 없는지 느끼지를 못하는 상태가 된다.

열정은 상대와 하나가 되고 싶다는 강렬한 욕망을 뜻하며 사랑의 뜨거운 측면이다. 열정에 사로잡힌 사람은 상대에게 홀딱 빠진 느낌이 들고, 강한 성욕을 느끼며, 상대를 독점하고 싶어한다. 사랑하면서 현명할 수는 없다는 베이컨의 말대로 이 때는 상대를 이성적으로 판단하지 못하고 이상화하는 경향을 보인다. 이 때는 가족이나 친구 심지어 자신도 눈에 안 들어온다. '사랑하면 눈이 먼다'는 말이나 '눈에 콩깍지가 씌었다'는 표현은 모두 이런 상태를 두고 하는 말이다. 열정은 친밀감과는 달리 만남의 초기부터 급속도로 타올랐다가 곧 열기가 식어 습관화된다. 따라서 사랑의 초기 단계에는 열정만 존재하고 다른 두 요소는 정도가 미미한 셈이다.

열정이 쉽게 식는 이유는 상대에게 서로 익숙해지기 때문이다. 처음에는 상대에 관해서 하나하나 알아 가는 것이 신기하고 짜릿한 흥분이 되지만 나중엔 새로이 알게 되는 사항이 없어져서 흥분이 감소한다. 그러나 열정이 식은 자리에는 '편안함'이 자리 잡는다.

의사결정/관계몰입 요소는 사랑의 이성적이고 차가운 측면으로서 두 가지 의미를 담고 있는데 단기적 의미로는 누군가를 사랑한다는 마음의 결정이고, 장기적 의미로는 사랑을 계속 유지하려는 의지 및 헌신을 뜻한다. 이 요소는 열정이 식은 관계를 유지하는 힘이 되며, 관계가 진전함에 따라 강도가 서서히 증가한다.

스턴버그는 이 세 요소 중 어느 한 요소가 결여되거나 한 요소만 지나치게 강하면 바람직한 사랑이 될 수 없다고 주장하였다. 즉, 세 요소가 충분히 크고 균형을 이루어서 면적이 넓은 정삼각형이 만들어진 경우를 가장 바람직한 사랑이라고 하였다. 관계 초기부터 달아오르는 열정과는 달리 친밀감과 의사결정/관계몰입은 교제기간이 어느 정도 되어야 상당한 강도로 자라기 때문에 완전한 사랑을 이루기 위해서는 충분한 시간이 필요하다. 사랑도 뿌리내릴 시간이 필요하고, 뿌리내린 사랑은 흔들리지 않는 법이다.

불행하게도 많은 젊은이들은 열정을 사랑으로 착각해서 열정이 식으면 사랑이 식었다고 판단하여 상대와 헤어진다. 열정이 어느 정도 식고 나서야 진정한 사랑의 길로 접어들게 된다는 점에서 젊은이들의 진득한 여유가 아쉽다. 수십 년을 해로한 잉꼬부부에게서 어디 불같은 열정을 찾아볼 수 있는가?

이런 식의 짧은 만남이 반복되는 악순환을 이루다 보면 20대의 한창 나이에 벌써 '사랑은 공허하고 부질없는 짓'이라거나 '정주지 말자'는 식의 허무주의적 관념에 빠지기도 한다. 이와 같이 사랑의 본질을 제대로 이해하지 못한 사람에게는 사랑은 영혼을 살찌우는 것이 아니라 오히려 영혼을 황폐화시키는 일에 지나지 않게 된다.

사랑과 열정

그렇다면 사랑과 열정은 구체적으로 어떻게 다른가? 차이점은 다음과 같이 네 가지 정도로 요약될 수 있다.

- 사랑은 안정적이고 지속적인 감정인 반면 열정은 불안정한 감정이다.

  사랑은 한 두 번 싸우거나 한동안 만나지 못했다고 흔들리지 않는 한결같이 푸근한 감정이다. 그러나 열정은 환희와 증오가 수시로 교차하는 변덕스럽고 혼란스러운 감정이다. 그리고 쉽게 식어버린다.

- 사랑은 상대의 불완전함을 알고 받아들이지만 열정은 상대가 완전하다고 착각한 상태이다.

  사랑하는 사이는 미운 정 고운 정이 다 들어서 상대의 단점까지도 포용할 수 있으나, 열정에 사로잡힌 상태에서는 상대를 이상화해서 고운 정만 느낄 뿐이다.

- 사랑하는 상대에 대해서는 전적으로 믿지만 열정의 대상은 불확실하고 의심이 든다.

  사랑하는 사이는 서로의 사랑에 확신을 가지고 있기 때문에 상대를 믿고 편안한 마음으로 자신의 일에 몰두할 수 있다. 그러나 열정에 빠진 사람은 상대가 자신을 진정으로 사랑하는지에 대해 계속 조바심이 나고 항상 불안하다. 그래서 상대의 사랑을 확인하려고 시도하기도 하고, 상대와 한 두 번 다투면 관계는 쉽게 끝장나버린다.

- 사랑은 상대의 욕구를 배려하는 마음인데 비해서 열정은 자신의 욕구를 우선한다.

  사랑하는 사람은 자신보다 상대를 더 배려하기 때문에 보고 싶어도 상대가 곤란하다면 참고 기다린다. 반면에 열정에 휩싸인 사람은 자신의 욕구 충족에만 관심이 있어 상대의 뜻에는 아랑곳 없이 자신이 보고 싶다면 무조건 만나자고 강요한다.

따라서 자신이 상대에게 무언가를 끊임없이 원하고 있거나, 그의 생각이나 감정에 대해서 계속 조바심이 난다면 그런 감정은 사랑이라고 보기 어렵다.

객관적으로 볼 때 돈 많고 잘생긴 존이 남편 데이빗보다 훨씬 더 좋은 조건을 갖추고 있음에도 불구하고 다이아나가 데이빗에게 돌아간 이유도 이제 이해가 될 것이다. 존과 다이아나는 한 순간 열정에 빠져 서로를 탐닉했으나, 그런 열정만으로는 오랜 세월 쌓여서 무르익을 대로 무르익은 데이빗과의 사랑을 허물 수는 없었던 것이다. 고운 정만 있는 관계보다는 미운 정 고운 정이 고루 든 관계가 더욱 끈끈한 법이다.

잉글리쉬 페이션트(The English Patient)

전쟁과 사랑의 서사시

1996년 미국 작품
감독: 안소니 밍겔라(Anthony Minghella)
주연: 랄프 피엔즈(Ralph Fiennes) 줄리엣 비노쉬(Juliette Binoche) 크리스
      틴 스콧 토머스(Kristin Scott Thomas) 윌렘 데포우(Willem Dafoe)
심리학 키워드: 사랑의 유형, 심리적 반발이론

줄거리

　　2차 세계대전이 한창인 사하라 사막 위를 날던 경비행기 1대가 격추되
고 조종사는 원주민들에게 구조되어 극적으로 살아난다. 끔찍한 화상을
입은 그는 몇 년 후(1944년) 이탈리아에 주둔 중인 캐나다 의료부대로 후

송되고 기억을 상실한 탓에 그냥 '영국인 환자'로 기록된다. 애인과 친구를 전쟁에서 잃은 간호사 한나는 부대이동 중에 영국인 환자와 함께 폐허가 된 한 수도원 건물에 남는다.

한나의 정성어린 간호로 영국인 환사는 차츰 기억을 회복해 간다. 얼마 후 상관을 살해하고 적에게 지도를 넘긴 배신자를 쫓는 정보요원 카라바지오가 수도원에 나타나면서 영국인 환자가 실은 헝가리 출신의 알마시 백작으로 탐험가이자 지도제작자였음이 밝혀진다.

전쟁이 발발하기 전 사하라 사막지도를 제작하고 있던 알마시는 영국 정보요원 제프리의 아내 캐서린에게 첫눈에 반한다. 동굴탐사를 갔다가 모래폭풍으로 차안에 갇혀 밤을 함께 보낸 그들은 사랑에 빠지고 캐서린은 알마시의 집으로 찾아가 뜨거운 정사를 나눈다. 알마시의 열정은 더욱 타오르고 캐서린은 죄책감으로 마음이 편치 못하다. 제프리는 아내의 불륜을 알고도 모른 척 분을 삭인다.

전쟁이 터지자 경비행기로 캐서린과 함께 철수하던 제프리는 증오심에 불타 알마시를 치어 죽이려고 하다가 비행기가 땅에 곤두박질하면서 즉사한다. 알마시는 크게 다친 캐서린을 동굴 안에 눕히고 사흘 밤낮 사막을 달린 끝에 영국군에 구조요청을 하지만 오히려 스파이 혐의로 체포되고 만다. 필사적으로 탈출한 알마시는 독일군에게 사막지도를 넘기는 대가로 비행기를 얻어서 캐서린에게 날아간다. 그러나 캐서린은 짧은 유서를 남기고 싸늘하게 죽어 있었고, 비통한 심정으로 그녀를 싣고 사막을 날던 알마시의 비행기는 격추된다.

한편, 폭탄 제거단원들이 수도원에 머물게 되면서 한나는 시크족 장교 킵과 아름다운 사랑을 나누게 된다. 킵이 동네다리에 장착된 폭탄을 어렵게 제거하는 순간 종전 소식이 날아든다. 그러나 전쟁이 끝난 기쁨에 들떠 있던 킵의 동료가 폭사하고, 이에 상심한 킵은 떠나고 만다. 통증을 견디기 어려운 알마시는 한나에게 모르핀으로 자신을 죽게 해달라고 부탁하고 한나는 그의 팔에 모르핀을 주사한다. 그 후 한나와 카라바지오는 수도원을 떠난다.

사랑과 전쟁

1997년도 아카데미상 시상식은 작품상, 감독상을 비롯하여 8개 부문의 상을 〈잉글리쉬 페이션트〉에 바침으로써 〈벤허 Benhur〉 이후 최다 부문 수상의 영광을 안겨 주었다. 꿈꾸듯 날아가는 비행기에서 내려다보이는 옅은 브라운색 사막의 풍광은 여인의 살결같이 너무도 아름다웠으며, 아마도 이 영화는 〈아웃 오브 아프리카 Out of Africa〉와 함께 아프리카를 그린 대표적 영화로 기억될 수 있을 것이다.

영화는 알마시의 현재와 과거를 넘나들면서 알마시와 캐서린 그리고 한나와 킵 두 쌍의 애절하고 아름다운 사랑이 교차한다. 2시간 40

분이라는 긴 상영시간에도 불구하고 화면에서 눈을 떼지 못하며 끝나고도 깊은 여운이 남는 이유는 아름다운 영상과 함께 이들의 애틋한 사랑 때문일 것이다. 게다가 전쟁이라는 극한 상황에서 힘겹게 이루어 낸 사랑인데다 죽음과 이별이라는 아쉬운 결말로 끝났기 때문에 안타까움을 더한다.

극한 상황에서 나누는 사랑은 왜 그리 강렬한가? 사회심리학자 브렘(Brehm)이 제시한 심리적 반발이론(Theory of Psychological Reactance)으로 이를 설명해 본다. 이 이론의 기본 가정은 사람들은 자신의 의지대로 행동하는 자유가 박탈당하거나 제한될 때 자유를 회복하려는 동기가 생기고, 그 결과 자유가 제한된 행동은 더 긍정적으로 보이게 된다는 것이다. 예를 들어, 금지곡은 더 좋은 음악처럼 생각되고 미성년자 관람불가 영화는 더 보고 싶어진다. 1970년대 유신 시절에 장발단속을 하지 않았더라도 대학생들이 그토록 기를 쓰고 머리카락을 휘날리게 길렀겠으며, 로미오와 줄리엣이 양가부모의 반대가 없었더라도 그토록 사랑할 수 있었을까?

전쟁 역시 인간의 자유를 제한하고 모든 욕망을 억누른다. 욕망은 억압될수록 더욱 기승을 부리고 욕망의 대상은 더욱 가치 있게 느껴진다. 전쟁은 두 연인이 푸근하고 여유 있게 사랑을 속삭일 수 있는 조건을 전혀 제공하지 못한다. 척박한 환경에서 자란 생물이 끈질긴 생명력을 갖고 있듯이, 전쟁의 포화 속에서 핀 사랑은 강렬할 수밖에 없고 (설사 그것이 불륜이라 하더라도) 아름답게 보이는 것이리라.

이처럼 전쟁은 사랑과 도저히 동행하기 어려운 대비조건이 됨으로써 영화에서 연인들의 사랑을 더욱 절절하게 부각시키는 유용한 장치로 활용되어 왔다. 그 옛날 〈카사블랑카 Casablanca〉에서부터 오늘날의 〈쉬리〉까지.

알마시와 캐서린은 사하라의 태양처럼 뜨겁게, 모래폭풍처럼 격렬하게 사랑한다. 광활한 사하라 한가운데서 불어닥친 모래폭풍은 두 사람을 차 속에 가두고 밤을 지새게 만듦으로서 운명적 사랑에 빠뜨린다. 문정희 시인은 〈한계령을 위한 연가〉에서 이들에 대한 부러움(?)을 고백하고 있다.

한겨울 못 잊을 사람하고
한계령쯤을 넘다가
뜻밖의 폭설을 만나고 싶다
뉴스는 다투어 수십 년만의 풍요를 알리고
자동차들은 뒤뚱거리며
제 구멍들을 찾아가느라 법석이겠지만
한계령의 한계에 못이긴 척 기꺼이 묶였으면
오오, 눈부신 고립
사방이 온통 흰 것뿐인 동화의 나라에
발이 아니라 운명이 묶였으면
이윽고 날이 어두워지면 풍요는
조금씩 공포로 변하고 현실은
두려움의 색채를 드리우기 시작하지만
헬리콥터가 나타났을 때에도
나는 결코 손을 흔들지는 않으리

... (중략) ...
아름다운 한계령에 기꺼이 묶여
난생 처음 짧은 축복에 몸둘 바를 모르리

한편, 한나와 킵은 이들과 대조적으로 황무지의 한켠에 핀 들꽃처럼 순수하고 은은한 사랑을 나눈다. 이와 같이 사람들은 타인과 사랑을 나누는 자기만의 독특한 방식이 있어서 두 남녀가 만나 엮어내는 사랑도 천차만별의 스토리를 만들어 낸다.

사랑의 여섯 유형

시랑의 감정을 느끼는 것은 선천적이라고 할 수 있지만 사랑의 기술이나 방법은 후천적으로 습득하는 것이다. 따라서 사람마다 성장과정이나 경험 내용이 다르기 때문에 사랑하는 방식도 달라질 수밖에 없다. 캐나다의 사회학자 리(Lee)는 사랑의 유형을 아래와 같은 여섯 가지로 구분하여 제시한 바 있다. 여러분은 어떤 유형의 사랑을 하는지 잘 헤아려 보기 바란다. 그러나 한 개인이 어느 한가지 유형에 국한되는 사랑을 하기보다는 대개 두 가지 이상의 유형이 혼합된 사랑을 한다고 보는 것이 옳다.

열정적 사랑(Eros)

열정적 사랑을 하는 사람들은 이몽룡과 성춘향처럼 첫눈에 반해 황홀경에 빠진다. 그들은 사랑에 높은 가치를 부여하지만, 집착하거나 질투하지 않는다. 그리고 상대의 외모에 관심이 많고, 성적으로 개방적이며, 자기노출을 잘해서 상대와 대화를 즐긴다. 자신감이 높고 자존심도 강하지만 현실을 어느 정도 왜곡해서 지각하는 경향도 있다. 이들은 언제 어디서 백마 탄 왕자가 짠하고 나타날지를 모르기 때문에 아침에 집을 나설 때나 심지어 동네 슈퍼에 갈 때도 머리부터 발끝까지 열심히 치장하고 나선다.

영화에서 가장 흔히 그려지는 유형으로서 〈잉글리쉬 페이션트〉의 캐서린이나 〈비포 선라이즈 Before Sunrise〉의 두 연인(이단 호크와 줄리 델피 분) 등이 대표적인 예라고 하겠다.

이타적 사랑(Agape)

자기 희생적 사랑이라고도 하며, 이 유형의 사람들은 사랑은 받는 것이 아니라 주는 것이라고 생각한다. 상대의 행복과 편안함을 기원하고, 아무 조건 없이 베풀고, 용서하고, 돌본다. 상대에게 성적인 관심이 별로 없고, 영혼의 교류나 정신적 사랑을 진정한 사랑이라고 생각한다. 이들의 사랑은 상대에게 자신이 더 이상 필요치 않다는 확신이 설 때만이 끝난다.

이 영화에서 끊임없이 베풀기만 하는 한나의 사랑이나 〈은행나무 침대〉에서 황장군(신현준 분)의 사랑은 이타적 사랑에 가깝다.

소유적 사랑(Mania)

상대를 완전히 소유하는 것을 사랑이라고 생각하는 유형으로서, 이들은 늘 사랑을 갈망하지만 너무 집착하기 때문에 고통스러워한다. 상대의 사랑을 확인하는 일로 시간과 정력을 소모하고, 버림받지 않을까 하는 불안으로 항상 마음졸인다. 이들은 질투심에 불타고, 상대에 대한 열정과 증오가 수시로 교차한다. 그리고 상대에게 큰 부담을 주어서 질리게 만든다. 자신의 이런 문제를 어렴풋이 느끼지만 어쩔 수 없다고 생각한다. 대개 상대가 먼저 떠나게 되고, 관계를 끊은 후에는 서로 원수지간이 된다.

한 남자에게 병적으로 집착하여 그를 파멸시키는 〈크루서블 The Crucible〉의 에비게일(위노나 라이더 분)이나 〈위험한 정사 Fatal Attraction〉의 알렉스(글렌 클로즈 분)는 소유석 사랑의 대표석 예라 하겠다. 〈잉글리쉬 페이션트〉에서 알마시는 열정적 사랑의 경향도 보이지만 캐서린의 목줄기 아래 움푹 패인 부분을 자기 소유라 하며 알마시 협곡으로 명명하고, 그만 만나자는 그녀의 요구를 단호히 거부할 뿐 아니라 모임에서 신경질적 반응을 보이며 그녀에게 집착하는 등 소유적 사랑에 가까운 경향도 보인다.

유희적 사랑(Ludus)

사랑을 놀이나 게임으로 생각해서 즐기는 바람둥이형이다. 이들은 사랑을 대단한 것으로 생각하지 않고, 관계(및 성관계) 자체에 심각한 의미를 부여하지 않는다. 자신의 스타일을 이해하는 상대와 선을 분명히 긋고 관계를 시작하며, 상대에게 깊이 빠지지 않고, 속마음을 내보이지도 않으며, 상대가 자신에게 빠져들면 싫어진다. 특별한 이상형이 없고, 여러 유형의 이성과 동시에 연애한다. 그리고 상대에게 다른 이성이 접근하더라도 질투를 느끼지 않고 오히려 스릴을 느낀다.

이 유형으로는 〈프라하의 봄 The Unbearable Lightness of Being〉의 토마스(다니엘 데이 루이스 분)나 〈위대한 유산 Great Expectation〉의 에스텔라(귀네쓰 팰트로우 분)가 전형적 사례라고 할 수 있겠다.

우애적 사랑(Storge)

우애적 사랑을 하는 사람들은 오랜 친구와 같은 편안한 연인관계를 추구한다. 함께 지내다보니 편하고, 기분 좋고, 잘 통해서 친구이자 애인인 관계를 말한다. 이들은 언제부터 사랑이 시작되었는지 모르며, 이들 사이에는 극적인 사건도 감정의 기복도 없다(여기서 사랑은 혁명이라기보다는 진화인 셈이다). 갈등이 생겨도 잘 극복하며, 헤어지는 경우는 극히 드물다. 설사 헤어지더라도 좋은 친구로 계속 남아 있게 된다. 그리고 이들은 육체적 매력보다는 가치의 공유를 더 중요시하고, 상대를 믿기 때문에 편안한 마음으로 자신의 삶에 열중할 수 있다.

우애적 사랑의 예로는 〈내 남자 친구의 결혼식 My Best Friend's Wedding〉의 줄리안(줄리아 로버츠 분)이나 〈8월의 크리스마스〉의 다림(심은하 분) 등에서 찾아 볼 수 있다.

실용적 사랑(Pragma)

논리적이고, 현실적이며, 현명하게 사랑하려는 유형으로서 이들은 자기가 어떤 상대를 원하는지 정확히 알고 있고, 적극적으로 찾으며, 그런 사람이 나타날 때까지 참고 기다린다. 그리고 자신의 장단점도 잘 파악하고 있으며, 오래 지속되지 않을 것 같은 관계는 아예 시작하지도 않는다. 이들에게 뜨거운 열정이나 깊은 애정이 없는 것은 아니나 이성(理性)이 너무 우세해서 열정이 고개를 들지 못한다. 자신감이 부족하고 성격적 성숙도가 낮은 사람들에게서 많이 볼 수 있으나, 극단적이지만 않다면 성실하고 책임감 있는 배우자가 된다.

〈프라하의 봄〉에 나오는 테레사(줄리엣 비노쉬 분)의 사랑 방식은 실용적 사랑에 가깝다.

동사서독(東邪西毒)

허무한 사랑, 한 많은 인생

1994년 홍콩 작품
감독: 왕가위
주연: 장국영 양가휘 장만옥 임청하 양조위
심리학 키워드: 실연, 실연의 극복방법

줄거리

　　세상을 등지고 사막에 지은 움막에 살며 살인중개업을 하는 구양봉(서독)에게 떠돌이 검객 황약사(동사)가 찾아온다. 그는 매년 봄 동쪽에서 나타나는데, 올해는 마시면 지난 일을 모두 잊는다는 취생몽사라는 술을 한 병 가지고 왔다. 구양봉은 그 술을 마시지 않았으나, 황약사는 마시고

기억을 잃어간다. 황약사는 친구 맹무살수의 아내였으나 그와 불륜의 사
랑을 나눈 도화를 찾아간다. 그녀는 그를 보자 애써 외면한다. 그는 맹무
살수를 찾아가 취생몽사를 권하고, 맹무살수는 그를 죽이려고 했으나 나
빠진 시력 때문에 그냥 떠난다. 황약사는 술집에서 모용연의 칼에 죽을
뻔 한다.

구양봉에게 모용연이 찾아와 여동생과의 혼인 약속을 서버린 황약사
를 죽여달라고 한다. 그러자 모용연의 여동생 모용언도 그를 찾아와 황약
사를 죽이지 말고 오빠 모용연을 죽이는 대가로 2배의 액수를 제시한다.
그 후 그들은 번갈아 구양봉을 찾아와 상반된 요구를 한다. 어느 날 밤 모
용연은 잠든 구양봉을 황약사로 알고 애무한다. 그 역시 모용연의 손길에
서 옛 애인의 환영을 느낀다. 모용연과 모용언은 두 가지 모습을 지닌 한
사람이었으며, 그 날 이후 그녀는 어디론가 잠적한다.

어느 날 남동생의 복수를 해달라며 한 여인이 찾아오지만 구양봉은 그
녀가 돈이 없다는 이유로 거절하고 그녀는 도와줄 때까지 무작정 기다린
다. 맹무살수는 고향 갈 여비를 마련하기 위해 구양봉에게 일을 얻으러
온다. 시력을 거의 잃은 그는 마적대와 홀로 싸우다 숨진다. 그 후 홍칠이
라는 검객이 나타나 마적을 해치우고, 여인의 원수도 갚아준다. 그런 다
음 홍칠은 그를 찾아온 아내를 데리고 새로운 삶을 개척하기 위해 사막

너머로 떠난다. 구양봉은 맹무살수의 고향에서 도화를 만나고, 그녀는 남편의 손수건을 알아보고 죽었냐고 묻고서 흐느낀다.

황약사는 구양봉의 애인이었으나 그의 형수가 된 자애인을 만난다. 그녀는 구양봉으로부터 사랑의 고백을 듣지 못해 그의 형과 결혼했으나 구양봉을 못 잊어한다. 그녀를 사랑하는 황약사는 구양봉의 소식을 전해준다는 빌미로 그녀를 만날 수 있어서 매년 구양봉을 찾아간 것이다. 자애인은 구양봉에게 전해주라면서 취생몽사 한 병을 남기고 죽는다. 또다시 봄이 왔지만 황약사는 구양봉을 찾아오지 않는다. 얼마 후 구양봉은 2년 전에 형수가 죽었다는 편지를 받고 취생몽사를 마신다.

엇갈리는 사랑의 연금술사, 왕가위 감독

국내외 모든 영화감독들 가운데 왕가위만큼 우리나라에서 추앙(?) 받는 감독도 드물다. 아니 없다. 〈동사서독〉은 그의 대표작 중 하나로서 '왕가위 표' 영화라는 네임 밸류, 내 노라 하는 홍콩 스타들의 총출연, 평론가들의 극찬, 열혈 팬들의 성화 그리고 뭔가 다른 스타일 등이 어우러져서 너나 나나 대단하다고 아우성치던 영화이다.

그러나 이 영화는 이해하기가 쉽지 않다. '왕가위 신드롬'에 이끌려 개봉도 하기 전 어느 시네마테크에서 이 영화를 처음 보고서 나는 취생몽사를 마신 듯 도무지 무슨 얘긴지 종잡을 수 없었다. 두 번째 보고서야 복잡한 줄거리를 이해하였고, 이 글을 쓰느라 세 번째 보면서 나름대로 의미를 붙여 보게 되었다. 근데 알아야 사랑하게 된다고 거듭 볼수록 영화가 점점 더 좋게 느껴진다.

이 영화는 〈아비정전〉, 〈중경삼림〉, 〈화양연화〉 등 왕가위의 다른 작품들에서도 즐겨 다루는 엇갈리는 사랑을 주제로 하여 잃고 나서야 그리워하는 인간의 어리석음을 보여주고 있다. 나는 비슷비슷한 스타일을 지닌 그의 영화들 중에서 유독 이 영화가 마음에 든다. 아마도 사막이라는 절대 고독의 장(場)이 인간의 외로움과 슬픔을 더욱 선명하게 부각시켰기 때문일 것이다. 거기다 단칼에 적의 목을 베던 무림의 고수들이 실연의 상처를 안고 괴로워하는 모습이 대조를 이루면서 어쩔 수 없는 인간의 나약함을 읽을 수 있었기 때문이기도 하다. 서부의 총잡이나 강호의 영웅호걸은 여인에 연연치 않는다는 고정관념을 깨고 사랑에 목숨거는 검객들을 만들어 낸 것도 재미있다.

구양봉이 취생몽사를 마심으로써 그들의 허무한 사랑의 전설을 기억하는 사람은 이제 아무도 없고 세상에서 완전히 잊혀질 것이다. 그러나 그들의 상처와 슬픔은 너무나 깊어서 모든 걸 집어삼키는 사막의 모래바람도 묻어버리지 못했다.

살인은 쉽다, 그러나 사랑은 어렵다

〈동사서독〉에 등상하는 주요 인물들은 모두 사랑의 상처를 안고 산다. 구양봉은 사랑하던 여인이 형과 혼인하자 세상을 등지고 사막에 은거하면서 살인중개업을 한다. 그는 의뢰인에게 "살인은 쉽죠"라며 살인청부를 부추긴다. 그러나 "갖지는 못하더라도 잊지는 말라"던 그녀와의 추억을 되새기며 늘 그리워한다. 그는 옛 일을 잊게 해주는 취생몽사를 마시지 않다가 그녀가 죽은 것을 알고 난 후 마셔 버린다.

구양봉의 옛 애인이자 형수인 자애인은 잃고 나서야 얻으려 하는 구양봉을 이해 못해 혼인날 같이 도망가자던 구양봉의 제안을 거절한다. 그러나 그녀는 후회의 나날을 보내면서 그와 다시 시작하고 싶어한다. 그녀는 인간이 번뇌가 많은 까닭은 기억력 때문이라고 탄식하면서도 취생몽사를 마시지 않고 구양봉과의 슬픈 사랑을 되뇌다 눈을 감는다. "내가 가장 아름다웠을 때 그는 내 곁에 없었다"는 그녀의 탄식은 관객의 심금을 울린다.

황약사는 바람기가 다분한 인물이다. 그는 친구의 아내와 간음했고, 자애인을 짝사랑하며, 남장한 모용연의 미모에 반해 술김에 그녀의 여동생과 혼인하겠다는 약속을 했으나 지키지 않아 그녀의 원한을 사기도 한다. 그는 하나도 제대로 이루어지지 않는 사랑에 괴로워하다가 취생몽사를 들이키고 스스로 망각의 삶을 선택한다.

모용연은 자신과의 결혼을 파기한 황약사에 대한 극단적 양면감정을 표출한다. 그녀의 깊은 상처는 2중 성격으로 나타나 때로는 황약사에 대한 극도의 증오심을 지닌 모용연으로, 때로는 황약사에 대한 변함 없는 애정과 그리움을 간직한 모용언으로 나타난다. 그녀의 이런 행동은 정신의학적으로는 한 사람이 전혀 다른 두 가지 이상의 성격을 지니고 있는 이른바 다중성격장애(Multiple Personality Disorder)의 예라고 할 수 있다.

맹무살수는 아내가 친구인 황약사와 간음한 것을 알고 정처 없이 강호를 떠돈다. 그는 아내에게 돌아가기 위한 여비를 벌기 위해서 마적들과 맞서나 마적의 칼을 맞고 한을 품은 채 죽는다. 그의 아내 도화는 남편에 대한 죄책감을 씻으려는 듯 늘 냇가에 나와서 회한의 눈물을 흘린다.

사랑에 실패하고 이들이 살아가는 방식은 소극적이다. 세상을 등지고 잠적하며, 극도의 애증이 교차하여 정신이상이 되고, 술로 시름을 달래며, 또는 슬픔에 젖은 채로 살다 죽는다. 심리학적으로 볼 때 이들은 실연에 적극적으로 대처하지 못하고, 세상에 효과적으로 적응하지 못한 아웃사이더들이다. 잘 알다시피 우리는 세상의 현실에 적응해야 살아남을 수 있다. 자! 이제 사막에서 나와 우리가 사는 빌딩 숲으로 돌아오자.

실연의 상처를 극복하는 방법

이 세상에 영원히 변치 않는 것은 아무 것도 없다. 내 마음도 변하고, 나의 사랑도 세월이 흐르면 변한다. 변하는 게 세상의 섭리라 하지만 변심한 애인, 깨진 사랑은 아물기 어려운 상처를 남긴다.

실연의 아픔 속에 파묻힌 사람에게 누구의 어떤 위로의 말도 별로 도움이 되지 않는다. 어느 가수가 부른 '세월이 약이겠지요'라는 노래는 사랑의 아픔이 세월이 흐르면 자연히 없어진다고 했다. 어느 정도 맞는 말이긴 하다. 그렇지만 긴 세월을 기다리지 않고도 실연의 상처를 빨리 아물게 하는 방법은 없을까? 이 세상에 취생몽사주는 없지만 심리학자들이 추천하는 몇 가지 유용한 방안들은 있다. 다음과 같이 생각해 본다면 슬픔의 무게는 훨씬 가벼워 질 것이다.

나와 어울리는 사람은 또 있다

그는 유일한 나의 이상형이었고, 그가 없는 세상은 오아시스 없는 사막이라는 생각은 고통을 배가시킨다. 사실 나와 잘 어울리는 사람은 도처에 많다. 그 사람과 만나게 된 것은 공교롭게 특정 시간과 장소에 그와 내가 동시에 있었기 때문이다. 나와 잘 맞는 사람도 많고, 그런 사람을 만날 기회도 많다. 버스와 애인은 기다리면 또 온다.

내가 못난 탓이 아니다

실연하고 우울증에 빠지는 사람들은 대개 자신이 못나고 부족해서 헤어지게 되었다고 자학한다. 그러나 헤어진 이유는 내 탓도 네 탓도 아닌 쌍방의 탓으로 보는 것이 정확하다. 내게도 문제가 있지만 나의 매력을 발견하지 못한 그의 잘못도 있는 것이다. 세상에는 깡마른 여자를 좋아하는 사람도 있고, 통통한 여자를 좋아하는 사람도 있다. 나는 다른 누군가로부터는 얼마든지 사랑 받을 수 있다는 생각이 올바른 생각이며 슬픔에서 헤어나게 하는 방법이기도 하다.

세상에는 공짜가 없다

실패를 통해 교훈을 얻는다는 태도를 갖는다. 인생은 죽는 날까지 배움의 연속인데 배움에는 적지 않은 수업료가 든다. 수업료는 돈으로만 지불하는 것이 아니고 때로는 체면 손상, 때로는 마음의 상처로도 지불하는 것이다. 당장은 가슴아프지만 아픈 만큼 성숙해지는 법이다. 지난날의 상처가 자신을 강하게 만들었다고 회고하는 사람들이 얼마나 많나?

인생의 실패는 아니다

실연 한번 했다고 세상이 끝난 것은 아니다. 사랑에 실패했다고 인생에 실패한 것은 아니기 때문이다. 실연이란 기껏해야 두 사람이 잘 맞지 않았다는 것을 확인한데 지나지 않을 뿐 그 이상도 그 이하도 아닌 것이다.

나보다 더 큰 상처를 받은 사람도 있다

'나는 겨우 6개월 사귀고 헤어졌지만, 3년 사귄 애인과 헤어진 내 친구의 마음은 얼마나 찢어질까' 라고 생각해 본다. 약간 야비한 생각일지는 몰라도 자기보다 더 큰 고통을 받는 사람을 생각하면 자기가 느끼는 고통은 별거 아니라고 느껴진다.

놓친 고기는 크게 보인다

남의 떡이 더 커 보이고 놓친 고기 역시 월척이었다고 생각되는 법이다. 당시에는 무척이나 고생스럽고 힘들었던 군대생활이 몇 년 지나고 나면 즐거운 추억이 되듯이 언제나 현재보다는 과거가 더 아름답게 느껴진다. 내 손에 잡고 있는 것보다는 놓치거나 잃어버린 것이 더 좋아 보이지만 그것을 되찾아 손에 쥐고 나면 하찮게 느껴질 수도 있다. 놓친 고기는 실제로 더 큰 것이 아니라 더 크게 느껴질 뿐이다.

이런 생각과 더불어 다음과 같은 행위들도 도움이 된다.

눈물이 마를 때까지 울어보자

실연의 아픔을 부인하고 숨기는 것보다 오히려 아픔에 젖어 확실히 느껴보는 것도 효과적이다. 통곡하고 나면 슬픔이 진정되듯이 고통을 충분히 느끼고 나면 빨리 아문다.

일상으로부터 벗어나 본다

방의 배치를 바꾸거나 헤어스타일을 변화시켜보는 작은 일부터 새로운 일을 시작하거나 여행을 떠나는 큰 일에 이르기까지 일상으로부터 벗어나 보면 침체된 기분이 전환될 수 있다. 그리고 일상을 벗어나면 자신을 새로운 각도에서 또는 멀리서 볼 수 있게 되어 실연에 덜 집착하게 된다.

실연 사실을 주변에 털어놓거나 글로 쓴다.

슬픔을 억제하기 어려울 때 주위의 친구나 가족 또는 상담자에게 실연 사실을 털어놓으면 크게 도움이 된다. 억압된 감정을 표출함으로써 카타르시스를 느낄 수 있을 뿐 아니라 들어주는 사람으로부터 공감이나 위안 등 도움을 얻을 수 있다. 그리고 자신의 실연이나 슬픔에 관해 새로운 통찰을 얻어 생각과 느낌이 달라지기도 한다.

말로 털어놓기 어려우면 자신의 심정을 글로 적어보는 것도 슬픔을 완화시키는데 도움이 된다. 글 쓰기가 효과적인 이유는 실연에 대한 기억을 '뇌로부터 꺼내어 외부에 보관하는 셈'이므로 머릿속에서 반복해서 떠오르지 않게 되기 때문이며(이는 인터넷에 있는 정보를 다운로드받는 이치와 같다), 글을 쓰는 과정에서 사건으로부터 한 걸음 물러나게 되어 사건에의 집착을 감소시키기 때문이다.

30살의 젊은 나이에 세상을 떠난 기형도 시인의 〈빈집〉은 눈물을 감추고 실연에 의연히 대처하려는 꿋꿋함을 엿볼 수 있다.

사랑을 잃고 나는 쓰네
잘 있거라, 짧았던 밤들아
창 밖을 떠돌던 겨울 안개들아
아무것도 모르던 촛불들아, 잘 있거라
공포를 기다리던 흰 종이들아
망설임을 대신하던 눈물들아
잘 있거라, 더 이상 내 것이 아닌 열망들아
장님처럼 나 이제 더듬거리며 문을 잠그네
가엾은 내 사랑 빈집에 갇혔네

온리 유(Only You)

당신과 키스하기
위해 태어났어요

1994년 미국 작품
감독: 노만 쥬이슨(Norman Jewison)
주연: 마리사 토메이(Marisa Tomei) 로버트 다우니 주니어(Robert
　　　Downey Jr.)
심리학 키워드: 자성예언, 피그말리온 효과

줄거리

　　교사인 훼이스는 어린 시절 심령술 놀이를 통해서 운명으로 정해진 자신의 짝이 데이먼 브래들리라는 이름을 가졌음을 알게 되고, 점쟁이의 점괘에서도 같은 이름이 나오자 그가 운명의 상대임을 확신한다.

　　세월이 흘러 드웨인이라는 의사와 결혼을 열흘 앞둔 훼이스에게 걸려온 한 통의 전화는 그녀의 운명을 단번에 바꿔 놓는다. 데이먼 브래들리라는 약혼자의 친구가 베니스로 출장을 가기 때문에 그들의 결혼식에 참석하지 못한다는 전화를 받았기 때문이다. 훼이스는 결혼 생활에 회의를 느끼고 있던 친구이자 올케언니인 케이트와 함께 그를 만나기 위해서 무작정 이태리로 떠난다.

　　우여곡절 끝에 그녀는 로마에서 자신을 데이먼이라고 소개하는 남자를 만나고, 만나자마자 그들은 사랑에 빠진다. 그러나 그가 자신은 데이먼이 아니라 피터라고 고백하자 훼이스는 화를 내고 낙담한다. 그녀 일행

이 미국으로 돌아가는 날 피터가 급히 달려와 데이먼이 있는 곳을 안다고 하여 휴양지 포시타노로 함께 찾아간다. 훼이스는 너무나 멋진 데이먼을 만나 배 위에서 꿈같은 데이트를 하고, 이를 바라보는 피터의 마음은 차 잡하기만 하다. 데이먼이 훼이스의 몸을 더듬자 피터는 달려들어 주먹을 날리고 그들의 데이트는 엉망이 되고 만다. 이 와중에서 사실은 훼이스를 사랑하게 된 피터가 자기의 친구를 데이먼으로 가장하게 하고 저질의 치한으로 보이게 하여 데이먼에 대한 훼이스의 환상이 깨지게 할 의도로 꾸민 일 임이 탄로 난다.

한편 훼이스의 오빠이자 케이트의 남편인 래리는 이태리로 케이트를 찾아와 화해하고, 데이먼 브래들리라는 이름은 어릴 때 그가 조작한 것이 라고 케이트에게 털어놓는다. 훼이스와 피터는 각각 뉴욕과 보스턴으로 가는 비행기를 기다리던 중 데이먼 브래들리를 찾는 안내방송을 듣고 동 시에 데스크로 달려온다. 평범한 인상의 진짜 데이먼에게 피터는 그녀가 그를 애타게 찾았으며, 자신은 그녀를 사랑하지만 포기한다고 말하고는 쓸쓸히 발길을 돌린다. 훼이스는 어리둥절해 하는 데이먼을 뒤로하고 피터가 탄 보스턴 행 비행기를 탄다. 기내에서 피터와 훼이스는 사랑의 키스를 나눈다.

사람들은 기대하는 대로 행동한다

어떤 아가씨가 유명한 점쟁이를 찾아가 자신이 언제 결혼하게 될 건지를 물어보았다. 그 점쟁이는 올해는 결혼 운이 없고 내년이 되어야 배필을 만나게 된다고 예언하였다. 이 말을 그대로 믿은 그녀는 그 해에 만나는 뭇 남성들을 자기 짝이 아니라고 생각하고 모조리 무시하였다. 이 남성들 중에는 멋진 사람도 많았으나 모두 퇴짜맞게 되니 남성들은 점차 그녀에게 다가가질 않게 되었다.

이듬해 그녀는 평범한 한 남성을 알게 되었는데 점쟁이의 말을 명심하고 있던 지라 운명의 상대인지도 모른다는 생각에 그를 정중히 대하고 그와 진지하게 교제하였다. 둘은 결국 사랑에 빠지고 결혼하게 되었다. 그녀는 자신의 결혼 시기를 정확히 알아 맞춘 그 점쟁이가 정말 용하다고 생각하여 주변 사람들에게 소문을 내기 시작한다. 얼마 지나지 않아 그 점쟁이의 집은 점을 보러 온 사람들로 문전성시를 이룬다.

점쟁이는 어떻게 해서 그 아가씨의 운명을 족집게처럼 잘 알아 맞춘 것일까? 점쟁이가 신통력을 지녔다기보다는 그녀가 점쟁이의 예언대로 충실히 맞춰나간 결과라고 봐야 할 것이다. 그녀의 입장에서는 점쟁이의 말을 따르는 바람에 준수한 남성들을 놓치고 평범한 남성과 결혼함으로써 오히려 손해보았을지도 모를 일이다. 실제로 점쟁이가 용하다고 생각되는 경우는 다른 이유도 있겠지만 이와 같이 사람들이 점쟁이의 말에 맞춰서 행동하는 수가 많기 때문이다.

점쟁이의 말을 그대로 믿고 따르는 것처럼 우리가 지닌 여러 가지 기대는 우리의 행동에 직접적으로 영향을 미친다. 즉, 우리는 우리가 기대하고 예상하는 대로 행동하는 경향이 강하다. 다르게 말하자면 자신의 예상이 들어맞게끔 스스로 맞추어 행동한다. 그런 다음, 일이 자신의 기대나 예상대로 되었고 자신의 기대가 맞았다고 생각한다. 이런 현상을 사회심리학자들은 자성예언(自成豫言, Self-Fulfilling Prophecy) 또는 자기충족적 예언이라고 하며, 사람들 스스로는 잘 인식하지 못하지만 인간관계에서 흔히 발생한다.

자성예언은 그리이스 신화에 나오는 조각가 피그말리온(Pygmalion)의 다음과 같은 일화와 유사해서 피그말리온 효과라고 하기도 한다.

재주가 뛰어난 조각가 피그말리온은 어느 날 상아로 여인상을 만들었는데, 그 완벽한 아름다움에 스스로 넋이 나가고 말았다. 그는 여인상을 사랑하게 되고 매일 여인상 곁에서 여인상이 진짜 사람이라면 얼마나 좋을까 하고 생각하면서 사랑의 여신 아프로디테에게 여인상과 같은 여인을 아내로 맞을 수 있게 해달라고 빌었다. 피그말리온의 열정과 기도에 감동한 아프로디테는 여인상에 생명을 불어넣어 주었고 피그말리온은 생명을 얻은 그 여인을 아내로 맞이하였다. 그가 바라던 대로 이루어진 것이다.

시간강사 시절에 어느 남학생으로부터 상담 요청을 받은 적이 있었다. 그 학생은 고시반에 기거하며 사법고시를 준비중이었는데 고민 내용은 자기가 과연 사법고시에 합격할 만한 지적 능력이 있는지가 매우 의문스럽다는 것이었다. 왜 그런 생각을 하게 되었는지를 물어보니 고시 준비생들이 보는 어떤 고시잡지에 실린 한 합격수기 때문이었다. 그 수기를 쓴 사람은 IQ 120이 안 되는 사람은 고시를 포기하는 게 좋다고 권고하였고, 학생 자신의 IQ는 110정도로 알고 있었기 때문에 계속 고시공부를 해야 할지를 크게 고민하게 된 것이었다.

물론 저능아가 고시에 합격할 수는 없겠지만 정상적인 지능만 가지고 있다면 합격의 관건은 개인의 노력일 것이다. 그런 내용의 수기를 쓴 사람도 문제이거니와 그걸 철석같이 믿고 자신의 뜻이 흔들린 그 학생도 참으로 안타까웠다. 고시에 패스할만한 지능이 안 된다는 생각은 자성예언으로 이어져서 바람직하지 못한 결과를 초래할 것이기 때문이었다.

자신의 지능이 부족하다고 믿게 되면 공부해도 안 된다는 생각으로 이어질 것이고 이런 생각으로 인해 자연히 공부에 소홀해지게 된다. 결과적으로 그는 고시에 낙방할 것이고 낙방한 이유를 자신의 지능 부족 때문이라고 확신하게 될 것이다. 공부에 소홀했던 것이 낙방한 진짜 이유였음을 인식하지 못하는 것이다.

IQ 110이면 보통 이상의 지능이니까 노력하면 충분히 고시에 패스할 수 있다는 요지로 잘 얘기하고 돌려보낸 후 더 이상 그를 만나지는 못하였다. 그가 계속 고시공부를 했는지 그래서 고시에 합격했는지는

알 수 없으나 그런 나약한 사람이 법관이 된다 하더라도 과연 큰 일을
해낼 수 있을까 하는 걱정이 들었었다.

말이 씨가 된다

〈온리 유〉는 귀여운 여인과 핸섬한 청년이 첫눈에 반해서 온갖 역
경과 오해를 극복하고 더욱 더 깊은 사랑을 이룬다는 로맨틱 코미디
의 정석을 그대로 따른다. 이런 전형적인 해피엔딩의 패턴을 아는 관
객이라면 훼이스의 행동을 별 걱정 없이 편하게 볼 것이고 오히려 귀
엽고 낭만적으로 볼 수도 있겠다.

그렇지만 그녀의 행동은 띠지고 보면 경솔하고 힙리적이지 못한 행
동이다. 훼이스는 그가 어떤 사람인지 전혀 모른 채 데이먼 브래들리
라는 이름만 듣고 사랑에 빠진다. 그녀가 피터를 데이먼으로 알고 키
스할 때 "난 당신과 키스하기 위해 태어났어요(I was born to kiss
you.)"라고 속삭인 말은 그가 운명의 짝이라는 훼이스의 기대와 일치
하는 행동이자 이 영화의 주제를 한마디로 나타낸 상징적인 말이다.

만일 피터가 진짜 데이먼이었다면 (영화는 싱거워졌겠지만) 훼이스
는 처음부터 그에게 온갖 정성을 다해 애정을 베풀었을 것이고, 피터
역시 그녀의 관심에 부응하는 행동을 했을 것이므로 그들은 깊이 사
랑하여 정말 서로를 하늘이 정해준 짝임을 확신했을 것이다.

훼이스의 친구 케이트 역시 단지 아내를 약간 경시할 뿐 자신의 일

에 충실한 남편이 바람피운다고 잘못 짚는 바람에 이혼 결심을 하고 훼이스를 따라 집을 뛰쳐나온다. 남편 래리가 슬기롭게 대처하여 좋게 결말이 났으나, 만일 그가 케이트의 행동에 분개하여 술을 마시고 술김에 다른 여자와 성관계를 가졌는데 그 사실을 케이트가 알게 되었다면 남편이 바람피운다는 그녀의 예상이 맞아 떨어지는 자성예언 과정이 재현되고 이혼이라는 파국으로 치달았을 것이다.

케이트의 예에서 보는 것처럼 자성예언은 자신 뿐 아니라 타인에 대해서도 그대로 작용한다. 즉, 자성예언은 아래 그림과 같이 5단계 과정을 거친다. 우리가 다른 사람에게 어떤 기대나 고정관념을 가지면 그것이 우리 자신의 행동에 영향을 주고, 우리의 행동은 상대방의 행동에 영향을 주어 우리의 기대를 확증시켜주는 행동을 하게 만드는 경향이 있다. 나아가서 상대방은 우리의 잘못된 기대를 스스로 내면화하여 그것이 자신의 진면목인양 착각하기도 한다.

1단계: 타인에 대한 기대나 고정관념

⇩

2단계: 기대나 고정관념 소지자의 행동에 영향

⇩

3단계: 타인의 행동에 영향

⇩

4단계: 기대나 고정관념이 확증되었다고 생각

⇩

5단계: 타인도 스스로 인정

자성예언의 5단계 과정

예를 들어, 노처녀는 신경질이 많다는 고정관념을 가진 총각이 나이 많은 처녀와 맞선을 보게 되었다고 하자. 남자는 상대가 신경질을 잘 내며 히스테리컬 할거라고 지레짐작(타인에 대한 기대)하여 퉁명스럽게 대하고(자신의 행동에 영향), 남자 쪽에서 삐딱하게 나오니 여자도 이에 맞서 퉁명스럽게 대응하게 된다(타인의 행동에 영향).

이에 남자는 자신의 무례한 행동이 여자의 신경을 건드렸다는 점을 전혀 깨닫지 못하고 "노처녀는 역시 신경질적이야"라고 혼자 투덜거리며 자신의 예상이 들어맞았다고 생각한다(기대 확증). 따라서 남자는 그 고정관념을 그대로 유지하게 되는 한편, 여자는 "난 왜이리 신경질적일까? 역시 난 안 돼!"라고 한탄하면서(자신의 진면목이라고 착각) 다른 남자를 만난 자리에서도 계속 신경질을 내게 된다.

교육 현장에서 흔히 일어나는 일이지만 교사가 어떤 학생이 문제아일 것이라는 선입견을 가지면 실제로는 그 학생이 전혀 문제아가 아님에도 불구하고 문제아로 만들게 되고, 반면에 모범생일 것이라는 기대를 가진다면 모범생이 아니더라도 진짜 모범생으로 만들 수 있다. 사람들은 있는 그대로의 자신보다 중요한 타인 즉, 부모나 교사 또는 친구로부터 기대되는 모습대로 행동하게 되는 수가 많기 때문이다. 우리 속담대로 말이 씨가 되고, 어떤 대중가요 가사처럼 슬픈 예감은 틀린 적이 없는가 보다.

애인과 함께 자기

1998년 한국 작품
감독: 임상수
주연: 강수연 진희경 김여진 조재현
심리학 키워드: 성(性), 혼전 성관계

줄거리

　　20대 후반의 처녀들 연희, 호정, 순이 그리고 연희의 애인 영작이 호정의 집에 모여 식사를 하면서 자위행위에 대해 적나라하게 얘기를 나누고 있다. 호정의 집에 함께 사는 호텔 웨이트리스 연희는 식사를 마치고 영작과 섹스를 한다. 영작은 그녀의 섹스기술이 늘지 않는다고 불평하고 결

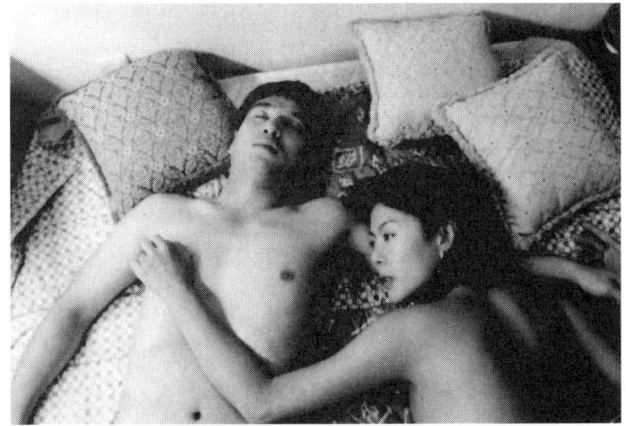

혼해서 평범하게 살고 싶은 연희는 결혼 얘기를 꺼내지 않는 영작이 못마
땅하다. 건축설계사무실을 운영하는 호정은 만나는 남자가 있지만 유부
남이나 선을 본 남자와 쉽게 섹스를 한다. 대학원생 순이의 남자동료는
아직 숫처녀라는 그녀에게 진한 농담으로 유혹하지만 순이는 넘어가지
않는다.

영작은 연희에게 다른 여자가 있다며 헤어지자고 한다. 세 여자는 누
워서 남자의 성기 얘기를 하다가 잠들고 연희는 혼자 흐느낀다. 연희는
영작을 다시 만나지만 마음은 혼란스럽다. 호정을 사랑하는 창윤은 섹스
에만 탐닉하는 그녀에게 진정한 관계를 원한다고 하면서 청혼하지만 호
정은 냉담하다. 연희는 욕실에서 자기 몸을 거울에 비쳐보다 넘어져 팔이
부러져서 어쩔 수 없이 휴직하게 된다.

호정은 간통죄로 구속되었다가 합의를 한 후 석방된다. 치욕을 느낀
그녀는 프랑스로 떠날 생각을 한다. 연희는 병원에서 만난 이혼남과 술을
마시고 동침한다. 순이의 집에서 네 사람은 술을 마신 후 연희와 호정은
돌아가고, 술이 취한 영작은 순이 집에서 자다가 순이의 유혹으로 섹스를
한다. 깁스를 풀고 출근한 연희는 주차요원으로 발령이 난 것을 알고 사

표를 낸다. 그녀는 일전에 만났던 이혼남이 생각나서 전화를 하지만 그는 매번 부재중이다. 그러나 그가 다른 여자와 즐겁게 웃고 있는 걸 우연히 보고서 마음을 접는다.

순이는 혼자 등반에 나섰다가 폭우가 쏟아져서 구사일생으로 구조된다. 임신 중이었던 순이의 바지는 붉은 피로 물들어 있다. 순이는 병원으로 달려온 연희와 호정에게 애를 낳아서 기르려고 했다고 말한다. 순이 집에 와서 정리를 하다가 영작은 연희에게 순이와 섹스 했음을 고백한다. 연희는 싫다는 영작을 넘어뜨려 섹스를 한다. 오랜만에 희열을 맛 본 연희는 창 밖으로 손을 뻗어 내리는 비를 맞는다.

식탁 위에 오른 성

대담한 노출장면과 입에 담기 창피한 야한 대사로 개봉 당시 큰 화제를 뿌렸던 이 영화는 뚜렷한 줄거리 없이 세 명의 미혼여성의 성에 관한 생각과 행동을 나열식으로 보여주고 있다. 포르노 영화처럼 천박하거나 역겹지는 않지만 등장인물을 통해서 감독이 전하고자 하는 메시지도 분명치 않아서 그저 재미 삼아 볼만한 영화다. 다만 프리섹스를 표방하는 호정이 간통으로 걸리고, 미혼모가 되고자 했던 순이가 유산하는 등 일탈된 성행위에 대한 경고를 함으로써 임상수 감독은 파격적인 내용을 다루었다는 부담에서 벗어나려고 한다는 인상을 받는다.

세 처녀 모두 성에 대해서 관심이 많다는 공통점이 있지만 호정은 사랑의 감정과 별개로 뭇 남성과 섹스를 밝히는 자유분방한 인물이고, 연희는 결혼하고 싶은 애인과 섹스를 즐기는 다소 개방적 성향의 인물이다. 반면에 순이는 호기심은 많지만 성 경험이 전혀 없는 이름처럼 순진한 아가씨다. 어떤 기자는 이들을 각각 섹스만 하는 여자, 섹스도 하는 여자, 그리고 섹스는 안 하는 여자라고 정의한 적이 있다. 이들은 남자들이 술자리에서 시시콜콜하게 섹스 얘기를 내뱉듯이 식탁에 둘러앉아 질펀한 얘기를 풀어놓는다.

호정은 심심풀이나 스트레스 해소수단으로 섹스를 한다. 간통으로 붙잡혀 들어갔다 나와서 "언제부터 국가가 내 아랫도리를 관리했냐?"고 떠들 정도로 당당하지만 한 남자와 진정으로 사랑을 주고받을 수 있는 능력이 결여된 측은한 여자다. 반면에 순이는 실험실을 지키는 대학원생답게(?) 남녀관계에서도 실험정신을 발휘한다 단 한번의 섹스로 자신을 따라다니던 숫처녀라는 딱지를 뗌과 동시에 비록 성공하진 못했으나 결혼은 않고 아기를 갖고 싶다는 야무진 소망까지 한꺼번에 성취하려고 한다.

연희는 영화의 중심인물이자 가장 공감이 가는 인물이다. 진희경의 다소 평면적인 연기 때문에 리얼리티가 떨어지긴 했으나 연희는 오늘날 많은 여성들이 남녀관계에서 한번쯤 겪을 수 있는 고뇌를 안고 사는 인물이다. 그녀는 한 남자의 아내가 되어 행복한 가정을 꾸미는 소박한 꿈을 지니고 있으나 애인은 결혼하자는 얘기가 없고 자신도 섹스에만 점점 탐닉하게 되어 괴롭다. 순간적인 욕정에 이끌려 다른 남자와 섹스를 하게 되고, 이게 아닌데 하면서도 그 남자얼굴이 자꾸 머리에 맴돈다.

심리학적으로 가장 흥미로운 장면은 영화의 마지막 장면이다. 순이와 섹스를 했다는 영작의 고백을 들은 연희의 심정은 어땠을까? "착한 일을 했구나"라는 연희의 대꾸는 무슨 의미일까? 영작의 고백을 듣는 순간 연희는 아마 친구와 섹스를 했다는 불쾌감은 잠시이고 다른 남자와 외도를 한 자신의 죄책감으로부터 어느 정도 벗어날 수 있었을 것이다. 그런 가벼운 마음으로 나눈 정사는 오랜만에 만족감을 주었고, 비 오는 새벽녘 푸른 공기를 마시며 그녀는 새로운 희망을 떠올렸을 것이다.

그러나 각자 외도를 한번씩 했다고 해서 서로의 과오가 상쇄되고 마음의 부담은 경감될지 모르나 그 흔적까지 사라지는 것은 아니다. 그것은 아마 연희와 영작의 마음속에 잠재되어 있다가 그들 사이에 조그만 틈이 생기면 불거져 나와 그들을 더 힘들게 만들 것이다. 자신의 과거로부터 완전히 자유로운 사람도 드물겠지만 상대의 과거를 무조건 덮어 줄 수 있는 사람도 많지 않기 때문이다. 이쯤에서 결혼 전의 성관계에 대해서 터놓고 얘기해 보자.

성과 관련된 사회적 현실

한국사회에서 성은 전통적으로 저속하고 수치스러운 것으로 인식되어 왔으나, 서구의 개방적 성문화가 유입되고 여성운동 등으로 인해 현대인의 성적 태도와 행동은 크게 변하여 성은 이제 청년문화의 한 단면으로서 그들을 이해하는데 필수적인 요소가 되었다.

대구지역 대학생들을 대상으로 성한기(1997, 2002)가 조사한 결과를 보면 이성과 성교경험이 있다고 응답한 비율이 97년 19%(남학생 27%, 여학생 9%)에서 02년에는 26%(남학생 40%, 여학생 15%)로 증가하였다. 02년 자료에서 4학년 학생들의 성 경험 비율은 38%로 나타났으며, 이 중 이성교제 경험이 전혀 없는 학생들을 제외한 학생들 중에서 성 경험자 비율은 50%를 상회하였다. 즉, 이성교제를 하는 대학생 두 쌍 중 한 쌍은 혼전 성관계를 가지게 되는 것으로 예측된다.

이와 같은 성의 대중화 추세가 계속 이어짐을 전제로 할 때, 청년들이 건전한 성 의식을 가지는 것은 안전하고 즐거운 성 경험의 토대가 되며 나아가 사회생활에도 정적인 파급효과를 가져올 것이다. 그러나 성과 관련된 우리사회의 현실은 바람직하다고는 볼 수 없어서 청년들이 건전한 성 의식을 지니는데 별로 기여하지 못하고 있다.

오늘날 성과 관련한 사회적 현실을 둘러보자. 먼저, 성에 관한 허용적 규범과 억압적 규범이 동시에 존재하고 있다. 한편으로는 퇴폐향락업소나 음란물과 같은 성적 자극들이 난무하고 성적 표현이 빈번히 그리고 자유롭게 이루어지는 등 성의 대중화 경향이 뚜렷해지고 있는 반면, 다른 한편으로는 가능하면 성욕을 자제하고 억압해야 한다는 전통적인 규범도 여전히 유지되고 있다. 이렇게 상충되는 규범이 존재함으로써 세대간 갈등은 물론이고, 청년들이 성에 관하여 부정적 태도를 지니면서도 빈번한 성행위를 함으로써 태도와 행동이 불일치하는 내적 혼란을 겪는 등 부작용이 일어나고 있다.

둘째, 만혼 경향이다. 결혼 연령이 점차 고령화되고, 독신주의자도 늘어나면서 사회·문화적으로 '강요된 금욕기간'도 점점 더 길어지고 있다. 성적 자극은 더 쉽고 다양하게 접할 수 있는 반면에 성욕을 억제해야 하는 기간은 더 연장되어 혼전성관계를 가지게 될 가능성은 더욱 커진 셈이다.

셋째, 효과적인 성교육이 이루어지고 있지 못하다. 여러 학자들의 조사에서 대부분의 응답자들이 성교육을 받아본 경험이 있다고 대답했으나 성교육 내용에 만족한다는 응답은 10% 미만에 불과했다. 그리고 청년들이 성에 관한 정보를 획득하는 경로는 대개 주변 친구나 통속잡지 등으로 나타났는데, 이처럼 음성적이고 과장된 성 지식은 범람하는 반면에 체계적이고 과학적인 성교육은 아직도 미흡한 실정이다. 얼마 전 TV를 통해 큰 화제를 불러 일으켰던 구성애의 '아우성' 신드롬은 기존 성교육의 부실함을 역설적으로 입증하는 사례이다.

넷째, 성 윤리나 행동에 있어서 성별에 따라 규범적으로 다른 기준을 적용하는 이른바 '성에 관한 2중 기준'이 존재하고 있다. 2중 기준의 예로, 남성의 순결보다 여성의 순결이 더 중요하며, 남자는 바람피워도 되지만 여자는 안 된다, 그리고 성관계시 남자는 능동적이어야 하고 여자는 수동적이어야 한다는 관념 등을 들 수 있다. 이런 관념들은 남성뿐만 아니라 여성 스스로도 지니고 있는데, 양성 모두에게 동일한 기준이 적용되지 않는 한 특히 여성에게 있어서 성은 부담스럽고 수치스러운 경험일수 밖에 없을 것이다.

혼전 성관계에 앞서서...

이성과 데이트를 통해서 청년들은 보다 생동감 있게 인생을 살아가게 되고, 원만한 인간관계를 쌓으면서 인격적으로 성숙해지며, 인생의 동반자를 만나기도 한다. 그러나 연애에는 항상 성과 관련된 갈등이 따른다. 피끓는 젊은이가 사랑하는 이성에게 성욕을 느끼는 것은 자연스럽고 당연한 일이다. 그것은 단순한 생리적 욕망을 넘어 일체감의 욕구일 수도 있기 때문이다. 그렇지만 결혼전의 성관계는 우리 사회에서 금기시 되어왔기 때문에 많은 연인들은 오늘도 욕망과 현실 사이에서 망설이고 옥신각신하고 있다.

애인과 함께 자기로 마음의 결정을 하기 전에 다음의 세 가지 사항을 꼭 염두에 두기 바란다.

첫째, 성관계에는 후퇴가 없다. 성관계는 한 번 지나가면 되돌아 올 수 없는 일방통행의 길이다. 상대와 손을 잡았다면 만날 때마다 손을 잡아야 하고, 키스를 했다면 만날 때마다 키스해야 한다. 그리고는 점차 더 강렬한 자극(예, 성교)을 찾게 되고 이전 수준(예, 손만 잡기)으로는 되돌아가지 못한다. 왜냐하면 한 번 성관계를 가졌다면 만날 때마다 성관계를 해야 여전히 사랑하고 있음을 확인시켜줄 수 있고 또는 상대방의 사랑을 확인하여 안심할 수 있기 때문이다.

그리고 또 다른 이유로서 성교를 한 사이에서는 키스 정도로는 더 이상 짜릿한 흥분을 느낄 수 없어 시시해진다. 문제는 최상의 자극(성교)도 계속되면 황홀감이 감소하고 식상하게 된다는데 있다. 그렇게 되면 더 강한 자극을 찾을지도 모른다. 그보다 더 강한 자극이 있을까? 불행하게도 있다. 그건 아마 다른 상대와 섹스를 나누는 일일 것이다.

둘째, 사랑하기 때문에 성관계를 가지는 것만은 아니다. 성관계는 사랑의 표현이기는 하지만 사랑이, 특히 남성에게는, 성관계의 필수 요소는 아니다. 미국인을 대상으로 한 휘틀리(Whitley, 1988)의 연구에서 사랑을 성교의 이유로 대답한 비율이 여성은 51%였으나 남성은 24%에 불과했으며, 순간적 욕정과 쾌락을 이유로 제시한 비율은 여성이 9%인 반면에 남성은 51%에 이르렀다. 이밖에도 사람들은 상대를 정복하거나 소유하기 위해서, 상대에게 받아들여지기 위해서 성관계를 가지기도 한다. 그리고 혼인빙자간음까지는 아니더라도 사랑한다는 거짓말로 성관계를 은근히 부추기는 사람도 많다.

셋째, 대학생들은 신체적으로는 성숙하나 정신적으로는 아직 미숙하다. 발달적 측면에서 대학생 연령에 해당하는 청년기는 정서적, 사회적으로 성인이 될 준비가 되지 않음에도 불구하고 신체적 성숙은 앞서 이루어짐으로써 정신과 신체가 부조화된 상태이다. 신체가 성숙함에 따라 성적 충동과 이성에 대한 관심은 매우 강한 반면에 이를 조절해야 하는 자아는 비교적 약한 상태에 머물러있기 때문에 이성적이고 책임 있는 판단보다는 졸속한 판단과 행위가 이루어질 가능성이 크다. 순간적 감정에 휩쓸려 저지른 일에는 언제나 후회가 따르는 법이다.

바람직한 성관계를 위하여

현대사회는 강간으로 순결을 잃어 자살하는 사람부터 스트레스 해소하듯 섹스를 즐기는 사람까지 다양한 사람들이 모여 살고 있다. 순결을 지켜야 한다, 안 지켜도 된다는 '처녀성' 논쟁은 이제 '성에 대한 가치관 확립'의 차원으로 전환되어야 할 필요가 있다고 생각한다.

순결을 지켜야만 반드시 정숙한 사람이 되는 것도 아니고, 순결을 버려야만 세련된 사람이 되는 것도 아니다. 자신의 가치관과 행동을 존중하고 지켜 가는 사람만이 성 앞에서 자유롭고 세련된 사람이 된다. 순결을 지키기로 결심했다면 그대로 지켜라. 성 경험이 있지만 지금부터 결혼하기 전까지는 성관계를 갖지 않겠다는 생각이 들면 역시 지켜라. 그리고 사랑하는 사람과 섹스 해야 되겠다는 판단이 섰으면 역시 그대로 따라라. 물론 청소년들은 더 자라서 이성적 판단이 가능하고 스스로 행동에 책임을 질 수 있을 때까지 순결을 지켜야 한다.

애인과의 성관계가 즐겁고 바람직한 경험이 되기 위해서는 몇 가지 고려해야 할 점이 있다.

첫째, 올바른 성 지식을 가지고 있어야 한다. "딱 한번 관계했는데 임신되나?" "사정 후 바로 씻어내면 괜찮다." 성에 관해 좀 안다고 하는 사람도 이런 엉터리 지식을 갖고 있는 경우가 많다. 어떤 이들은 섹스에 무슨 지식이 필요한가? 또는 알 거 다 안다는 식으로 반응하지만 지식이 확고해야 대책을 마련하고 분명한 태도를 보일 수 있는 것이다.

둘째, 성관계는 서로가 원해서 이루어져야 한다. 서로가 진실로 사랑하고 공히 원해서 이루어 질 때 성관계는 인간과 인간의 참 만남이 된다. 강압과 강요로 마지못해 합의한 성관계는 성폭행과 다를 바 없다. 분해조립 광일지라도 자기에게 정말 소중한 물건은 망칠까봐 건드리지 않고 파손되어도 아깝지 않은 물건만 분해해 본다. 연인사이도 이와 마찬가지로서 진정 아끼고 소중한 사람은 보호하고, 인내하고, 기다린다. 성급하게 성관계에만 집착하는 사람은 사랑의 감정은 없이 육체만 탐하는 사람일지 모른다.

셋째, 성관계를 가질지 여부를 이성적으로 판단해야 한다. 섹스는 대개 준비 없이 갑자기 하게 된다(Happen to sex). 분위기에 휩싸여 주체할 수 없는 욕구를 못 이겨 순식간에 벌어지는 일이지만 한번의 섹스가 일생을 흔들어 놓을 수도 있다. 흥분하면 이성은 마비된다. 성적으로 흥분된 상황에서는 합리적이고 이성적인 판단이 불가능하다.

준비가 안된 상태에서 당하지 않으려면 애인과 어느 선까지 갈 수 있을지 이성적 상황에서 미리 결정해 둔 다음 반드시 지킨다는 각오가 필요하다. 그러기 위해서는 무엇을 받아들이고 무엇을 거부하며, 섹스가 내 인생에 어떤 의미를 지니는지 성에 대한 분명한 가치관을 가질 필요가 있다. 그리고 성행위가 이루어지는 상황에서 남성은 대개 행위요구자 및 개시자가 되고 여성은 한계설정자의 역할을 하므로 현실적으로 여성의 판단과 의지가 더 중요하다.

··········|참고문헌|··········

경향신문(1995. 7. 19).

권택영(2001). **감각의 제국**. 서울: 민음사.

김성일(1997). 사이버스페이스에서의 의사소통, 인지 및 학습 패러다임의 변화. 한국심리학회, 국회가상정보가치연구회(편), **가상공동체 의식과 정보화 사회에의 적응**.

김정석(2001). 노년기 가족관계의 질에 대한 척도구성. 김두섭(편), **변화하는 노인의 삶과 노인 복지**. 서울: 한양대학교 출판부.

동아일보(1999. 9. 21).

동아일보(2000. 5. 22).

동아일보(2000. 6. 4).

성한기(1996). 대학생들의 성에 관한 태도와 행동. **대구효성가톨릭대학교 연구논문집, 52집**, 207-229.

성한기(1997). 연애와 결혼에 관한 대학생들의 태도와 행동. **대구효성가톨릭대학교 연구논문집, 55집**, 225-259.

성한기(2002). 대학생들의 연애, 결혼 및 성에 관한 태도와 행동, 미발표.

이춘재·곽금주(2000). **학교에서의 집단따돌림: 실태와 특성**. 서울: 집문당.

조선일보(2002. 5. 16).

천혜정(2002). 사이버스페이스에서의 낭만적 관계형성에 관한 고찰. **한국가족관계학회지, 7권 1호**, 59-74.

청소년폭력예방재단(1999). 집단따돌림(왕따)의 실태와 대처방안.

Considine, D. M.(1989). The video boom's impact on social studies: Implications, applications and resources. *The Social Studies. 80*, 229-234.

Denzin, N. K.(1991). *Images of postmodern society: Social theory and contemporary cinema.* London: Sage Publications.

Farley, R., Schuman, H., Bianchi, S., Colasanto, D., & Hatchett, S.(1978). Chocolate city, vanilla suburbs: Will the trend toward racially separate communities continue? *Social Science Research, 7,* 319-344.

Forsyth, D. R.(1999). *Group dynamics*(3rd. ed.). New York: Brooks/Cole.

Frankle, V. (1996). 죽음의 수용소에서(이소민 역). 서울: 제일출판사.

Lee, J. A.(1973). *The colors of love: An exploration of the ways of loving.* Don Mills, Canada: New Press.

Mulvey, L.(1975). Visual pleasure and narrative cinema. *Screen, 16(3),* 6-18.

Myers, D. G.(1999). *Social psychology* (6th. ed.). New York: McGraw-Hill.

Proctor Ⅱ, R. F., & Adler, R. B.(1991). Teaching interpersonal communication with feature films. *Communication Education, 40,* 393-400.

Seligman, M.(1991). *Learned optimism.* New York: Knopf.

Sternberg, R. J.(1986). A triangular theory of love. *Psychological Review,* 93, 119-135.

Whitley, B. E.(1988). College students' reasons for sexual intercourse:

A sex role perspective. Paper presented at the 96th meeting of the American Psychological Association, Atlanta.

Zimbardo, P. G.(1972). *The Stanford prison experiment.* A slide/tape presentation produced by Philip G. Zimbardo, Inc., P. O. Box 4395, Stanford, California 94305.

성한기(成漢基)

대구에서 태어나서 성균관대학교 산업심리학과를 졸업하고 동 대학원에서 사회심리학으로 박사학위를 받았다. 현재 대구가톨릭대학교 심리학과 교수로 재직 중이며, 한국 사회 및 성격심리학회 학술위원장을 맡고 있다. 사회심리학, 집단심리학, 인간관계론, 사랑의 심리학 등을 강의하고 있다.

저서로 〈현대심리학이해〉(학지사, 공저), 〈인간의 마음과 행동〉(박영사, 공저)이 있으며, 〈한국판 사회정체화 척도의 개발〉, 〈연애와 결혼에 관한 대학생들의 태도와 행동〉 외 다수의 논문이 있다.

여행을 즐기며, 설경구와 미셸 파이퍼를 좋아하는 열렬한 영화매니아다.

이메일: hgseong@cataegu.ac.kr

저자와의
협의하에
인지생략

스크린 속에 비춰진 인간의 심리

2003년 2월 25일 1판 1쇄 발행
2004년 4월 25일 1판 2쇄 발행

저　자 • 성 한 기
펴낸이 • 김 진 환
펴낸곳 • 도서출판 **학 지 사**

120-193 서울시 서대문구 북아현3동 187-10 혜전빌딩 2층
전　화 • 363-1333(대) / 팩스 • 365-1333
등　록 • 1992년 2월 19일 제2-1329호
http://www.hakjisa.co.kr
ISBN 89-7548-788-1 03180

정가 9,000원

파본은 교환해 드립니다.